중소기업 경영승계의 법리

중소기업 경영승계의 법리

김순석 저

Chonnam National University PRESS

■ 머리말

중소기업 특히 가족기업(family-owned business)은 어느 나라를 막론하고 국민경제에서 차지하는 비중이 매우 높고, 부의 창출, 일자리 제공, 국가 경제 및 사회의 안정화 등에 크게 기여한다. 1970년대 공업화가 시작된 이래 50년 이상이 경과함에 따라 중소기업 창업 세대의 고령화가 빠르게 진행되면서 경영승계가 중요한 사회문제로 대두되고 있다.

중소기업은 일반적으로 소유와 경영이 분리되어 있지 않고, 주식의 유통성이 없거나, 회사의 인적 자원이 한정되어 있어서 경영자의 자식 등 친족에게 경영권이 승계되는 경우가 많다. 가족 중심으로 운영되는 중소기업에서 특히 창업자가 10년 이내에 은퇴할 계획이라면 경영승계 작업을 시작해야 한다. 원만한 승계작업의 완성은 창업자 자신은 물론, 종업원, 가족 구성원, 거래업체 모두에게 만족을 주게 된다.

이처럼 경영승계를 준비해야 할 중소기업이 크게 증가하고 있지만 우리나라 중소기업의 대부분은 경영승계를 제대로 대비하지 못한 상태이다. 경영승계를 '부의 대물림'으로 보는 일부 부정적 시각과 과중한 상속세·증여세의 문제, 후계자 양성프로그램의 부재, 승계전략 및 준비 부족 등으로 인하여 원활한 중소기업의 경영승계가 이루어지지 못하고 있다. 중소기업의 경영승계를 위해서는 통상 10년 정도의 준비기간이 필요한 점을 감안할 때, 이를 지원할 제도적 기반의 마련이 절실한 상황이다.

산업화의 역사가 우리나라보다 앞선 주요 선진국들은 중소기업 경영승계의 원활화가 국민경제의 안정과 성장, 고용유지 및 중소기업의 경쟁력 제고를 위해 매우 중요하다는 인식 아래 상속 및 증여에 관한 세제를 개선하는 한편, 민법상 유류분 제도에 대한 특례를 규정하는 등 다각적으로 대응하고 있다. 또한 M&A를 추진하거나 회사분할, 합병, 자회사 설립 등 기업구조조정수단을 활용하기도 하며, 종업원지주제나 신탁을 이용하는 방안도 제시된다. 그 이외에도 회사법상 종류주식을 활용하거나, 세법상 상속주식에 대한 평가제도를 보완하는 등 다양한 방안을 모색하고 있다.

그러나 우리나라는 산업화의 역사도 짧을 뿐만 아니라 경영승계에 대한 부정적 인식으로 인하여 경영승계를 원활하게 지원하기 위한 법제도가 제대로 마련되어 있지 않다. 또한 중소기업의 경영승계의 문제는 그 계기가 오너경영자의 사망이나 상속이라는 개인적인 문제이어서, 중소기업의 경영승계를 모색하는 관점에서 법적 검토가 이루어지지 않았다. 따라서 중소기업의 경영승계를 원활하게 하기 위하여 지금까지 주로 논의된 상속세나 증여세의 부담을 완화하는 방안 이외에, 선진국에서 도입되고 있는 다양한 경영승계 지원제도를 마련할 필요성이 높아지고 있다.

이 책은 그 동안 필자가 중소기업의 경영승계의 법률문제에 관하여 작성하였던 글들을 보완하여 가필한 것이다. 제2장에서는 종류주식을 활용한 경영승계 방안에 관하여 검토한다. 제3장은 유언대용신탁과 수익자연속신탁을 활용한 중소기업의 경영승계

방안에 관하여 분석한다. 제4장은 사업신탁을 활용한 중소기업의 경영승계 방안을 논의한다. 제5장은 회사분할을 중소기업의 경영승계에 활용하는데 있어서 제기되는 법적 쟁점을 분석하고 그 해결방안을 제시한다. 제6장은 합병을 활용한 중소기업의 경영승계 방안에 대해서 검토한다. 특히 교부금합병과 간이합병을 분석하고 합병유지청구권 제도의 도입에 대해서도 논의한다.

이 책자가 우리나라 중소기업의 경영승계 제도를 발전시키는데 조그만 도움이 되었으면 한다. 또한 이 책은 전남대학교의 학술도서 출판지원을 받아 출간되었으며, 지원을 해 주신 대학당국에 감사한다. 마지막으로 출간작업을 위해 힘써 주신 전남대학교 출판문화원 직원 여러분께도 감사드린다.

2021년 2월

저 자 씀

■ 목 차

제1장

서 설

제1장

서 설

중소기업 특히 가족기업(family-owned business)은 어느 나라를 막론하고 국민경제에서 차지하는 비중이 매우 높고, 부의 창출, 일자리 제공, 국가 경제 및 사회의 안정화 등에 크게 기여한다. 2018년 기준으로 중소기업은 전체 사업체수 6,643,756개의 99.9%인 6,637,694개에 달하며, 전체 산업종사자 20,591,641명의의 83.1%인 17,103,938명을 고용하고 있다.[1)]

1970년대 공업화가 시작된 이래 50년 이상이 경과함에 따라 중소기업 창업 세대의 고령화가 빠르게 진행되면서 경영승계가 중요한 사회문제로 대두되고 있다. 중소기업은 일반적으로 소유와 경영이 분리되어 있지 않고, 주식의 유통성이 없거나, 회사의 인적 자원이 한정되어 있어서 경영자의 자식 등 친족에게 경영권이 승계되는 경우가 많다. 가족 중심으로 운영되는 중소기업에서

1) 중소벤처기업부 홈페이지, <통계자료-지표-중소기업위상>, <https://www.mss.go.kr/site/smba/foffice/ex/statDB/MainSubStat.do> 참조(2021.2.1. 방문).

특히 창업자가 10년 이내에 은퇴할 계획이라면 경영승계 작업을 시작해야 한다. 원만한 승계작업의 완성은 창업자 자신은 물론, 종업원, 가족 구성원, 거래업체 모두에게 만족을 주게 된다.

이 때 경영자가 가지고 있는 주식을 무조건적으로 후계자에게 이전할 수 있으면 회사의 지배권은 후계자에게 원만하게 양도된다. 그러나 상속에 의해 경영권이 승계될 때, 후계자가 생각하는 것처럼 원활하게 기업의 지배권을 확보할 수 없는 경우가 있다. 즉, 상속재산이 여러 자식들에게 분배된다거나, 상속세로 인한 자금부담 때문에 후계자가 주식을 상속받더라도 경영권을 승계할 수 없는 수가 있다.

경영승계를 준비해야 할 중소기업이 크게 증가하고 있지만 우리나라 중소기업의 대부분은 경영승계를 대비하지 못한 상태이다. 경영승계를 '부의 대물림'으로 보는 일부 부정적 시각과 과중한 상속세·증여세의 문제, 후계자 양성프로그램의 부재, 승계전략 및 준비 부족 등으로 인하여 원활한 중소기업의 경영승계가 이루어지지 못하고 있다. 원활한 경영승계를 위해서는 통상 10년 정도의 준비기간이 필요한 점을 감안할 때, 이를 지원할 제도적 기반의 마련이 절실한 상황이다.

산업화의 역사가 우리나라보다 앞선 주요 선진국들은 중소기업 경영승계의 원활화가 국민경제의 안정과 성장, 고용유지 및 중소기업의 경쟁력 제고를 위해 매우 중요하다는 인식 아래 상속 및 증여에 관한 세제를 개선하는 한편, 민법상 유류분 제도에 대한 특례를 규정하는 등 다각적으로 대응하고 있다. 또한 M&A를 추진하거나 회사분할, 합병, 자회사 설립 등 기업구조조정수단을 활용하기도 하며, 종업원지주제나 신탁을 이용하는 방안도 제시된다. 그 이외에도 회사법상 종류주식을 활용하거나, 세법상 상속주식에 대한 평가제도를 보완하는 등 다양한 방안을 모색하고 있다.

우리나라는 산업화의 역사도 짧을 뿐만 아니라 경영승계에 대한 부정적 인식으로 인하여 경영승계를 원활하게 지원하기 위한 법제도가 제대로 마련되어 있지 않다. 또한 중소기업의 경영승계의 문제는 그 계기가 오너 경영자의 사망이나 상속이라는 개인적인 문제이어서, 중소기업의 경영승계를 모색하는 관점에서 법적 검토가 이루어지지 않았다. 따라서 중소기업의 경영승계를 원활하게 하기 위하여, 지금까지 주로 논의된 상속세나 증여세의 부담을 완화하는 방안 이외에, 선진국에서 도입되고 있는 다양한 경영승계 지원제도를 마련할 필요성이 높아지고 있다.

이 책은 그 동안 필자가 중소기업 경영승계의 법률문제에 관하여 작성하였던 글들을 보완하여 가필한 것이다. 제2장에서는 종류주식을 활용한 경영승계 방안에 관하여 검토한다. 의결권의 배제·제한에 관한 종류주식, 주식의 상환 및 전환에 관한 종류주식 등을 활용하는 방안을 논의한다. 또한 상법에서 아직 도입되지 않은 거부권부종류주식이나 상속인이 상속받은 주식에 대해 회사가 매도청구를 할 수 있는 제도 등을 활용하는 방안에 대해서도 다룬다. 제3장은 유언대용신탁과 수익자연속신탁을 활용한 중소기업의 경영승계 방안에 관하여 검토한다. 신탁의 유형별로 경영승계에 활용하는데 있어서 제기되는 회사법, 신탁법, 민법상의 쟁점을 분석하고 그 해결방안을 논의한다. 제4장은 사업신탁을 활용한 중소기업의 경영승계 방안을 검토한다. 사업신탁의 법적 구조를 논의한 후, 중소기업의 경영승계에 활용하는데 있어서 제기되는 법적 쟁점을 사업신탁의 유형별로 분석하고 그 해결방안을 다룬다. 제5장은 회사분할을 중소기업의 경영승계에 활용하는데 있어서 제기되는 법적 쟁점을 분석하고 그 해결방안을 제시한다. 제6장은 합병을 활용한 중소기업의 경영승계 방안에 대해서 논의한다. 특히 교부금합병과 간이합병을 검토하고 합병유지청구권 제도의 도입에 대해서도 논의한다.

제2장

종류주식을 활용한 경영승계

제2장

종류주식을 활용한 경영승계*

I. 서 설

중소기업은 어느 나라를 막론하고 국민경제에서 차지하는 비중이 막대하다. 우리나라의 경우 2018년 기준으로 중소기업은 전체 사업체수 6,643,756개의 99.9%인 6,637,694개에 달하며, 전체 산업종사자 20,591,641명의의 83.1%인 17,103,938명을 고용하고 있다.[1] 1970년대 공업화가 시작된 이래 50년 이상이 경과함에 따라 중소기업 창업세대의 고령화가 빠르게 진행되면서 경영승계가 중요한 사회문제로 대두되고 있다.[2]

---

* 이 장은 "중소기업의 경영권 승계 원활하를 위한 회사법제의 개선방안 – 종류주식의 활용을 중심으로 –", 「비교사법」 제20권 제1호(2013), 239~272면을 수정·보완한 것이다.

1) 중소벤처기업부 홈페이지, <통계자료-지표-중소기업위상>, <https://www.mss.go.kr/site/smba/foffice/ex/statDB/MainSubStat.do> 참조(2021.2.1. 방문).

원만한 승계작업의 완성은 창업자 자신은 물론, 종업원, 가족 구성원, 거래업체 모두에게 만족을 주게 된다.[3] 이 때 경영자가 가지고 있는 주식을 무조건적으로 후계자에게 이전할 수 있으면 회사의 지배권은 후계자에게 원만하게 양도된다. 그러나 상속에 의해 경영권이 승계될 때, 후계자가 생각하는 것처럼 원활하게 기업의 지배권을 확보할 수 없는 경우가 있다. 즉, 상속재산이 여러 자식들에게 분배된다거나, 상속세로 인한 자금부담 때문에 후계자가 주식을 상속받더라도 경영권을 승계할 수 없는 경우가 있다.[4]

산업화가 성숙된 주요 선진국들은 중소기업 경영승계의 원활화가 국민경제의 안정과 성장, 고용유지 및 중소기업의 경쟁력 제고를 위해 매우 중요하다는 인식 아래 상속 및 증여에 관한 세제를 개선하는 한편, 민법상 유류분 제도에 대한 특례를 규정하는 등 다각적으로 대응하고 있다.[5] 또한 M&A를 추진하거나 회

---

2) 2006년 기준으로 중소기업 CEO는 창업자가 80.1%를 차지하고 있으며, 평균연령은 52.7세로 나타나고 있다. 중소기업 경영자 중 60세 이상의 고령자 인구는 1993년 10.6%, 2008년 11.3%, 2009년 12.4%등으로 지속적으로 증가하고 있다(홍성철·신상철·조봉현, 「중소기업 가업승계 제도적 기반조성에 관한 연구」, 중소기업연구원, 2011, 10면).

3) Sebastian V. Grassi, Jr. & Julius H. Giarmarco, "The Five Levels of Practical Succession Planning for the Family-Owned Business", 23 No. 2 PRACTXL 39, 53 (2009)

4) 荒井邦彦·大村健 編, 「新株予約權·種類株式實務 – 法務·會計·稅務·登記 –[改訂版]」, 第一法規, 2009, 481面. 후계자 이외에 상속인이 있는 경우 다른 상속인의 동의를 얻지 못하면 일부 주식을 상속받을 수 없다. 또한 우량한 회사에서 상속세 평가액이 높으면 그 회사의 주식을 승계할 수 없는 경우가 많다. 특히 비상장주식은 환금성이 낮기 때문에 비록 세법상의 평가액은 높더라도 다른 재산이 없으면 부담이 가중된다(荒井邦彦·大村健 編, 前揭書, 484面).

5) 조병선·조봉현, "가족기업 승계 지원정책의 현황과 발전방안", 「중소기업연구」 제33권 제3호(2011), 53면.

사분할, 합병, 자회사 설립 등 기업구조조정수단을 활용하기도 하며, 종업원지주제나 신탁을 이용하는 방안도 제시된다. 그 이외에도 회사법상 종류주식을 활용하거나, 세법상 상속주식에 대한 평가제도를 보완하는 등 다양한 방안을 모색하고 있다.[6]

제2장에서는 중소기업 경영승계의 원활화를 위하여 우선 2011년 개정상법에서 도입된 의결권의 배제·제한에 관한 종류주식, 주식의 상환 및 전환에 관한 종류주식 등을 활용하는 방안을 검토한다. 또한 금번 상법개정에서는 아직 도입되지 않은 거부권부 종류주식이나 상속인이 상속받은 주식에 대해 회사가 매도청구를 할 수 있는 제도 등에 대해서도 논의한다.

Ⅱ. 중소기업 경영승계의 회사법상 문제점 및 승계 유형

1. 경영권 승계자에게 주식의 집중이 어려운 이유

승계대상 기업에서 경영승계가 이루어진 이후 원활하게 경영권을 행사하기 위해서는 경영권 승계자가 충분한 주식을 보유해야 한다. 따라서 경영권 승계자에게 대상기업의 주식을 집중시키는 것이 매우 중요하지만, 후계자에게 의결권을 집중시키고자 하는 경우 다음과 같은 문제가 발생한다.[7]

---

6) 이러한 노력에도 불구하고 미국의 경우 창업주로부터 2세로 승계된 가족기업의 70% 이상이 생존하지 못하고 있다고 한다(Sebastian V. Grassi, Jr. & Julius H. Giarmarco, op. cit., p.39).

7) 事業承継協議会·事業承継関連会社法制等検討委員会, “事業承継関連会社法制等検討委員会 中間報告”, 2006. 6.(이하 “中間報告”라 한다), 4~11面,

첫째, 경영승계의 시점에 주식이 이미 분산되어 소유되고 있는 경우가 문제된다. 주식이 분산된 사례에는 몇 가지 유형이 존재한다. ⅰ) 세무대책으로 주식을 친족 내에 분산시키는 사례이다. ⅱ) 상속에 의해 주식이 분산된 경우이다. ⅲ) 주식이 친족 이외의 자에게 분산된 경우이다. 동기유발 등을 목적으로 친족 이외에 임원, 종업원에게 주식을 취득시킨 결과 주식이 분산된 사례이다.

선대 오너경영자가 경영을 하고 있는 동안은 인간적 유대관계에 의해 의결권행사 등이 원활하게 이루어졌다 하더라도 경영권 교체에 의해 이러한 인간관계가 분산되고, 회사의 의사결정에 지장을 초래하는 사태가 생길 수 있다. 더불어 이렇게 분산소유하고 있는 자가 사망하여 그 직계비속에게 상속이 이루어지게 되면, 시간이 지날수록 주식의 분산은 더 심화된다.

둘째, 일단 주식이 분산되면 다시 모으는 것이 곤란하다는 점이다. 한번 분산된 주식을 다시 모으는 주요한 방법으로서 ⅰ) 경영자가 임의로 취득하는 방법, ⅱ) 회사가 금고주 등으로 임의로 취득하는 방법, ⅲ) 공개매수, ⅳ) 시장에서의 매수 등이 있다. 현행법상 허용되지 않는 방식으로, ⅴ) 회사가 옵션부주식을 활용하여 취득하는 방법, ⅵ) 회사가 '상속인에 대한 매도청구'에 근거하여 취득하는 방법 등이 있다.

그러나 이러한 방법들에 공통적인 것이지만, 한번 분산된 주식을 재집중하기 위해서는 매도주주가 우호적이거나, 경영자 또는 회사에 풍부한 매수자금이 있어야 하는 등 일정한 조건이 충족되어야 한다. 이미 주식이 분산된 경우 다른 주주의 협력이 없으면

<hhttp://image02w.seesaawiki.jp/y/7/ykoizumi7/cf0d1dce3f92becc.pdf> (2021.2.1. 방문).

이러한 제도를 활용하는 것 자체가 불가능하다. 이처럼 한번 분산된 주식을 다시 집중시키는 것은 일반적으로 매우 어려운 것이 현실이다.

셋째, 민법상의 권리에 의한 제약이다. 기업을 승계할 때에 오너경영자에게 주식이 집중되어 있더라도 여러 명의 자식 중 1인을 후계자로 하고, 상속이나 증여라는 형태로 주식을 집중시키고자 하는 경우, 유류분(遺留分) 등 민법상의 권리에 의해 특정한 자에게 주식을 집중시키는 것이 제한된다. 이러한 권리를 배려하면서 경영승계자에게 주식을 집중시키기 위해서는 후계자 이외의 상속인에 대해 주식 이외의 자금을 우선적으로 상속시킬 필요가 있지만, 일반적인 중소기업의 오너경영자로서는 그러한 자산을 준비하는 것은 쉬운 일이 아니다.

2. 중소기업의 경영승계에 활용할 수 있는 회사법상의 수단

경영승계를 원활하게 하기 위하여 이용 가능한 회사법상의 제도로서 구체적으로는 자기주식의 취득과 처분, 각종 종류주식의 발행, 신주의 발행, 회사조직의 변경과 재편성인 합병·회사분할·영업양도, 그리고 주식교환 또는 주식이전에 의한 완전자회사화 등을 들 수 있다.[8)]

2011년 개정상법에서 주식에 관한 규정이 개정되어 의결권의 배제·제한에 관한 종류주식, 주식의 상환 및 전환에 관한 종류주식 등이 도입됨에 따라 경영승계의 국면에서 활용할 수 있는 수

8) 新谷勝, 「新しい事業承継と企業再生の法務 － 事業承継の圓滑化·事業再生ADR －」, (株)税務經理協會, 2010, 90～91面.

식이 확충되었다. 2006년 상법개정안에서는 거부권부종류주식이 포함되었고, 일부의 주식에 대해서만 양도제한을 하는 종류주식은 2008년 상법개정안까지에는 포함되어 있었으나, 이들 모두 최종안에서는 삭제되었다. 또한 의결권·배당 등에 대해서 주주별로 차별적인 취급을 허용하는 제도나, 상속인 등에 대하여 정관의 정함에 의해 매도를 청구할 수 있는 제도 등도 도입되지 않았다. 이러한 회사법상 제도들은 주식분산으로 인하여 의결권이 분산되는 것을 방지하여 경영승계를 원활하게 하는데 도움이 되는 제도이다.

중소기업의 경영승계에서 활용되는 수단들은 각각의 장단점이 있고 또한 활용하기 위해서는 일정한 조건이 충족되어야 하므로 용도에 따라 적절하게 구분하여 사용하여야 한다. 또한 이러한 방법을 중소기업에 보다 정착시키기 위해서는 실제로 활용하는데 있어서 절차나 운용방법 등을 명확하게 하여야 한다.

3. 종류주식을 활용한 중소기업의 경영권 승계의 유형

주식분산을 수반하는 의결권의 확산을 방지하기 위해서는 2011년 개정상법에서 도입된 종류주식을 활용할 수 있다. 예컨대, 의결권의 배제·제한에 관한 종류주식을 발행하여 의결권주식은 경영후계자에게 상속하고, 의결권의 배제·제한에 관한 종류주식은 경영후계자가 아닌 자녀에게 상속하는 방안도 생각할 수 있다. 또한 정관에 주식양도제한에 관한 규정을 두면, 주식의 양도에 대해서 회사의 승인이 필요하기 때문에 회사의 승인 없이 주식을 제3자에게 양도하는 사태를 방지할 수 있다.

그 이외에도 주식의 상환에 관한 종류주식 가운데 주주상환주식을 활용하는 방안이나, 주식의 전환에 관한 종류주식 가운데 회사전환주식을 활용하는 방안도 생각할 수 있다.

개정상법에서는 아직 도입하지 않았지만, 일정한 경우 회사가 상속인이 상속한 주식에 대해 매도청구를 하는 제도의 경우 원하지 않는 자에게 상속에 의해 주식이 분산되는 것을 방지할 수 있다. 이러한 제도를 활용할 수 있다면 주식의 분산에 의한 의결권 확산이 방지되어 경영승계를 원활하게 하는 데에 도움이 될 것이다.

특정한 자의 의결권을 제한함으로써 후계자에게 경영권을 집중시키는 방법으로서 주로 다음의 세 가지가 거론된다.[9] 첫째, 의결권의 배제·제한에 관한 종류주식을 활용하는 방법이다. 주주총회에서의 의결권이 제한되는 주식으로 의결권제한의 내용에 대해서는 완전무의결권주식으로 하거나 특정한 사항에 대해서만 의결권을 제한할 수 있다. 경영승계에서 이용할 수 있는 방식으로는 상속에 앞서 의결권제한주식을 발행하여 두고, 후계자에게는 보통주식을, 기타 상속인에게는 의결권제한주식을 취득시키는 것이다. 이를 통하여 후계자 이외의 상속인이 갖는 유류분 등을 고려할 때 불리하지 않도록 배려하면서 후계자에게 경영권을 집중시킬 수 있다.

둘째, 거부권부종류주식을 활용하는 것이다. 이는 특정한 사항에 대해 주주총회 결의 이외에 그 종류주식을 보유한 주주의 승인결의가 필요로 하는 주식이며, 우리나라상법에서는 도입되지 않고 있다. 거부권부종류주식에 대해서만 양도제한을 하는 것도

9) 事業承継協議会·事業承継関連会社法制等検討委員会, 前揭 中間報告, 12～14面.

가능하다. 경영승계에서 이용하는 경우로서 상속에 앞서 거부권부종류주식을 발행하고, 경영후계자에게 거부권부종류주식을 취득시킨다. 현재 오너경영자가 거부권부종류주식을 보유하여 경영에 영향력을 가지면서 후계자에게 대부분의 주식을 생전에 증여하여 경영권을 이양한다. 또는 후계자 이외의 상속인에게 취득시킨 주식에 대해 의결권제한주식으로 하는 대신에, 일정한 중요한 사항에 대해서는 거부권을 부여하여 두는 방식도 활용할 수 있다.

셋째, 의결권·배당 등에 대해서 주주별로 다른 취급을 하는 방법이다. 주식양도제한회사에서 정관의 정함으로써 의결권이나 배당에 대해서 주주별로 다른 취급을 할 수 있도록 하는 것으로 우리나라에서는 아직 도입되지 않은 제도이다. 일본회사법에서는 미리 주주 중 이사인 자만이 의결권을 가진다는 취지를 정관에서 정하여 두고, 경영승계자를 이사로 함으로써 경영권을 집중시킬 수 있다. 다만 이 경우 정관변경의 결의는 주주총회의 특수결의(총주주의 과반수 이상과 총주주 의결권의 4분의 3 이상의 찬성)를 요한다.

Ⅲ. 종류주식을 활용한 경영권 승계의 법적 과제

1. 의결권의 배제·제한에 관한 종류주식을 활용한 경영권 승계

(1) 의결권의 배제·제한에 관한 종류주식의 개요

종류주식을 활용한 경영승계의 유형 가운데 오너경영자가 후계자에게 경영권을 집중시킴과 동시에 다른 상속인의 유류분도 배려하면서 주식을 분배하는 경우, 의결권의 배제·제한에 관한 종류주식을 활용하는 방법이 가장 효율적이다.

의결권의 배제·제한에 관한 종류주식이라 함은 주주총회에서 의결권을 행사할 수 있는 사항에 대해 내용이 다른 종류주식을 말한다(상법 제344조 제1항). 즉, 주주총회 결의사항의 전부 또는 일부에 대해 의결권을 행사할 수 없는 주식이다.

의결권의 행사에 관하여 내용이 다른 종류주식으로는 이러한 의결권의 배제·제한에 관한 종류주식 뿐만 아니라 차등의결권 종류주식, 임원임면권부 종류주식, 거부권부 종류주식 등이 있을 수 있다.[10] 이에 따라 의결권의 행사에 관하여 내용이 다른 종류주식을 상법 제344조의3 제1항이 규정하는 의결권의 배제·제한에 관한 종류주식 이외에 다른 유형으로 발행할 수 있는지 여부가 문제된다.

종류주식은 주식평등의 원칙에 대한 예외로서 허용되는 것이므로 법률이 허용하지 아니한 유형의 종류주식 발행은 허용되지 않는다고 본다. 따라서 상법 제344조의3 제1항에서 규정한 의결권의 배제·제한에 관한 종류주식 이외에 의결권의 행사에 관하여 내용이 다른 종류주식은 발행할 수 없다고 보아야 할 것이다.[11]

의결권의 배제·제한에 관한 종류주식 발행수는 발행주식총수의 4분의 1 이하여야 한다(상법 제344조의3 제2항). 의결권의 배제·제한에 관한 종류주식을 발행하기 위해서는 발행가능주식총수,

10) 최준선, 「회사법[제15판]」, 삼영사, 2020, 229면.

11) 최준선, 전게서, 229면. 단지 제344조 제1항의 '의결권행사에 관한 종류주식'이라는 표현에서 의결권을 제한·배제하는 것 이외에 의결권에 특권을 부여하는 종류주식을 발행 수 있다는 해석을 도출할 수는 없을 것이다(이철송, 「회사법강의[제28판]」, 박영사, 2020(이하 "회사법강의"라 한다), 295면).

의결권행사사항, 의결권행사의 조건을 정한 때는 그 조건을 정관에서 정해야 한다(상법 제344조 제2항, 제344조의3 제1항).

의결권의 배제·제한에 관한 종류주식의 취지는 당해 주식의 주주가 총회결의를 통하여 회사경영에 관여하는 것을 배제하는데 있으므로 그 배제되는 주주가 우선적으로 경제적 이익을 확보하도록 함으로써 균형을 도모해야 한다. 그러므로 의결권의 배제·제한에 관한 종류주식과 이익배당에 대한 우선주식을 조합하는 방법이 합리적이다.[12)]

상법은 "의결권을 행사할 수 없는 사항"을 정관에서 정하도록 규정하고 있는데(동법 제344조의3 제1항), 이는 의결권을 행사할 수 없는 사항을 확정하기 위한 것으로 해석된다. 따라서 "이익처분의안에 대해서만 의결권을 가지고 그 밖의 사항에 대해서는 의결권을 가지지 않는다"는 방식으로도 정할 수 있을 것이다. 또한 회사를 설립하는 경우에 창립총회의 결의사항에 대해서도 의결권을 제한할 수 있다. 창립총회에서도 이사 선임 등에 있어서 의결권 제한주식이 활용될 수 있기 때문이다.[13)]

회사가 정관으로 상법 제435조 및 제436조에서 규정한 종류주주총회의 결의사항에 대하여 의결권을 제한하는 주식을 발행할 수 있는지 여부가 문제된다. 이에 대해서는 부정적으로 해석하여야 한다. 그 이유는 첫째, 종류주주총회는 주주총회의 일부가 아니라 주주총회 결의의 효력발생요건으로서 특정한 종류주주의 동의절차이다. 따라서 종류주주총회의 결의사항에 대해 의결권을

12) 新谷勝, 前揭書, 124面.

13) 박철영, "종류주식의 활용과 법적 과제 – 의결권제한주식을 중심으로 –", 「기업법연구」 제25권 제4호(2011), 17면.

제한하면 그 목적에 반하므로 허용될 수 없다.[14] 둘째, 이 규정들은 소수주주의 이익을 보호하기 위하여 마련된 강행규정이므로 상법상 명문의 규정 없이 회사가 정관으로 종류주주총회를 배제할 수 없기 때문이다.[15] 다만 종류주식이 발행됨에 따라 발생하는 종류주주총회에 관한 복잡한 법률관계를 해소할 수 있고, 특정한 종류주주가 종류주주총회를 통하여 사실상 거부권을 행사함으로써 사업수행에 지장을 초래하는 문제를 방지할 수 있다는 점에서 입법론적으로 그 도입의 필요성이 제기된다.[16] 일본의 경우 종류주식 발행회사는 종류주식의 내용으로서 종류주주총회의 결의를 요하지 않는다는 뜻을 정관에 정할 수 있다(일본회사법 제322조 제2항). 이 때 종류주식의 주주에게 손해를 미칠 우려가 있는 때에는 반대주주의 주식매수청구권을 인정한다(동법 제116조 본문 및 동조 제3항).[17]

(2) 의결권의 배제·제한에 관한 종류주식의 발행

의결권의 배제·제한에 관한 종류주식을 신규로 발행하기 위해서는 주주총회 특별결의를 통하여 정관을 변경하여야 한다(상법 제433조 제1항, 제434조).

기존에 발행된 주식의 내용을 변경하여 의결권을 배제·제한하

14) 박철영, 전게논문.

15) 정수용·김광복, "개정상법상 종류주식의 다양화", 「BFL」 제51호(2012), 104면.

16) 정수용·김광복, 전게논문, 104면.

17) 회사분할, 주식분할 등과 같이 원래 주식매수청구권이 인정되지 않은 경우 정관으로 종류주주총회를 배제하면 손해를 입은 주주의 보호수단이 없게 된다. 따라서 이러한 경우 종류주주총회의 배제를 조건으로 주식매수청구권을 인정할 필요성이 제기된다(박철영, 전게논문, 36면).

는 조항을 추가하는 경우 정관변경의 요건이 문제된다. 의결권은 주주의 가장 중요한 공익권이고, 고유권의 일종으로서 정관규정으로 이를 박탈하거나 제한할 수 없으므로,[18] 상법의 정관변경에 관한 규정으로 이를 제한하거나 박탈할 수 없다. 따라서 기존에 발행된 주식의 내용을 변경하여 의결권을 배제·제한하는 경우에는 해당 종류주식 주주 전원의 동의가 있어야 할 것이다.[19]

2011년 개정상법에서는 의결권의 배제·제한에 관한 종류주식의 내용으로서 특정한 사항에 대해서만 의결권을 제한하는 것도 가능하게 되었다. 의결권의 배제·제한에 관한 종류주식을 발행할 때 검토해야 하는 사항으로서 완전무의결권주식으로 할 것인지 아니면 특정한 사항에 대해서만 의결권을 제한할 것인지 여부와, 만일 특정한 사항에 대해서만 의결권을 제한하는 경우 어떠한 사항에 대해서 제한할 것인가를 정해야 한다. 또한 종류주주총회의 규정에 대해서도 검토해야 한다.

이러한 점을 고려하여 중소기업의 경영승계의 국면에서 이용하는 의결권의 배제·제한에 관한 종류주식의 내용으로서는 완전무의결권주식을 채택하고, 회사의 다양한 수요에 대응하기 위해 배당·잔여재산분배청구권에 차이를 두거나, 이익배당에 대해서만 의결권을 설정할 수도 있을 것이다.[20]

---

18) 이철송, 회사법강의, 533면; 정찬형, 「상법강의(상)[제22판]」, 박영사, 2019, 890면; 최기원, 「신회사법론[제14대정판]」, 박영사, 2012, 471면; 최준선, 회사법, 378면.

19) 박철영, 전게논문, 31～32면.

20) 事業承継協議会·事業承継関連会社法制等検討委員会, 前揭 中間報告, 11面.

(3) 의결권의 배제·제한에 관한 종류주식의 발행방법 및 활용도 검토

의결권의 배제·제한에 관한 종류주식을 이용함으로써 경영승계를 원활하게 하기 위해서는 경영자에 대하여 의결권의 배제·제한에 관한 종류주식을 발행하여 경영자가 의결권 있는 주식(통상 보통주식)과 의결권의 배제·제한에 관한 종류주식을 보유하도록 미리 계획해야 한다.

중소기업 오너경영자가 경영승계에 앞서 의결권의 배제·제한에 관한 종류주식을 발행·취득하는 방법으로서는 주로 다음의 네 가지 방법을 생각할 수 있다. i) 의결권의 배제·제한에 관한 종류주식을 신규로 발행하고 자신에게 배정한다. ii) 자신이 보유하는 주식의 일부를 의결권의 배제·제한에 관한 종류주식으로 내용을 변경한다. iii) 주식의 무상배정 방법을 사용하여 기존 보통주주 전원에게 의결권의 배제·제한에 관한 종류주식을 배정한다. iv) 모든 기존 보통주식을 옵션부종류주식으로 내용을 변경하면서, 새롭게 보통주식을 발행하여 그 때까지의 주식보유비율에 따라 배정한다. 그 후 회사가 옵션부종류주식을 취득하여 의결권의 배제·제한에 관한 종류주식을 교부한다.[21)]

이러한 방식의 상대적인 장단점을 분석하면, 첫째, 의결권의 배제·제한에 관한 종류주식을 신규로 발행하는 방법은 회사의 자금수요와 상속대책을 해결할 수 있는 유형이지만, 경영자에게 지출가능한 현금이 필요하다. 또한 소수주주가 존재하는 경우에는 당해 소수주주에게도 의결권의 배제·제한에 관한 종류주식을 배정

21) 事業承継協議会·事業承継関連会社法制等検討委員会, 前揭 中間報告, 18面.

하거나 또는 의결권의 배제·제한에 관한 종류주식의 발행가액을 적절하게 설정하는 등의 조치를 취하지 않으면, 소수주주에게 불이익을 초래할 수 있기 때문에 신중한 배려가 필요하다.

둘째, 자기가 보유하는 주식의 일부를 의결권의 배제·제한에 관한 종류주식으로 내용을 변경하는 방법은 새로운 자금조달이 필요하지 않기 때문에 현 오너경영자가 주식을 100% 보유하는 때에는 유효한 방법이다. 그러나 주주 전원의 동의가 필요하기 때문에 그 활용이 제한적이다.

셋째, 주식의 무상배정을 통하여 의결권의 배제·제한에 관한 종류주식을 배정하는 방법은 새로운 자금을 필요로 하지 않는다. 현 오너경영자가 대다수의 주식을 보유하고 있는 때는 물론, 의결권보유비율이 2/3 이하인 때에도 무상배정의 경우 소수주주의 권리관계에 영향을 미치지 않기 때문에, 다른 주주의 이해를 얻어 실시할 수 있다.

넷째, 기존 보통주식을 옵션부종류주식으로 내용을 변경하고 새로운 보통주식을 발행한 다음, 옵션부종류주식을 취득하고 의결권의 배제·제한에 관한 종류주식을 교부하는 방법이다. 이는 적은 자금으로 상대적으로 의결권의 배제·제한에 관한 종류주식을 많게 할 수 있는 유형이지만, 절차가 복잡하고, 반대주주의 주식에 대한 매수자금이 필요하다. 이 때문에 오너경영자가 주식을 100% 소유하고 있는 경우나, 대다수 주주가 찬성하는 경우에 한하여 활용할 수 있다.

이상의 검토에 따르면 현 오너경영자가 100% 주식을 보유하고 있는 경우라면 모든 방법을 이용할 수 있지만, 소수주주가 있는 경우에는 주식의 무상배정 방법을 활용하여 의결권의 배제·제한에 관한 종류주식을 배정하는 방법이 가장 활용 가능성이 높다고 본다. 또한 회사의 상황이나 실제의 필요에 따라 기타 방법도 활용할 수 있을 것이다.[22]

(4) 의결권의 배제·제한에 관한 종류주식과 경영승계의 원활화

경영승계를 원활하게 수행하기 위해서는 후계자가 경영권을 장악하기에 충분한 의결권을 확보하여야 한다. 후계자에게 의결권을 집중시키기 위한 방안으로서 비후계자가 상속받을 지분을 의결권의 배제·제한에 관한 종류주식으로 정하는 것이 효율적이다.[23] 비후계자가 의결권의 배제·제한에 관한 종류주식(특히 완전의결권제한주식)을 상속하면, 주주총회에서 의결권을 행사할 수 있는 주식수가 감소하기 때문에, 후계자는 보다 적은 지분을 보유하더라도 회사를 지배할 수 있다.[24] 또한 유류분의 관계에서도 경영자(피상속인)가 보유하는 의결권의 배제·제한에 관한 종류주식을 비후계자에게 보유시킴으로써 유류분반환청구가 적게 된다.

이 경우 의결권의 배제·제한에 관한 종류주식과 이익배당(잉여금의 분배) 우선주식을 조합시킴으로써, 비후계자가 주주총회의 결의에는 관여하지 않지만, 우선적으로 이익배당을 받을 수 있도록 배려해야 한다. 이러한 방식을 통하여 후계자는 다수의 의결권을 확보할 수 있음과 더불어 비후계자 등의 불만을 완화시킴으로써 다른 상속인과의 관계도 원활하게 유지할 수 있게 된다. 더

---

22) 事業承継協議会·事業承継関連会社法制等検討委員会, 前揭 中間報告, 19～20面.

23) Sebastian V. Grassi, Jr. & Julius H. Giarmarco, op. cit., p.44.

24) 新谷勝, 前揭書, 125面.

불어 유류분반환청구(민법 제1115조 제1항)의[25] 문제도 생기지 않을 것이다.[26]

경영자는 의결권 있는 주식을 후계자에게, 의결권의 배제·제한에 관한 종류주식을 비후계자에게 생전 증여하는 방법, 혹은 유언에 의해 이것과 같은 상속 또는 유증의 방법이 있다. 또한 생전 증여나 유언이 없는 경우에도 후계자가 의결권 있는 주식을 상속하고, 비후계자는 의결권의 배제·제한에 관한 종류주식을 상속하는 유산분할의 방법이 있다.

물론 비후계자가 의결권의 배제·제한에 관한 종류주식을 보유하게 되더라도 의결권에 관계없는 권리는 가지는 것이므로, 회계장부의 열람 등 청구권이나 이사의 책임을 추궁하는 소송(주주대표소송)을 제기할 수는 있을 것이다.[27]

2. 주식의 상환에 관한 종류주식을 활용한 경영권 승계

(1) 주식의 상환에 관한 종류주식의 개요

2011년 개정상법은 상환주식을 종류주식의 한 유형으로 규정하고 정관이 정하는 바에 따라 이익으로 소각할 수 있도록 규정하고 있다(제344조 제1항). 주식의 상환에 관한 종류주식이라 함은 정관의 정함에 따라 장차 회사 스스로 또는 주주의 청구에 의해 이익으로써 소각할 수 있는 주식을 말한다(제345조 제1항, 제3항).

25) 유류분의 반환청구에 대해서는 최수정, “개정신탁법상의 재산승계제도 – 유언대용신탁과 수익자연속신탁을 중심으로 –”, 「법학논총」 제31집 제2호(전남대학교 법학연구소, 2011), 81～82면 참조.

26) 新谷勝, 前掲書, 126面.

27) 新谷勝, 前掲書, 127面.

상환주식은 회사가 상환권을 가지는 상환사유부주식(회사상환주식, 상환조항부주식이라고도 한다; 제344조 제1항)과, 주주가 회사에 대하여 상환청구권을 가지는 상환청구권부주식(주주상환주식이라고도 한다; 동조 제3항)으로 구분되는데, 후자가 새로 도입된 것이다.

상환주식은 회사가 자금이 필요할 때 주로 우선주식을 대상으로 상환주식을 발행하였다가 나중에 자금사정이 호전되면 상환함으로써 회사의 지배관계에 영향을 미치지 않고 자금을 조달할 수 있는 장점이 있다. 또한 새로 도입된 '주주가 상환을 청구할 수 있는 주식'의 경우에는 회사의 경영상황에 따라 투자회수를 쉽게 할 수 있는 장점이 있다.[28] 상환주식과 사채는 기업의 자금조달수단으로서 유사한 기능을 하지만 상환주식은 이자가 지급되지 않고 이익이 있어야만 상환할 수 있다는 점에서 사채와 구별된다. 그러나 경제적 실질은 사채에 가깝다고 볼 수 있으므로 한국채택 국제회계기준에서는 상환주식을 부채로 처리한다.[29]

상환의 대가는 현금 이외에도 유가증권(다른 종류의 주식은 제외) 그 밖의 자산을 교부할 수 있도록 규정함으로써(제345조 제4항) 상환대가를 다양화하고 유연화 하였다. 다만 이 경우 교부하는 자산의 장부가액이 배당가능이익(제462조)을 초과하여서는 아니 된다(동조 제4항 단서). 여기서 상환대가로 다른 종류주식을 제외한 이유는 전환주식으로 기능하지 않도록 하기 위한 것이다.[30] 그러나 상환의 대가로 주식의 교부를 허용하는 것이 상환주식의 본질

28) 이철송, 회사법강의, 298면.

29) 송옥렬, 「상법강의[제10판]」, 홍문사, 2020, 801면.

30) 김순석, "종류주식의 다양화와 자금조달의 유연성에 관한 법적 쟁점 분석", 「상사법연구」 제27권 제2호(2008), 33면.

에 반하는 것은 아니라고 본다.[31)]

(2) 주식의 상환에 관한 종류주식을 활용한 경영권 승계

가. 발행방법

주주상환주식을 발행하기 위해서는 주주총회의 특별결의를 통하여 정관을 변경하여야 한다. 정관의 내용에는 발행 가능한 종류주식의 총수, 주주가 회사에 대하여 주식의 상환을 청구할 수 있다는 취지, 청구기간, 주식 1주와 교환으로 상환하는 재산의 내용, 수, 금액 또는 그러한 산정방법, 주식과 상환으로 다른 주식을 교부하는 때는 그 주식의 종류, 수 또는 그 산정방법 등을 포함하여야 할 것이다. 이러한 사항은 정관에서 정하여 등기한다. 등기에 의해 제3자는 종류주식의 발행상황을 알 수 있다.

나. 회사상환주식을 활용하는 방안

우선 회사상환주식을 활용하는 방안으로는 주주배정의 방식으로 회사상환주식을 주주에게 무상으로 발행한다. 오너 경영자는 추가출자의 부담 없이 기존에 소유하고 있는 주식에 추가하여 회사상환주식을 새롭게 취득하게 된다. 경영자는 유언을 통해 후계자에게는 보통주를 상속하고, 후계자 이외의 상속인에게는 회사상환주식을 상속하여 유류분에 관한 분쟁을 피하면서 후계자에게 경영권을 승계하는 방법이다. 후계자 이외의 상속인이 상속한 회사상환주식은 상환조건이 충족되면 회사가 취득하여 소각하게 된다.[32)]

---

31) 동지, 송종준, "방어적 주식제도의 국제적 입법동향과 도입 과제 – 2006년 회사법 개정안을 중심으로 –", 「경영법률」 제17집 제2호 (2007), 112면.

32) 권종호, "중소기업의 원활한 사업승계를 위한 방안 – 2011년 개정상법 및

그러나 이 방법은 주주를 회사로부터 강제로 퇴출시켜 경영권을 승계하는 방법이기 때문에 경영권 승계만을 목적으로 하는 주주의 강제퇴출이 정당화될 수 있는지에 대한 의문이 제기된다.[33] 따라서 이하에서는 주주상환주식을 활용하는 방안을 중심으로 논의한다.

다. 주주상환주식을 활용하는 방안

중소기업의 경영권을 승계하는데 있어서 상환주식을 활용하는 방법으로는 다음의 네 가지의 유형을 고려할 수 있을 것이다.[34]

첫째, 후계자 이외의 상속인에게 주주상환주식을 부여하는 방법이다. 예컨대, 대주주인 대표이사가 미리 보통주식 및 의결권제한주식을 보유한다. 유언으로 후계자에게 보통주식을, 후계자 이외의 상속인에게는 의결권제한주식을 상속시킨다. 이때에 후계자 이외의 상속인에게 의결권제한주식을 상속하면 불만이 생긴다. 그러므로 이러한 문제를 해결하기 위하여 후계자 이외의 상속인이 상속받는 의결권제한주식에 대하여 상환청구권을 부여한다. 이를 통하여 후계자 이외의 상속인은 회사에 배당가능이익이 존재하면 언제라도 회사에 대하여 주식의 상환을 요청할 수 있다. 경영에 관심이 없는 후계자 이외의 상속인으로서는 실리를 확보할 수 있어 불만을 완화할 수 있는 방법이다.

둘째, 제3자배정 증자를 활용하는 방법이다. 제3자배정 증자를

개정신탁법을 중심으로 –", 「비교사법」 제18권 제4호(2011), 1347~1348면.

33) 권종호, 전게논문, 1350면.

34) 이하 내용은 今川嘉文, 「事業承継法の理論と實際」, 信山社, 2009, 90~92面에서 소개된 일본의 취득청구권부주식을 활용한 경영권 승계방안을 참고로 하고, 이를 우리 상법상 "주식의 상환에 관한 종류주식"에 적용하여 수정·보완한 것이다.

활용하여 주주상환주식을 발행한 다음 이를 경영자에게 우호적인 거래기업에 배정한다. 증자를 하기 쉬운 점은 있지만, 제3자가 상환청구를 하는 경우 이에 따라야 할 의무가 있다.

셋째, 종업원지주조합에서 주주상환주식을 보유하게 하는 방법이다. 종업원지주조합은 보유하는 주식을 주주상환주식으로 하고, 회사가 이를 매입하는 구조를 취하게 되면 종업원은 회사에 상환청구를 하면 현금화가 가능하므로 종업원지주조합에 가입하기가 쉽게 된다.

넷째, 상환청구에 조건을 붙이는 방법이다. 예컨대, '甲이 대표이사로 되지 않는 경우'에 상환청구를 할 수 있다고 정하는 것이다.

3. 주식의 전환에 관한 종류주식을 활용한 경영권 승계

(1) 주식의 전환에 관한 종류주식의 개요

주식의 전환에 관한 종류주식이라 함은 회사가 종류주식을 발행하는 경우에 정관으로 정하는 바에 따라 주주가 인수한 주식을 다른 종류주식으로 전환을 청구하거나, 정관에서 정한 일정한 사유가 발생하는 경우 회사가 주주의 인수 주식을 다른 종류주식으로 전환할 수 있는 주식을 말한다. 2011년 개정 전 상법에서는 주주가 전환을 청구할 수 있는 전환청구권부주식(주주전환주식이라고도 한다)만이 허용되었으나(제346조 제1항), 2011년 개정상법은 그 이외에도 정관에서 정한 사유가 발생할 경우 회사가 전환을 할 수 있는 전환사유부주식(회사전환주식, 전환조항부주식이라고도 한다)을 추가하였다(제346조 제2항). 2011년 개정상법에서 도입된 종류주식을 활용하여 전환주식을 구성하면 매우 다양한 유형의 전환

주식을 발행할 수 있을 것이다.[35)]

이에 따라 전환주식의 대상과 전환으로 발행할 주식도 개정전보다 더 확대되어서 전환주식의 발행을 통한 자금조달이 보다 용이해질 것으로 기대된다. 또한 회사의 경영판단에 따라 우선배당 등의 부담해소가 가능해지고, 회사가 적대적 M&A의 대상이 된 경우 종류주식(무의결권우선주)을 보통주식으로 전환하여 경영권을 방어하는 데에도 활용할 수 있을 것이다.

2011년 개정상법은 전환의 대가를 다른 종류주식에 한하도록 하면서 현금 등의 자산을 제외하였다(제346조 제1항, 제2항). 미국이나 일본 회사법처럼 전환대가로 현금이나 사채 등을 지급하는 경우에는 상환주식과 구별되지 않으며, 전환주식의 본질상 전환구주는 소멸되는데 이는 자본금 감소절차를 거치지 않고 자본금을 감소시키는 효과를 초래하는 점을 방지하기 위한 것이다.[36)]

한편 정관으로 일정한 기한의 도래, 조건의 성취에 의해 다른 종류의 주식으로 자동전환 되는 주식도 발행할 수 있다고 해석되지만,[37)] 이러한 주식은 상법이 규정하는 주식의 전환에 관한 종

35) 2011년 개정상법에 의해 발행 가능한 주식의 유형에 관해서는 최준선, 「2011년 개정상법 회사편 해설」, 한국상장회사협의회, 2011, 82~84면; 이철송, 회사법강의, 306면 참조.

36) 송종준, 전게논문, 114면; 김순석, "주식제도의 개선 – 종류주식을 중심으로 –", 「상사법연구」 제28권 제3호(2009), 157~158면.

37) 예컨대, 삼성전자주식회사 정관(2018.3.23. 개정)<http://www.samsung.com/sec/ir/governance-csr/articles-of-incorporation/> (2021.2.1. 방문) 제8조 ⑤ 우선주식의 존속기간은 발행일로부터 10년으로 하고 이 기간만료와 동시에 보통주식으로 전환된다. 그러나 위 기간 중 소정의 배당을 하지 못한 경우에는 소정의 배당을 완료할 때까지 그 기간을 연장한다. 이 경우 전환으로 인하여 발행하는 주식에 대한 이익의 배당에 관하여는 제8조의2(신주의 배당 기산일)의 규정을 준용한다.

류주식은 아니다.[38)]

(2) 전환사유부주식(회사전환주식)을 활용한 경영권 승계

가. 발행방법

회사전환주식을 발행하는 구체적 방법은 다음의 원칙에 근거한다. 우선 발행회사가 회사전환주식을 발행하려면 주주총회 특별결의를 통하여 정관을 변경하여야 한다. 이 경우 회사는 정관에서 전환사유, 전환조건, 전환기간, 전환으로 인하여 발행할 주식의 수와 내용을 정하여야 한다. 정관에서 전환주식의 발행근거가 정해지면 전환주식의 발행은 상법 제416조의 통상의 신주발행이므로 이사회의 결의만으로 발행할 수 있다. 정관에서 정한 전술한 내용은 등기를 요한다(제317조 제2항 제7호, 제347조). 이는 제3자가 회사전환주식의 내용을 알 수 있도록 하기 위한 것이다. 회사전환주식의 발행에 의해 다른 종류주주에게 손해를 미칠 우려가 있는 경우 그 종류주주총회의 특별결의를 요한다.

기존의 보통주식 및 종류주식의 일부에 대해서만 전환조항을 붙이는 것은 허용되지 않는다. 기존의 모든 주식에 전환조항을 붙이기 위해서는 주주총회 특별결의에 추가하여 주주 전원의 동의를 요한다. 또한 기존의 종류주식에 전환조항을 붙이기 위해서는 정관변경을 위한 주주총회의 특별결의 이외에 기존 종류주주 전원의 동의를 요한다. 이것은 발행회사가 일정한 조건을 만족하면 회사전환주식을 강제적으로 매입할 수 있기 때문이다.[39)]

---

38) 정동윤, 「상법(상)[제6판]」, 법문사, 2011(이하 "상법(상)"이라 한다), 457면; 정찬형, 전게서, 730면.

39) 今川嘉文, 前掲書, 89～90面.

나. 활용유형

회사전환주식은 일정한 사유가 생기는 것을 조건으로 하여 발행회사가 주주의 인수 주식을 다른 종류주식으로 전환할 수 있는 종류주식이다. 발행회사가 전환할 권리를 가지는 콜옵션이 붙은 주식이라고 할 수 있다. 정관에서 전환사유, 전환조건, 전환기간, 전환으로 인하여 발행할 주식의 수와 내용을 정하여야 한다(제346조 제2항).

중소기업의 경영권을 승계하는데 있어서 회사전환주식을 활용하는 방법으로는 다음의 네 가지의 유형을 고려할 수 있을 것이다.[40]

첫째, 후계자가 보유하는 의결권제한주식에 전환조항을 붙여 보통주식으로 전환하는 방법이다. 회사전환주식은 전환대상 주식을 다른 종류의 주식으로 전환할 수 있다. 그러므로 의결권제한주식에 전환조항을 붙여서 교부한 후 나중에 이를 보통주식으로 전환시킬 수 있다. 예컨대, 복수의 후계자 후보자에게 '의결권제한'이 붙은 회사전환주식을 발행시점과 전환조건을 약간 달리하여 각각 교부한다. 후계자가 확정된 경우 발행회사가 주식을 취득하여 후계자가 가지는 의결권제한주식을 보통주식으로 전환한다. 이렇게 함으로써 후계자에게만 의결권을 집중시킬 수 있다.

둘째, 후계자 이외의 자가 가지는 주식을 의결권제한주식으로 전환하는 방법이다. 즉, 보통주식에 전환조항을 붙이고, 후계자 후보자에게 교부한다. 후계자가 정해진 경우 발행회사가 이 주식을 취득하여, 후계자 이외의 자가 가지는 보통주식을 의결권제한

---

40) 이하 내용은 今川嘉文, 前揭書, 88～89面에서 소개된 일본의 취득조항부 주식을 활용한 경영권 승계방안을 참고로 하고, 이를 우리 상법상 '주식의 전환에 관한 종류주식'에 적용하여 수정·보완한 것이다.

주식으로 전환한다. 다만 이 방법은 보통주주 전원의 동의가 필요하다.

셋째, 후계자 이외의 자에게 회사전환주식을 상속시키는 방법이다. 후계자 이외의 자에게 회사전환주식을 상속시킴으로써 발행회사는 일정한 범위에서 당해 주식을 매입할 수 있고, 후계자에게만 의결권을 집중시킬 수 있다.

넷째, 종업원지주조합에서 회사전환주식을 보유하게 하는 방법이다. 주식의 분산을 방지하기 위하여 종업원지주조합이 보유하는 주식을 회사전환주식으로 한다. 발행회사는 종업원의 퇴사를 '일정한 사유'로 하여 주식을 전환할 수 있다. 퇴직자로부터 주식을 매입할 수 있으며, 퇴직자의 사망 등으로 주식이 분산되는 것을 방지할 수 있다.

Ⅳ. 중소기업의 경영권 승계 원활화를 위한 입법적 과제

1. 상속인 등에 대한 매도청구 제도의 도입문제

2011년 개정상법에서는 논의되지 않았지만, 일본회사법에서 도입한 상속이나 합병과 같은 일반승계에 의해 취득된 주식(양도제한주식에 한한다)에 대해서 회사가 매도청구를 할 수 있도록 하는 제도를 도입할 필요가 있다(일본회사법 제174조 내지 제177조). 원래 양도제한주식의 양도제한은 매매 등 특정승계에만 적용되고 상속 등 일반승계에는 적용되지 않았다(일본회사법 제134조 제4

호). 그러나 주주의 구성을 인적 신뢰관계가 있는 자로 제한하고자 하는 주식양도제한의 취지는 일반승계의 경우에도 마찬가지로 타당하다. 그러므로 일반승계를 양도제한의 대상으로 하는 것에 대한 실무계의 강한 요청이 있었는데, 회사법은 이를 수용하여 상속인 등에 대한 매도청구 제도를 도입한 것이다.[41]

이러한 제도가 도입되면 중소기업이 경영승계를 할 때 상속에 앞서 상속 등의 일반승계에 의해서 취득된 주식에 대해 회사가 매도청구할 수 있다는 취지를 정관에서 정하여 두고, 사업에 관여하지 않는 자가 상속에 의해 취득한 주식에 대하여 회사가 매도청구를 함으로써 주식의 분산을 방지할 수 있다.

이 제도를 도입하기 위해서는 정관변경을 통하여 상속인 등의 매도청구에 관한 규정을 두어야 한다(일본회사법 제466조, 제309조 제2항 제11호). 매도청구를 하는 빈도, 매도청구하는 주식수, 매도청구의 대상으로 되는 자를 결정하기 위한 주주총회의 특별결의가 필요하다(동법 제175조 제1항, 제309조 제2항 제3호). 회사와 매도청구의 대상자와의 사이에 매매가격의 협의가 필요하며(동법 제177조 제1항), 협의가 성립하지 않는 경우에는 법원에 가격결정을 신청하여야 한다(동법 제177조 제2항). 매도청구는 상속 등이 있었던 것을 안 날로부터 1년 이내이며, 법원에 매매가격 결정의 신청은 매도청구일로부터 20일 이내이다.

다만 재원규제에 의해 배당가능이익을 초과하는 매수는 할 수 없도록 하여야 한다. 또한 상속의 개시, 매도청구, 매매가격의 협의, 매매가격의 결정, 주식의 매도에 관한 구체적인 절차를 미리

41) 松尾建一, 「逐條解說 會社法(酒卷俊雄/龍田節 編) 第2卷 柱式·1」, 中央經濟社, 2008, 457面.

마련하여야 한다.

2. 거부권부종류주식(동의권부종류주식)의 도입문제

(1) 의의

거부권부종류주식이라 함은 주주총회·이사회·청산인회에서 결의해야 하는 사항에 대하여 그 결의 이외에 당해 종류주식의 주주를 구성원으로 하는 종류주주총회의 결의가 필요하다는 점에서 내용이 다른 주식을 말한다(일본회사법 제108조 제1항 제8호). 즉, 주주총회나 이사회 등의 결의사항에 관한 거부권의 유무(또는 거부권의 내용의 차이)를 주식의 종류로 하는 것이다.[42] 거부권부종류주식을 도입함으로써 합작회사나 벤처기업 등에서 이루어지는 주주간 계약의 일부에 대해서 그 법적 위치를 명확하게 할 수 있게 되었다.[43]

회사가 종류주식을 발행하고 정관의 규정에 따라 종류주주총회의 결의로써 거부권을 행사하는 것이기 때문에 주주평등의 원칙이나 1주 1의결권원칙에 반하는 문제가 없다. 이러한 종류주주총회는 상법의 규정에 의한 종류주주총회(상법 제435조 및 제436조)와 구분하여 특정종류주주총회라고 할 수 있다.[44]

일본의 경우 회사가 거부권부종류주식을 발행하기 위해서는 정관에서 ① 주주총회·이사회·청산인회에서 결의해야 하는 사항

---

42) 江頭憲治郎, 「株式会社法[第7版]」, 有斐閣, 2017, 164面.

43) 前田庸, 「會社法入門[第12版]」, 有斐閣, 2009, 110面.

44) 최준선·김순석, 「회사법 개정방향에 관한 연구」, 한국상장회사협의회, 2004, 127면.

중 당해 종류주주총회가 필요하다는 것, ② 종류주주총회의 결의를 필요로 하는 조건을 정한 경우에는 그 조건(일본회사법 제108조 제2항 제8호), ③ 발행가능 종류주식수 등을 정해야 한다(동법 제108조 제2항 본문). 이 종류주주총회의 결의사항은 우리 상법 제435 및 제436조에 의한 종류주주총회와는 다른 것이며, 반드시 종류주주 간에 이해대립이 있어야 하는 것은 아니므로, 복수의 종류주주가 공동으로 결의할 수 있다고 정관에서 정할 수 있다. 결의요건도 원칙적으로 보통결의이지만 정관에서 달리 정할 수 있다(일본회사법 제324조 제1항).[45)]

(2) 2009년 상법개정초안의 내용

거부권부종류주식은 2006년 회사법개정위원회에서 발표한 상법개정안에는 포함되어 있었으나 적대적 M&A에 대한 방어효과가 너무 강력하므로 기업인수를 통한 외부통제가 기능을 할 수 없게 만드는 등 문제점이 지적됨에 따라 2008년 상법개정안에서는 삭제되었다.[46)] 법무부는 그 이후 다시 2008년부터 2009년에 걸쳐 경영권방어법제개선위원회의 논의를 거쳐 동의권부주식의 초안을 작성하였으나 역시 입법화되지 못하였다.

2009년 개정초안에서 동의권부종류주식이라 함은 주주총회의 결의사항 중 정관에서 정하는 사항에 관해 주주총회결의 이외에

45) 江頭憲治郎, 前揭書, 165面.

46) 동 개정안에 대해서는 김순석, "황금주(Golden Shares) 제도에 관한 연구", 「비교사법」 제16권 제1호(2009)(이하 "황금주 제도에 관한 연구"라 한다), 309~313면; 권종호, "방어수단으로서 종류주식 – 2006년 개정안과 2008년 개정안을 중심으로 –", 「상사법연구」 제27권 제2호(2008), 67~70면 참조.

특정종류주주총회의 결의가 필요하다는 점에서 내용이 다른 주식을 말한다(개정초안 제344조의5). 동의권부종류주식의 도입은 2006년 개정안과 마찬가지로 원시정관이나 총주주의 동의에 의한 정관변경으로 할 수 있으며(동조 제2항), 상장회사에 대해서는 도입을 허용하지 않는다(동조 제5항).[47] 동의권의 대상은 법령상 주주총회의 결의사항이 아니더라도 정관으로 정할 수 있도록 하였으며, 다만 감사의 선임과 해임에 대해서는 그 대상에서 제외하였다(동조 제1항). 이는 특정한 종류주주가 감사의 선·해임권을 갖는 것은 감사선임에 대해서 의결권을 제한하는 상법규정에 비추어 바람직하지 않기 때문이다. 한편 동의권부종류주식은 정관에서 규정한 사유가 발생하는 경우 언제든지 폐지할 수 있다(동조 제3항 제2호). 또한 정관변경 등으로 동의권부종류주식의 주주가 손해를 입을 경우 결의요건에 대해 정관에 달리 정함이 없는 한 주주총회의 일반결의요건에 따른다(동조 제4항).[48]

(3) 거부권부종류주식을 활용한 경영권의 승계

가. 필요성

경영후계자가 의결권의 과반수를 보유하고 있는 경우는 거부권부종류주식을 이용할 필요성은 적다. 그러나 의결권제한주식이

47) 일본의 경우 상장규칙으로 규율하고 있으며, 상장회사가 거부권부종류주식의 발행을 결의하는 것은 '주주의 권리내용 및 그 행사가 부당하게 제한'되는 경우에 해당하여 상장폐지가 될 수 있다(東京証券取引所, 有價証券上場規程601條17号, 同施行規則601條12号, 上場管理等に關するガイドラインⅣ5; 松尾建一, 前揭書, 99面).

48) 권종호, "적대적 M&A방어수단의 도입 필요성 – 2008년 경영권방어법제 개선위원회의 입법초안을 중심으로 –", 「상사판례연구」 제22집 제4권 (2009), 276~277면.

보통주식으로 전환된 경우나, 제3자배정의 신주발행이 이루어진 경우, 그리고 주식의 일부양도 등에 의해 의결권의 과반수를 상실하는 경우 등이 있으므로, 이러한 때에 대비하여 거부권부종류주식을 이용할 필요가 있다. 그 이외에 경영자의 사망에 따른 주식의 분산에 대비하여 후계자에게 거부권부종류주식을 상속 또는 유증할 필요성이 있다.

한편 前경영자가 후계자에게 사업을 양도한 후에도 거부권부종류주식을 보유함으로써 후계자의 독단적인 회사경영을 방지하고, 거부권부종류주식에 의해 감독시정 기능을 발휘할 수 있게 된다. 이를 통해 후계자를 체크할 수 있으므로 현실적이라고 할 수 있다.

그러나 경영승계가 안정된 후에 일정기간이 경과하면 前경영자는 후계자에게 거부권부종류주식을 양도하거나, 또는 회사가 이를 취득하여 소각함으로써 거부권부종류주식을 소멸시킬 필요가 있을 것이다.

前경영자가 거부권부종류주식을 보유한 채로 사망하면 거부권부종류주식이 상속에 의해 분산될 가능성이 있으므로 유언에 의해 후계자에게 상속시킬 필요가 있다. 혹은 거부권부종류주식과 상환·전환조건부종류주식을 조합하여 前경영자의 사망에 의해 회사가 거부권부종류주식을 취득하고, 이를 소각하는 방안을 마련해야 할 것이다.[49]

나. 활용유형

경영승계에서 거부권부종류주식을 활용하는 방법은 크게 세

49) 新谷勝, 前揭書, 137～138面.

가지로 구분할 수 있다. i) 상속에 앞서 거부권부종류주식을 발행하고, 경영후계자에게 거부권부종류주식을 취득시킨다. ii) 현재 오너경영자가 거부권부종류주식을 보유하여 경영에 영향력을 가지면서 후계자에게 대부분의 주식을 생전에 증여하여 경영권을 이전한다. 또는 iii) 후계자 이외의 상속인에게 취득시킨 주식을 의결권제한주식으로 하는 대신에, 일정한 중요한 사항에 대해서는 거부권을 부여하여 두는 방식도 활용할 수 있다.[50] 다만 거부권부종류주식을 보유한 주주와 의결권의 과반수를 점유하는 주주 간에 대립이 발생할 경우에 회사로서는 의사결정이 교착상태에 빠질 우려가 있다. 따라서 이러한 상황을 회피 내지 해소하기 위한 수단을 동시에 강구하여야 한다.[51]

다. 폐해 및 대책

거부권부종류주식을 활용하는 방법은 중소기업에서 후계자가 원활하게 경영승계를 하는 데에 도움이 되는 반면, 원활한 회사경영에 걸림돌이 되거나 거부권부종류주식의 주주가 독주하는 문제가 생길 수 있다.

거부권부종류주식을 도입하면 회사의 중요한 의사결정에 대해 거부권부종류주식의 주주에 의한 종류주주총회의 결의가 필요하다. 회사의 중요사항에 관한 결정은 이러한 주주의 승인이 없으면 이루어질 수 없게 된다. 그러나 거부권부종류주식의 기능은 주주총회의 결의 등에 대한 승인이며, 승인하지 않는다는 거부권이므로 거부권부종류주식의 주주가 적극적으로 회사의 의사결정

50) 事業承継協議会·事業承継関連会社法制等検討委員会, 前揭 中間報告, 13面.

51) 平野敦士·藤本純也·板倉はるみ·杉田和哉 編, 「新しい事業承繼對策と實務手續」, 清文社, 2008, 164面.

을 하는 것은 아니다.

후계자가 거부권부종류주식을 가지고 있지만, 보유주식수가 과반수에 미치지 못하는 때에 거부권부종류주식을 가진 후계자와 그 이외의 주주 사이에 회사경영을 둘러싼 대립이 생긴 경우 거부권의 행사에 의해 회사경영이 교착상태에 빠질 우려가 있다. 또한 前경영자가 거부권부종류주식을 가지고 있더라도 감독기능을 발휘하기 어려운 경우가 있다.

후계자가 의결권의 과반수를 지배하더라도 前경영자가 거부권부종류주식을 보유하거나 혹은 유언에 의해 다른 상속인이 이를 상속한 경우에는 후계자가 자유롭게 경영할 수 없게 되어 경영에 장해가 될 수 있다.

경영자가 자신이 보유하는 거부권부종류주식을 증여 또는 상속에 의해 후계자에게 양도하면, 후계자 이외의 상속인 등이 비록 다수의 보통주식을 보유하고 있더라도 경영지배권을 확보할 수 없게 된다. 거부권부종류주식은 적극적으로 경영에 관여하는 것을 허용하지 않을 뿐만 아니라 주주간에 대립이 생기게 하며, 경영을 정체시킬 우려가 있다.52)

거부권부종류주식의 주주와 의결권의 과반수를 보유하는 주주간에 대립이 생기는 경우 회사로서는 의사결정이 교착상태에 빠지게 된다. 교착상태에 일단 빠지게 되면 이를 해소할 수 있는 법적 수단이 없기 때문에 사전에 대응책을 마련하는 것이 중요하다. 교착상대를 해소하기 위하여 거부권부종류주식과 상환·회사전환주식을 조합하여 교착상태에 이른 것을 '일정한 사유가 생긴

---

52) 新谷勝, 前揭書, 138～139面.

것'으로 하여 회사가 거부권부종류주식을 취득하게 하는 방법이 모색된다.[53]

교착상태에 빠진 경우에 대한 대책으로서 종류주식의 거부권을 소멸시키는 방안도 논의된다. 예컨대, 중재판정이나 조정에 의해 거부권의 행사가 부적절하다고 판단이 내려진 경우에는 거부권이 없는 주식으로 강제전환하는 방법이다. 또는 종류주주에 의한 승인을 요구하는 조건에 대해 이러한 중재판정이 있는 때에는 승인을 요하지 않는다고 정할 수 있을 것이다.[54]

거부권부종류주식에 의해 주주총회의 결의나 이사회결의의 효력을 저지할 수 있지만, 반면 원활한 회사경영을 방해할 우려가 있으므로 그 이용은 매우 제한적으로 해야 할 것이다. 경영승계에 있어서 거부권부종류주식의 이용이 문제되는 것은 친족내 승계이며, 친족외 승계는 기업을 매각하는 것이므로 고려할 필요가 없다.

더욱이 주의해야 할 것은 거부권부종류주식을 발행한 때는 이것이 후계자나 前경영자 이외의 자에게 양도되면 곤란하므로 반드시 양도제한주식으로 해야 한다.[55]

거부권부종류주식의 경우 거부권의 대상은 다른 주주의 이해에 크게 관련되므로 그 행사자가 누구인지가 매우 중요한 의미를 갖는다. 따라서 양도를 위해서는 주주의 다수결에 의한 승인을 원칙으로 해야 한다는 주장도 제기된다.[56] 그러나 우리 상법은

53) 平野敦士·藤本純也·板倉はるみ·杉田和哉 編, 前揭書, 169面.

54) 松尾建一, 前揭書, 97面.

55) 新谷勝, 前揭書, 139面.

56) 稲葉威雄, 「會社法の解明」, 中央經濟社, 2010, 308面.

일부 양도제한주식을 도입하고 있지 않으므로 거부권부종류주식이 도입되더라도 일부 주식에 대해서만 양도를 제한할 수는 없는 실정이다.

라. 도입방안의 검토

거부권부종류주식의 도입은 지배주주의 경영권을 고착화하거나, 종류주주와 회사 또는 경영진 간에 의견이 대립하는 경우 경영이 교착상태에 빠질 우려가 있는 등 그 부작용이 생길 수 있으므로 도입에 신중을 기하여야 한다. 따라서 도입방안을 검토하는 경우에도 그 적용범위를 제한하여야 한다. 우선 적용대상을 폐쇄회사에 한정하고, 국가기간산업에 종사하는 회사의 경우에는 해당 특별법에서 규정하는 것이 바람직할 것이다. 또한 거부권부종류주식의 남용을 방지하기 위하여 거부권의 대상은 회사의 합병, 분할, 영업양도, 이사의 선해임, 주식·사채의 발행, 중요재산의 양수, 합작계약서의 기재사항 등 그 범위를 정관으로 제한하도록 하는 것이 타당하다.

또한 거부권부종류주식의 발행을 원시정관이나 총주주의 동의에 의하도록 하는 경우 현실적으로 이를 활용할 수 있는 기업은 매우 제한적일 수밖에 없을 것이다. 따라서 상법상 제도로서 도입하는 경우 그 실질적 활용을 위하여 원시정관이나 특수결의(출석의결권주식수의 3분의 2 이상과 발행주식총수의 과반수)에 의한 정관변경으로도 발행할 수 있도록 그 요건을 완화할 필요가 있다고 본다.[57]

---

57) 동지, 한국증권법학회, 「적대적 M&A 방어수단 관련연구」, 2008. 9., 66~67면.

한편 2009년 상법개정초안 제344조의5 제1항에서 정관에서 정하여야 하는 사항으로서 '발행가능종류주식총수'를 포함하여야 할 것이다.

거부권부종류주식의 남용을 제한하기 위하여 지배주주에게 충실의무를 부과하고 이를 위반한 경우 회사나 주주에게 손해배상책임을 부과하는 방안을 검토할 필요가 있다. 또한 거부권부종류주식은 폐쇄회사에 대해서만 허용하도록 하여야 한다. 이를 위해서는 한국거래소의 유가증권시장상장규정 및 코스닥시장상장규정 등을 통하여 규제하는 것이 바람직하다고 본다.[58)]

V. 결 어

중소기업의 원활한 경영권 승계를 위한 회사법제의 검토에는 다양한 주제에 관한 논의가 필요하다. 이 장에서는 주로 종류주식을 활용하여 경영권을 승계하는 방안에 한정하여 현행 제도의 문제점과 개선방안을 검토하고, 새롭게 도입되어야 할 제도를 논의하였다.

우선 의결권의 배제·제한에 관한 종류주식을 활용하여 중소기업의 경영권 승계에 활용하는 방안을 유형별로 검토하였다. 또한 주식의 상환에 관한 종류주식에 관해서도 회사상환주식을 중심으로 경영권 승계에 관련된 법적 쟁점과 보완과제를 제시하였다. 주식의 전환에 관한 종류주식을 활용하는 방안으로는 주로 회사전환주식을 중심으로 발행방법과 활용방안을 검토하였다. 그 이

58) 김순석, 황금주 제도에 관한 연구, 310~313면.

외에도 상법에서 아직 도입하지 않은 거부권부종류주식과 상속인 등에 대한 매도청구 제도를 논의하고 이를 경영권 승계에 활용하는 방안을 분석하였다.

이 논문에서 논의된 내용 이외에도 중소기업의 경영권 승계를 위해서는 자기주식의 취득과 처분, 신주 또는 신주인수선택권(warrant)의 발행, 회사조직의 변경과 재편성인 합병·회사분할·영업양도, 그리고 주식교환 또는 주식이전에 의한 완전자회사화 등을 활용하는 방안에 대해서도 추후 연구가 이루어져야 할 필요가 있다.

또한 상속세 및 증여세 등 세법상의 논의 이외에도 종류주식의 평가가 종류주식 제도를 도입하는데 있어서 중요한 과제로 등장하고 있다. 종류주식을 적절하게 평가하는 방식으로서 회사법상 평가방식과 세법상 평가방식의 괴리 문제와 이를 조화시키기 위한 논의가 더 필요할 것이다.

중소기업의 경영권 승계를 원활하게 하기 위해서는 이러한 회사법 및 세법상의 제도 개선과 더불어 민법상의 유류분 제도에 대한 개선도 필요하다. 또한 최근에는 종업원지주제도나 신탁을 활용하는 방안도 논의되고 있다. 중장기적으로는 이러한 내용을 포괄적으로 규정하는 특별법을 제정하는 방안도 검토할 필요가 있다고 본다.

제3장

유언대용신탁 및 수익자연속신탁을 활용한 경영승계

제3장

유언대용신탁 및 수익자연속신탁을 활용한 경영승계*

Ⅰ. 서 설

중소기업 특히 가족기업(family-owned business)은 어느 나라를 막론하고 국민경제에서 차지하는 비중이 매우 높고, 부의 창출, 일자리 제공, 국가 경제 및 사회의 안정화 등에 크게 기여한다. 2018년 기준으로 중소기업은 전체 사업체수 6,643,756개의 99.9%인 6,637,694개에 달하며, 전체 산업종사자 20,591,641명의의 83.1%인 17,103,938명을 고용하고 있다.[1)]

1970년대 공업화가 시작된 이래 50년 이상이 경과함에 따라

---

* 이 장은 "신탁을 활용한 중소기업의 경영권 승계 방안에 관한 연구", 「법학논총」 제36권 제4호(전남대학교 법학연구소, 2016), 371~406면을 수정·보완한 것이다.

1) 중소벤처기업부 홈페이지, <통계자료-지표-중소기업위상>, <https://www.mss.go.kr/site/smba/foffice/ex/statDB/MainSubStat.do> 참조(2021.2.1. 방문).

최근 중소기업 창업세대의 고령화가 빠르게 진행되면서 중소기업의 경영승계가 중요한 사회문제로 대두되고 있다. 중소기업 경영자 중 60세 이상의 고령자 인구는 1993년 10.9%, 2013년 15.9% 등으로 지속적으로 증가하고 있다.[2)]

중소기업은 일반적으로 소유와 경영이 분리되어 있지 않고, 주식의 유통성이 없거나, 회사의 인적 자원이 한정되어 있어서 경영자의 자식 등 친족에게 경영권이 승계되는 경우가 많다. 가족중심으로 운영되는 중소기업에서 특히 창업자가 10년 이내에 은퇴할 계획이라면 경영승계 작업을 시작해야 한다. 원만한 승계작업의 완성은 창업자 자신은 물론, 종업원, 가족 구성원, 거래업체 모두에게 만족을 주게 된다.[3)] 그러나 경영승계가 적기에 이루어지지 못하게 되면, 경쟁력이 약화되고 적극적이고 도전적인 기업정신을 제대로 발휘할 수가 없다. 그럴 경우 급속한 환경변화 속에서 기업은 위축될 수밖에 없을 것이다.

이 때 경영자가 가지고 있는 주식을 무조건으로 후계자에게 이전할 수 있으면 회사의 지배권을 후계자에게 원만하게 양도할 수 있게 된다. 그러나 상속에 의해 경영권이 승계될 때, 후계자가 생각하는 것처럼 원활하게 기업의 지배권을 확보할 수 없는 경우가 있다. 즉, 상속재산이 여러 자식들에게 분배된다거나, 상속세로 인한 자금부담 때문에 후계자가 주식을 상속받더라도 경영권을 승계할 수 없는 수가 있다.[4)]

---

2) 중소기업청·중소기업중앙회, 가업승계 A에서 Z까지, 2015, 7면.

3) Sebastian V. Grassi, Jr. & Julius H. Giarmarco, "The Five Levels of Practical Succession Planning for the Family-Owned Business", 23 No. 2 PRACTXL 39, 53 (2009)

4) 荒井邦彦·大村健 編, 「新株予約權·種類株式實務 – 法務·會計·稅務·

이처럼 경영승계를 준비해야 할 중소기업이 크게 증가하고 있지만 우리나라 중소기업의 대부분은 경영승계를 대비하지 못한 상태이다. 경영승계를 '부의 대물림'으로 보는 일부 부정적 시각과 과중한 상속세·증여세의 문제, 후계자 양성프로그램의 부재, 승계전략 및 준비 부족 등으로 인하여 중소기업의 경영승계가 원활하게 이루어지지 못하고 있다. 경영승계를 위해서는 통상 10년 정도의 준비기간이 필요한 점을 감안할 때, 이를 지원할 제도적 기반의 마련이 절실한 상황이다.

산업화의 역사가 우리나라보다 앞선 주요 선진국들은 중소기업 경영승계의 원활화가 국민경제의 안정과 성장, 고용유지 및 중소기업의 경쟁력 제고를 위해 매우 중요하다는 인식 아래 상속 및 증여에 관한 세제를 개선하는 한편, 민법상 유류분 제도에 대한 특례를 규정하는 등 다각적으로 대응하고 있다.[5] 또한 M&A를 추진하거나 회사분할, 합병, 자회사 설립 등 기업구조조정수단을 활용하기도 하며, 종업원지주제나 신탁을 이용하는 방안도 제시된다. 그 이외에도 회사법상 종류주식을 활용하거나, 세법상 상속주식에 대한 평가제도를 보완하는 등 다양한 방안을 모색하고 있다.[6]

登記 －[改訂版]」, 第一法規, 2009, 481면. 후계자 이외에 상속인이 있는 경우 다른 상속인의 동의를 얻지 못하면 일부 주식을 상속받을 수 없다. 또한 우량한 회사에서 상속세 평가액이 높으면 그 회사의 주식을 승계할 수 없는 경우가 많다. 특히 비상장주식은 환금성이 낮기 때문에 비록 세법상의 평가액은 높더라도 다른 재산이 없으면 부담이 가중된다(荒井邦彦·大村健 編, 前揭書, 484면).

5) 조병선·조봉현, "가족기업 승계 지원정책의 현황과 발전방안", 「중소기업연구」 제33권 제3호, 2011, 53면.

6) 이러한 노력에도 불구하고 미국의 경우 창업주로부터 2세로 승계된 가족기업의 70% 이상이 생존하지 못하고 있다(Sebastian V. Grassi, Jr. & Julius H. Giarmarco, op. cit., p.39).

우리나라는 산업화의 역사도 짧을 뿐만 아니라 경영승계에 대한 부정적 인식으로 인하여 경영승계를 원활하게 지원하기 위한 법제도가 제대로 마련되지 않고 있다. 또한 중소기업의 경영승계의 문제는 그 계기가 오너경영자의 사망이나 상속이라는 개인적인 문제이어서, 중소기업의 경영승계를 모색하는 관점에서 법적 검토는 이루어지지 않았다.

중소기업은 대부분 대주주 자신이 대표자로서 경영에 종사하고 있다. 그러나 대표자에게 복수의 추정상속인이 있는 경우 비후계자인 상속인의 유류분이 경영승계에 장애요인으로 될 수 있다. 2012년 7월부터 시행된 개정 신탁법은 다양한 신탁제도를 도입함에 따라 이를 활용하여 경영승계를 할 때 신탁을 활용하는 방법이 주목받고 있다.

제3장에서는 중소기업의 경영승계의 원활화를 위하여 우선 2011년 개정 신탁법에서 새롭게 도입된 유언대용신탁, 수익자연속신탁을 경영승계에 활용하는 방안을 검토한다. 신탁의 유형별로 경영승계에 활용하는데 있어서 제기되는 회사법, 신탁법, 민법상의 쟁점을 분석하고 그 해결방안을 논의한다.

Ⅱ. 유언대용신탁을 활용한 경영승계

1. 유언대용신탁의 법률관계

개정 신탁법에 따르면 유언대용신탁이란 '수익자가 될 자로 지정된 자가 위탁자의 사망 시에 수익권을 취득하는 신탁'(신탁법 제59조 제1항 제1호) 또는 '수익자가 위탁자의 사망 이후에 신탁재산에 기한 급부를 받는 신탁'(제2호)으로 정의된다. 즉, 유언대용신탁이란 위탁자가 자신이 사망한 때에 수익자에게 수익권을 귀속시키거나, 위탁자가 사망한 때부터 수익자가 신탁이익을 취득할 수 있는 수익권을 부여하는 형태의 신탁을 말한다.[7)]

유언대용신탁은 전형적으로 위탁자가 그 재산을 수탁자에게 신탁하고 위탁자의 생존 중에는 수익자를 위탁자 자신으로 하고, 위탁자가 사망한 후에는 수익자를 위탁자의 배우자나 자식 등으로 정함으로써 자기의 사망 후에 재산분배 또는 재산승계를 신탁에 의해서 실현하고자 하는 것이다. 유언대용신탁은 위탁자의 사망 시에 효력이 생기는 유언신탁과는 달리, 위탁자와 수탁자 간의 신탁계약에 의하여 성립하며, 그 신탁의 효력은 위탁자의 생존 중에 생기지만, 수익자가 실제로 이익을 얻는 것은 위탁자가 사망한 이후이다.[8)] 이처럼 생전행위를 통해 자신의 사망 후에 있어서 재산분배 또는 재산승계를 하는 점에서 사인증여와 유사한 기능을 가진다.[9)]

사인증여는 증여계약의 일종으로서 사망을 조건으로 하여 효력이 발생하며, 생전계약이므로 수증자의 승낙이 필요하다. 반면 유증은 유언에 의하여 자신의 재산을 무상으로 제3자에게 주는 단독행위이며, 수유자의 승낙이 필요 없다. 그렇지만 유증의 경우에도 수유자가 이를 포기할 수 있고, 사인행위인 점에서 사인증여는 유증과 유사하므로 사인증여에 대해서는 민법의 유증에 관

7) 광장신탁법연구회, 「주석신탁법[제2판]」, 박영사, 2016, 268면.

8) 西希代子, "遺言代用信託の理論的検討 — 民法と信託法からのアプローチ", 「信託フォーラム」 Vol. 2, 2014, 51면.

9) 法務省民事局参事官室, "信託法改正要綱試案 補足説明", 2005, 168면; 寺本昌廣, 「逐條解說 新しい信託法」, 商事法務, 2007, 256면.

한 규정이 준용된다(민법 제562조). 또한 양자를 전혀 다르게 취급한다면 사인증여를 악용하여 유증에 관한 여러 가지 제한을 회피하려 할 것이기 때문이기도 하다. 그러나 유언능력에 관한 규정(민법 제1061조 내지 제1063조)이나 유언의 방식에 관한 규정(민법 제1065조 내지 제1072조)은 사인증여에 준용되지 않는다(대법원 1996.4.12. 선고 94다37714 판결; 2001.9.14. 선고 2000다66430, 66447 판결).[10)]

증여자는 언제라도 그 증여를 철회할 수 있다고 해석되는데(민법 제1108조 유언철회 참조), 유언대용신탁에서도 위탁자는 수익자를 언제라도 자유롭게 변경할 의사를 가지는 것이 일반적일 것이다. 이에 따라 유언대용신탁의 경우 위탁자는 신탁행위로 달리 정하지 않는 한 원칙적으로 수익자를 변경할 권리를 가지도록 규정하고 있다(신탁법 제59조 제1항 본문).[11)]

2. 유언대용신탁에 의한 주식신탁

가. 제1유형

유언대용신탁에 의한 주식신탁의 유형으로는 첫째, 현 경영자(위탁자)가 생전에 자신이 가지고 있는 승계대상회사의 주식을 신탁재산으로 하여 신탁을 설정하고, 자신은 수탁자에 대한 의결권 행사의 지시권을 가진 수익자로서 스스로 회사를 경영하며, 현 경영자에게 상속이 발생한 때에 후계자에게 수익권을 취득시킨다는 취지를 신탁계약에서 정하는 방식이 있다. 동시에 신탁계약으로 잔여재산을 귀속시켜야 하는 자를 수익자인 후계자로 지정하여,

10) 윤진수, 「친족상법법강의」, 박영사, 2016, 492면.

11) 寺本昌廣, 前揭書, 256면.

신탁이 종료한 때에 신탁재산인 주식을 잔여재산으로서 수익자인 후계자에게 귀속시킴으로써 경영승계를 완결시킬 수 있다.[12)]

이러한 방식의 유언대용신탁은 다음과 같은 장점이 있다. i) 경영자는 생존 중에 계속하여 경영권을 유지하면서 미리 경영자가 사망할 때 자식이 수익권을 취득한다는 취지를 정함으로써 후계자가 확실하게 경영권을 취득하게 할 수 있다. ii) 자기주식을 대상으로 신탁을 설정함으로써 수탁자가 주주로서 당해 자기주식을 관리하게 되기 때문에 그 후 경영자가 제3자에게 당해 주식을 처분하는 위험을 방지할 수 있다. iii) 현 경영자에게 상속절차가 발생하더라도 그 때는 후계자에게 수탁자에 대한 의결권행사의 지시권이 부여된 수익권을 취득시킨다는 신탁계약의 정함에 근거하여, 유언의 집행이나 유산분할의 협의절차를 거치지 않고 후계자는 당연히 의결권행사의 지시권을 취득하기 때문에 회사경영권의 존속·승계에는 지장이 없다. iv) 유언장에 관한 상속을 둘러싼 문제점(유언장의 효력·무효에 다툼이 있는 경우, 복수의 유언이 존재하여 유언자의 유지가 명확하지 않는 경우 등)을 대부분 회피할 수 있다. v) 신탁종료 후 잔여재산인 주식을 수익자인 후계자에게 귀속시킬 수 있다.[13)]

그러나 이 방식은 경영자에게 추정상속인이 2명 이상이고 당해 주식이 경영자의 유산 전체에서 차지하는 비율이 높은 경우에는,

---

12) 永石一郎·赤沼康弘·高野各司 編, 「信託の實務 Q&A」, 青林書院, 2010, 640면(安藤朝規 執筆部分).

13) 信託を活用した中小企業の事業承繼圓滑化に關する研究會, "中間整理 ~信託を活用した中小企業の事業承繼の圓滑化に向けて~", 2008年 9月, 3-4면; 永石一郎·赤沼康弘·高野各司 編, 前揭書, 625, 641-642면(安藤朝規 執筆部分).

유언대용신탁에 의하더라도 경영자의 사망 시 다른 공동상속인으로부터 그 신탁주식에 대해 유류분반환청구권이 행사될 위험이 있다는 단점이 있다.[14] 또한 비후계자 특히 고령인 배우자의 생활을 보장하기 위하여 이익배당을 받게 할 필요가 있는 경우나, 후계자가 사업을 승계하는 것에 불만을 가진 추정상속인이 있는 경우에는, 만일 제1유형처럼 후계자에게 수익권을 모두 귀속시키게 되면 현 경영자의 사망 후 후계자와 비후계자인 상속인과의 사이에 유류분반환청구 등 분쟁이 발생할 우려가 있다.[15]

나. 제2유형

이러한 문제에 대응하기 위하여 둘째 유형으로 현 경영자(위탁자)가 사전에 보유주식을 신탁재산으로 하여 신탁을 설정하여 스스로가 수익자로서 회사경영을 하고, 현 경영자에게 상속이 발생한 때에 수익권을 '수익수익권'과 '원본수익권'으로 2분화한 후에, 비후계자에게 수익수익권을, 후계자에게 원본수익권을 각각 취득시킨다는 취지를 신탁계약에서 정하는 방식이 있다. 동시에 신탁계약에서 잔여재산의 귀속자를 수익자인 후계자로 지정하여, 신탁이 종료한 때에 신탁재산인 주식을 잔여재산으로서 수익자인 후계자에게 귀속시킴으로써 경영승계를 완결시킬 수 있다.[16]

이를 통하여 생활보장이 필요한 배우자나, 후계자의 사업승계에 불만을 가진 추정상속인에게 수익수익권을 부여할 수 있으므로, 이러한 배려를 하면서 신탁의 구조를 설정하면 사전에 상속으로 인한 분쟁을 방지할 수 있을 것이다.

---

14) 永石一郎·赤沼康弘·高野各司 編, 前揭書, 626면(安藤朝規 執筆部分).
15) 永石一郎·赤沼康弘·高野各司 編, 前揭書, 647면(安藤朝規 執筆部分).
16) 永石一郎·赤沼康弘·高野各司 編, 前揭書, 649면(安藤朝規 執筆部分).

3. 주식의 의결권(원본수익권)과 경제적 지분(수익수익권)의 분리

가. 회사법상 허용 여부

신탁에서 수익권을 어떻게 정할 것인가는 신탁의 실질에 반하지 않는 한 위탁자의 자유이기 때문에, 신탁의 수익권을 원본수익권과 수익수익권으로 나누어 수익자별로 귀속시킬 수 있다.[17] 원본수익권의 내용으로서 수탁자에 대한 의결권행사 지시권의 부여와 신탁종료 시에 있어서 잔여재산 귀속권리자의 지정을 설정할 수 있으며, 신탁행위에 의해 이를 후계자에게 부여할 수 있다. 한편 수익수익권을 비후계자인 추정상속인에게 귀속시켜서 그 유류분을 배려할 수 있다.

경영승계를 원활하게 하기 위하여 수익권을 원본수익권과 수익수익권으로 나누어, 각각 다른 사람에게 귀속시키는 것은 신탁의 독자적인 기능의 하나인 이익분배기능으로서 인정된다고 해석할 수 있을 것이다. 수익권을 원본수익권과 수익수익권으로 나누더라도 신탁관계의 내부에서는 각각의 권리를 복수의 수익자에게 귀속시킬 뿐이며, 주식신탁에서 주주는 어디까지나 수탁자(신탁회사)이며, 승계대상회사로서는 수탁자를 주주로 취급하는데 문제가 없기 때문이다.

즉, 주식명의인인 수탁자는 원본수익권자인 '의결권행사 지시권자'의 지시에 따라 주주총회에서 의결권을 행사하며, 이익배당

17) 미국에서는 원본과 수익권에 관하여 명문으로 자세한 규정을 두고 있다. 일본은 명문의 규정은 없지만 실무상 원본수익자와 수익수익자의 구분이 이루어지고 있다(新井誠(안성포 역), 「信託法(第3版)」, 전남대학교출판부, 2011, 239면).

도 수탁자가 주주로서 수령하게 된다. 수탁자는 신탁보수 등 신탁에 관한 비용을 공제하고 신탁재산인 주식으로부터 창출되는 수익을 수익수익권자에게 교부함으로써 신탁사무를 수행한다(신탁법 제32조).[18]

이러한 제2유형의 '유언대용신탁에 의한 주식신탁'이 가능하려면 i) 주식을 자익권과 공익권으로 분할하여 별도로 양도하는 것에 대해 회사법상 문제가 없어야 하고, ii) 특정인에게만 의결권을 집중시키는 것이므로 회사법상 의결권만 분리하여 양도가 가능하여야 한다는 견해가 제기된다. 이 견해는 i)의 경우 통설인 주식불가분의 원칙에 따라 불가능하고, ii)에 대해서는 의결권은 채권적 권리가 아니므로 주식과 분리하여 양도할 수 없다고 한다. 또한 수익자연속신탁에 의한 주식신탁의 경우에도 의결권만의 양도가 가능함을 전제로 하고 있으므로 이 역시 현행 회사법 아래에서는 불가능하다는 것이다.[19]

그렇지만 제2유형에서 원본수익권과 수익수익권으로 분할하는 것은 주주권으로서 주식을 분할하는 것이 아니라, 신탁의 수익권을 분할하는 것이다. 승계대상회사의 주주는 수탁자이고, 수탁자가 주주로서 의결권을 행사하고 배당을 받기 때문에 회사법상의 문제는 발생하지 않는다.[20] 또한 후계자가 갖게 되는 것도 의결권이 아니라 '의결권행사의 지시권'이고 이러한 지시에 의해 주주

---

18) 永石一郎·赤沼康弘·高野各司 編, 前掲書, 648-649면(安藤朝規 執筆部分).

19) 권종호, "중소기업의 원활한 사업승계를 위한 방안 – 2011년 개정상법 및 개정신탁법을 중심으로 –", 「비교사법」 제18권 제4호, 한국비교사법학회, 2011, 1369-1370면.

20) 井上聰, "最近の新しい信託取引の動向について", 「信託」 第242号, 2010, 162-163면.

인 수탁자가 의결권을 행사하게 되므로 의결권이 분리되어 양도되는 것도 아니다. 따라서 법적 형식측면에서는 신탁의 수익권을 원본수익권과 수익수익권으로 분할하여 신탁을 설정하는 것은 현행 회사법 아래에서도 가능하다고 본다.[21] 이처럼 지시권을 수익자에게 부여하는 경우 지시권의 법적 성질은 수익권에 부수하는 권리(즉, 양도 가능한 재산권)가 아니라 신탁행위에 근거한 단순한 권한으로 본다.[22] 이러한 지시는 신탁사무 처리방법에 관한 내부적인 규율이기 때문에 수탁자가 이러한 지시에 반하여 의결권을 행사하더라도 승계대상회사의 법률행위로서는 유효하다.

나. 의결권행사지시자가 다른 수익자의 이익을 침해한 경우 책임

경영승계신탁을 활용하여 주식의 의결권과 경제적 지분을 분리하는 경우 사업의 후계자(지시자)인 수익자와 그 이외의 수익자 사이에 분쟁이 발생할 수 있다. 예컨대, 지금까지 배당이 이루어지고 있던 주식에 대해 앞으로는 배당을 0으로 하고, 그만큼의 이익을 임원보수 형태로 이사만이 수령하도록 하는 의결권행사의 지시를 하는 경우를 가정할 수 있다. 여기서 지시자는 사업의 후계자이기 때문에 대체로 주식을 발행한 회사의 이사인 경우가 일반적일 것이다. 그렇다면 이사만이 즉, 일부의 수익자만이 이익을 독점하게 하는 의결권행사의 지시가 적어도 이론적으로는 가능하게 된다. 이처럼 경영승계신탁의 구조에는 지시자가 의결권행사의 지시를 통하여 다른 수익자의 이익을 침해하는 의결권행

21) 노혁준·김지평, 「주식신탁의 활용방안 연구(법무부 용역보고서)」, 서울대학교 금융법센터, 2015, 122-123면.

22) 須田力哉, “指図を伴う信託事務處理に關する法的考察－ 不動産信託を例として －”, 「信託法研究」 第34号, 2009, 3면.

사를 할 위험성이 있다.[23]

이에 따라 경영승계신탁을 활용하는 경우 다른 수익자의 이익을 침해하는 의결권행사를 어떻게 방지할 것인지가 문제된다. 우선 신탁법상 지시자가 부담하는 의무나 책임에 관한 규정이 없으므로 신탁계약의 정함에 따르게 될 것이다. 그러나 신탁계약에서도 아무런 정함이 없는 때에는 의결권행사 지시자의 책임에 대해서는 해석론에 따를 수밖에 없다.[24] 지시권 행사의 결과가 지시자 이외의 자에게 영향을 미치는 때에는 신탁행위의 해석으로서 지시자는 신인의무를 부담한다고 추정할 수 있으며, 신탁행위의 합리적 해석에 의해 지시자가 신인의무를 부담한다고 해석하는 경우, 지시자는 수익자에 대한 선관주의의무를 부담하고(신탁법 제32의 준용 또는 유추적용), 또한 충실의무에 관한 신탁법의 규정 중 적어도 일반적 충실의무(제33조)는 지시자에게 준용 또는 유추적용되어야 한다는 견해가 주장된다. 또한 이 견해는 위탁자(내지 수익자)와의 사이에 계약관계가 없는 경우에 있어서 지시자가 신인의무(선관주의의무·충실의무)를 부담하는 근거는 지시자의 취임승낙이라는 지시자의 의사적 관여에 둔다.[25]

그 이외에 지시자와 수익자 간에 계약관계가 존재하지 않는 때에도 신탁이 수익자를 위한 재산관리제도인 이상 계약관계에 구애받지 않고 신인관계가 지시자와 수익자 사이에 존재한다는 것

23) 白井正和, "信託を用いた株式の議決権と経済的な持分の分離", 「託法研究」 第39号(2014), 81면.

24) 山田裕子, "事業承継目的の株式信託について", 「信託法研究」 第38号(2013), 103면.

25) 中田直茂, "指図権と信託", 「信託法制の展望(新井誠·神田秀樹·木南 敦編)」, 日本評論社, 2011, 451면.

을 적극적으로 인정하는 견해도 제기된다. 즉, 지시자는 수탁자에 준하는 권한을 행사하는 지위에 있기 때문에 그 권한의 행사에 있어서 수익자에 대해서 수탁자에 준하는 의무, 즉 선관주의의무나 충실의무를 부담한다고 해석할 수 있다는 것이다.[26)]

이처럼 지시자에게 신인의무를 인정하면 만일 경영승계신탁에 있어서 수익자의 이익을 해하는 의결권행사의 지시가 이루어져, 그 지시에 의해서 신탁재산인 주식의 가치가 손상된 경우에는 수탁자 또는 이익을 침해당한 수익자는 지시자에 대하여 책임을 추궁할 수 있을 것이다(신탁법 제43조 또는 제51조의 유추적용).[27)] 이러한 문제를 확실히 해결하기 위해서는 신탁계약을 체결할 때 또는 지시자가 취임할 때에 지시자가 수익자를 위하여 선관주의의무·충실의무를 부담한다는 의사표시를 하도록 해야 한다.[28)]

다. 수탁자가 의결권행사지시의 타당성을 체크할 책임을 부담하는지 여부

수탁자가 지시자의 지시가 타당한 것인지 여부를 체크할 책임을 부담하는지 여부가 문제된다. 수탁자의 의무내용은 신탁목적 및 신탁계약에서 정하는 바에 따라 정해진다. 경영승계목적의 주식관리신탁에서 지시자가 수익자 이외의 자인 경우, 위탁자가 이러한 지시자에게 지시권을 부여한 목적(혹은 신탁목적)은 경영을 발전·승계시키면서 수익자의 이익도 배려하기 위한 것이다. 신탁목적에 비추어 지시자의 재량을 존중하면서 지시권이 부여된 취지·목적으로부터 명백하게 일탈한 지시를 체크하는 것이 수탁자의 선관주의의무의 내용을 이룬다. 다만, 수탁자가 부담하는 구체

---

26) 須田力哉, 前揭論文, 22면.

27) 白井正和, 前揭論文, 88면.

28) 中田直茂, 前揭論文, 27면.

적인 의무내용은 신탁계약에서 명확하게 정할 수 있다. 즉, 경영승계목적의 주식관리신탁에 있어서는 수탁자가 지시를 체크한다는 취지를 정할 수 있다. 그 때 위탁자가 신탁사무의 신속하고 효율적인 수행을 중시하는 경우, 수탁자는 지시가 신탁계약이나 선관주의의무 등에 명확하게 위반하는 경우에 한하여 지시를 거절할 의무를 부담한다는 취지를 신탁계약에서 정하는 것도 바람직하다고 해석된다.[29)]

라. 검토

이처럼 신탁제도를 개재시킴에 따라 본래 주주라는 지위에 근거하여 일체적으로 전속적인 성질을 가지는 권리를, 관념적으로 원본수익권과 수익수익권으로 분할하여 별개의 인격에게 분속시킬 수 있도록 전환하는 방법에 대해 기교적이라는 비판이 있다. 실제 신탁계약에서 비후계자인 상속인이 수익수익권을 양도하는 것을 제한(신탁법 제64조 제2항)하지 않으면, 수익수익권을 양도받은 제3자와의 사이에 수익권의 관리가 복잡하게 되는 문제점이 생긴다. 또한 수익자가 2인 이상으로 되기 때문에 원칙적으로 의사결정은 수익자 전원의 일치가 필요하지만(동법 제71조 제1항), 그렇다면 비후계자와 사이에 분쟁이 발생할 경우 수익자로서 의사결정을 할 수 없게 된다. 이에 따라 신탁행위에서 2인 이상 수익자의 의사결정 방법에 대해서도 특별한 정함(예컨대, 수익자 전원이 일치하지 않는 경우, 원본수익권을 가지는 수익자의 의결권이 수익수익권을 가지는 수익자에 우월한다 등)이 필요하게 되지만(동법 제71조 제3

29) 中田直茂, "指図者を利用した場合の受託者責任(上)", 「金融法務事情」 第1859号, 2009, 34면.

항), 그러한 차별적인 취급이 수익자 사이에 공평하다고 할 수 있는지 여부에 대해 의문이 제기된다.[30]

생각건대, 유언대용신탁은 피상속인의 의사를 신탁을 통하여 유연하게 반영하는데 그 의의가 있을 뿐만 아니라, 차별적인 취급을 받는 수익자에 대해서는 다른 급부를 제공하여 배려할 수 있는 것이므로, 위탁자가 신탁설정 단계에서 수익자 간에 이처럼 차별적으로 취급을 하는 것은 허용된다고 본다. 다만 이러한 차별적 취급으로 인해 비후계자인 수익자(공동상속인)의 유류분이 침해되는 경우에는 유류분반환청구의 대상이 될 수 있을 것이다.

4. 의결권행사지시에 따른 수탁자의 의결권행사

가. 신탁법상의 수탁자

위탁자가 스스로 수탁자가 되는 자기신탁이 아닌 경우 위탁자는 수탁자에게 주식을 신탁하면서 의결권행사지시권을 유보하게 된다. 수탁자는 신탁재산에 대한 권리와 의무의 귀속주체로서 신탁재산의 관리, 처분 등을 하고 신탁 목적의 달성을 위하여 필요한 모든 행위를 할 권한이 있다(신탁법 제31조). 또한 수탁자는 선량한 관리자의 주의(동법 제32조)로 수익자의 이익을 위하여 충실하게 신탁사무를 처리하여야 한다(동법 제33조). 따라서 의결권행사는 수탁자가 원칙적으로 독자적인 판단에 따라 행사하여야 한다.[31] 그렇다면 신탁계약에서 수탁자가 위탁자나 수익자의 지시에 따라 의결권행사를 하기로 정한 경우 그 효력이 문제된다. 이

30) 永石一郎·赤沼康弘·高野各司 編, 前掲書, 627-628면(安藤朝規 執筆部分).
31) 노혁준·김지평, 앞의 보고서, 63면.

러한 의결권행사의 지시는 수탁자에 대한 대내적 업무처리방식이고 대외적으로는 수탁자가 완전권자로 행위할 수 있으므로 이러한 제한의 채권적 효력은 인정될 수 있다. 또한 충실의무에 관한 제33조는 임의규정이고, 수익자의 지시에 따라 의결권을 행사하는 것이 충실의무 위반은 아니며, 유언대용신탁의 위탁자는 수익자변경권(동법 제59조 제1항)을 갖는다는 점에서 위탁자의 지시에 따라 의결권을 행사할 수 있다고 본다.[32]

나. 자본시장법상의 신탁업자인 수탁자

자본시장법은 신탁재산인 주식의 의결권 행사에 관하여 특칙을 두고 있다(자본시장법 제112조). 즉, 신탁업자는 수익자의 이익을 보호하기 위하여 의결권을 충실하게 행사하여야 하고(동조 제1항), 신탁업자와 신탁재산에 속하는 주식을 발행한 법인 간에 계열회사 관계인 경우에는 그림자투표 방식에 따라야 하며(동조 제2항), 신탁재산에 속하는 주식이 동일 법인이 발행한 주식 총수의 100분의 15를 초과한 경우 그 초과하는 주식에 대해서는 의결권을 행사할 수 없다(제3항). 이들 조항은 신탁이 기업집단을 확장하기 위한 우회수단으로 활용되거나(동조 제2항), 신탁을 활용하여 지분을 우회적으로 취득함으로써 경영권을 확보하는 것을 방지하기 위한 것이다(동조 제3항).[33]

수탁자가 신탁업자인 경우에는 자본시장법이 적용됨에 따라 신탁주식의 의결권행사에 관한 이러한 특칙이 적용된다. 이에 따라 유언대용신탁에 의한 주식신탁을 설정하면서 의결권행사의

---

32) 김상훈, “유언대용신탁을 활용한 가업승계”, 「기업연구」 제29권 제4호, 한국기업법학회, 2015, 28면; 노혁준, 앞의 보고서, 65면.

33) 한국증권법학회, 「개정판 자본시장법 [주석서 I]」, 박영사, 2015, 566-567면.

지시권을 수익자나 위탁자에게 부여하는 것이 유효한지 여부에 대하여 견해가 대립한다. 우선 유효설은 자본시장법 제112조 제1항이나 신탁법 제33조는 그 내용이 동일하고, 제112조 제4항에서 제2항과 제3항의 우회행위만 금지하고 있으므로 제2항과 제3항은 강행규정인 반면, 그 반대해석으로 제1항은 신탁법 제33조와 마찬가지로 임의규정으로 해석할 수 있다는 점에 근거한다.[34] 그러나 무효설은 i) 자본시장법 제112조가 탈법적인 목적으로 신탁업자에게 주식신탁을 하는 것을 방지하기 위한 규정이고, ii) 제112조 제1항은 원래 은행들이 신탁을 통한 자금유치의 반대급부로 의결권행사에 편의를 제공하던 관행을 방지하기 위해 신탁업자가 독자적으로 의결권을 행사하도록 하기 위한 것이라는 입법적 연혁이 있다고 한다. iii) 자본시장법 제87조는 집합투자업자(투자신탁이나 투자익명조합인 집합투자업자)가 집합투자재산에 속하는 주식의 의결권을 행사하는 데에 관하여 규정하고 있는데, 그 해석상 투자자에게 의결권행사지시권을 부여하는 것은 허용되지 않는다고 한다. 이는 집합투자의 경우 투자자로부터 운용지시를 배제하고 투자자의 자산의 운용권을 집합투자업자에게 완전히 이전하는 것이 본질적인 요소의 하나이기 때문이다.[35] 이러한 제87조를 차용하여 개정된 자본시장법 제112조 역시 의결권행사에 대한 지시를 배제하고 신탁업자의 독자적인 의결권행사를 요한다는 것이다.[36]

생각건대, 집합투자업의 경우 투자자로부터 운용지시를 배제하

34) 김상훈, 앞의 논문, 28면.

35) 김건식·정순섭, 「자본시장법[제3판]」, 두성사, 2013, 132면.

36) 노혁준·김지평, 앞의 보고서, 66-68면.

는 것이 본질적인 요소이므로 투자자로부터 의결권행사지시를 배제하는 것은 타당하지만, 이를 신탁업의 경우에도 동일하게 해석할 수는 없을 것이다. 즉, 자본시장법 제87조와 제112조는 주식의 의결권행사에 관한 충실의무를 규정하고 있지만, 집합투자업자의 '투자자 이익보호'와 신탁업자의 '수익자 이익보호'는 다른 평면에서 해석해야 한다. 의결권행사에 있어서 신탁업자의 수익자 이익보호는 신탁법 제33조에서 규정한 수탁자의 충실의무에서 유래하는 것이고 이는 임의규정이므로 원칙적으로 신탁계약에서 수탁자의 의결권행사를 제한할 수 있다고 보아야 할 것이다. 그렇지만 자본시장법 제112조 제1항의 입법취지는 주식신탁이 순환출자나 상호출자에 대한 규제를 우회하는 등 탈법적 수단으로 이용되는 것을 방지하는데 있으므로, 현행법 아래에서는 위탁자나 수익자에게 의결권행사지시권을 부여하는 것은 무효로 보는 것이 타당하다고 본다.

결국 주식신탁을 활용한 경영승계를 활성화하기 위해 입법론적으로는 자본시장법 제112조를 개정하여 일정한 요건 아래 위탁자나 수익자에게 의결권행사지시권이 인정된다는 점을 명확히 규정하는 것이 바람직하다. 의결권행사지시권을 탈법적으로 이용하는 신탁업자에 대해서는 개별업법이나 신탁법 제5조(목적의 제한), 제7조(탈법을 목적으로 하는 신탁금지) 등에 근거하여 효력을 부인하여 대응하면 될 것이다.[37] 이를 통하여 의결권행사지시를 일반적인 수탁자에 대해서는 할 수 있지만, 신탁업자인 수탁자의 경우에는 할 수 없는 모순도 해결된다.

37) 노혁준·김지평, 앞의 보고서, 68-69면.

한편 신탁업자가 신탁재산에 속하는 주식을 동일 법인이 발행한 주식 총수의 100분의 15를 초과하여 취득한 경우에는 그 초과하는 주식에 대해서는 의결권을 행사할 수 없다(자본시장법 제112조 제3항). 이 조항에 대해서도 중소기업의 경영승계를 목적으로 한 주식신탁의 경우 수탁자가 신탁업자이더라도 수탁자의 의결권행사가 위탁자나 수익자의 지시에 따라 이루어지는 때에는 자본시장법 제112조 제3항 제1호의 의결권제한 대상에서 제외하는 것이 타당하다고 본다.[38)]

한편 공정거래법상 상호출자제한기업집단에 속하는 신탁업자의 경우 자본시장법 제112조 제2항 본문의 단서가 적용되지 않음에 따라 신탁재산에 속하는 주식의 의결권을 행사하는데 있어서 그림자투표 방식으로 의결권을 행사하여야 한다(자본시장법 제112조 제5항). 이에 따라 상호출자제한기업집단에 속하는 신탁회사는 수탁자로서 위탁자나 수익자로부터 의결권행사의 지시를 받아 의결권을 행사할 수 없게 된다.[39)] 이 경우에도 수탁자인 신탁업자가 기업집단에 속하더라도 중소기업의 경영승계를 목적으로 한 주식신탁의 경우에는 수탁자가 위탁자나 수익자의 지시에 따라 의결권행사를 하는 때에는 그림자투표 방식의 적용을 배제할 필요가 있을 것이다.

---

38) 동지, 권종호, 앞의 논문, 1372면.

39) 권종호, 앞의 논문, 1372면.

5. 상호출자제한기업집단 소속 신탁업자에 대한 공정거래법상의 제한

공정거래법상 상호출자제한기업집단에 속하는 회사로서 금융업 또는 보험업을 영위하는 회사는 취득 또는 소유하고 있는 국내 계열회사주식에 대하여 의결권을 행사할 수 없다. 다만, 국내 계열회사(상장법인에 한함)의 주주총회에서 ① 임원의 선임 또는 해임, ② 정관 변경, ③ 그 계열회사의 다른 회사로의 합병, 영업의 전부 또는 주요부분의 다른 회사로의 양도 등에 해당하는 사항을 결의하는 경우에는 그 계열회사 발행주식총수의 100분의 15를 한도로 의결권을 행사할 수 있다(공정거래법 제11조 제3호). 이 조항도 역시 상호출자제한기업집단에 속하는 금융회사나 보험회사가 신탁업의 인가를 받아 수탁자로서 신탁업의 영업을 할 경우 사업승계 목적의 주식신탁에서 수탁자로서 기능하는 것을 제약할 것이다. 따라서 중소기업의 경영승계를 위하여 신탁재산으로 취득한 주식의 의결권에 대해 위탁자 또는 수탁자가 지시하는 경우에는 이러한 의결권제한 대상에서 제외하는 것이 바람직하다.[40]

---

40) 권종호, 앞의 논문, 1373면. 일본의 경우 은행법 및 독점금지법에서 다른 국내회사의 의결권을 5%를 초과하여 취득하는 것을 금지하고 있으나(은행법 제16조의3 제1항, 독점금지법 제11조 제1항), 의결권에 대해 위탁자 또는 수탁자가 지시하는 경우에는 제외하고 있다(은행법 제2조 제11항 및 독점금지법 제11조 제2항).

Ⅲ. 수익자연속신탁을 활용한 경영승계

1. 수익자연속신탁의 의의

수익자연속신탁이란 신탁행위로 수익자가 사망한 경우 그 수익자가 갖는 수익권이 소멸하고 타인이 새로 수익권을 취득하거나, 수익자의 사망에 의하여 차례로 타인이 수익권을 취득하는 뜻을 정한 신탁을 말한다(신탁법 제60조). 즉, 제1수익자의 사망에 의해 제2수익자가 수익권을 취득하고, 제2수익자의 사망에 의해 제3수익자가 수익권을 취득하는 것처럼 수익자의 사망에 의해 순차적으로 다른 자가 수익권을 취득하는 신탁을 의미한다. 이 조항은 일본 신탁법 제91조를 모델로 하여 도입된 것이지만, 일본과 달리 신탁의 존속기간에 관해서는 규정하지 않고 있다.

수익자연속신탁은 개인기업이나 농업을 경영하는데 있어서 유능한 후계자를 확보하거나, 생존 배우자의 생활보장을 위하여, 또는 공동균분상속과는 다른 재산승계를 가능하게 하는 수단으로서 수요가 있으며, 전문가인 수탁자를 장기적·안정적으로 활용한다는 측면에서 신탁의 기능에 합치하는 것이다.[41]

수익자연속신탁에는 여러 가지 유형이 있지만, 통상 논의되는 것은 유언신탁에 의한 수익자연속신탁이다. 예컨대, A(피상속인, 위탁자)에게는 전처와의 사이에 자식 C가 있고, 현재의 처 B의 의붓자식 D를 양자로 하고 있는 사례이다. A가 자신의 사망 후 B의 생활보장을 위하여 일정한 금전을 정기적으로 B에게 지급하고자 하며, B의 사후에는 D에게 이를 상속시키지 않고 C에게 주

---

41) 法務省民事局参事官室, “信託法改正要綱試案 補足説明”, 2005, 170면.

고자 한다. 이 경우 유언으로 소유하고 있는 부동산을 수탁자에게 양도하고, 자신의 사망 후 B를 수익자로 하여 부동산 운용수익 가운데 매월 일정한 금액을 지급하고, B가 사망한 후에는 그 수익권을 C에게 이전하는 취지의 신탁을 설정할 수 있다.

이러한 전형적인 유언신탁에 의한 수익자연속신탁뿐만 아니라 유언대용신탁과 조합시킨 수익자연속신탁도 특히 금지하는 규정이 없기 때문에 가능하다. 앞의 선례를 이용하면, A의 생존 중에는 A가 수익자로서 부동산 운용수익을 수취하고(제1차 수익자), A가 사망한 후는 B가 그 수익권을 승계하여 제2차 수익자가 되고, B가 사망한 때는 C가 제3차 수익자로 되는 형태이다.[42] 또는 중소기업의 경영자가 자기주식을 신탁한 후에 경영권을 실질적으로 위임하고자 하는 자를 순차 수익자로 지정하고, 수익자에게 신탁재산인 주식에 관한 의결권행사지시권을 부여하는 방식이 가능하다.[43]

2. 수익자연속신탁에 의한 주식신탁

후계유증형 수익자연속신탁이라 함은 경영자(위탁자)가 자기주식을 대상으로 신탁을 설정하고 신탁계약에서 후계자를 수익자로 정하면서 당해 수익자의 사망에 의해 그 수익권이 소멸하며, 다음 후계자가 새로운 수익권을 취득한다는 취지를 정하는 것이다. 즉, 중소기업 경영자가 자신이 보유하고 있는 주식을 신탁재산으로 출연하고, 신탁의 목적을 '경영승계를 원활하게 하여 기업

42) 西希代子, 前揭論文, 97-98면.

43) 寺本昌廣, 前揭書, 258면.

가치를 유지하고 향상시키기 위한 주식의 관리'에 두고 신탁계약을 체결한다. 주주명부에는 수탁자가 주주로 기재된다. 또한 경영자 자신이 위탁자 겸 제1수익자가 되고, 장남 및 차남(후계자)을 제2수익자로 하고, 장남의 자식을 제3수익자로 정한다. 신탁된 주식의 의결권행사에 대해서는 위탁자의 생존 중에는 위탁자 겸 제1수익자인 경영자의 지시에 따라 수탁자가 행사하고, 위탁자가 사망한 때에는 후계자(차남)의 지시에 따라, 그리고 후계자가 사망한 때에는 제3수익자인 장남의 자식(위탁자의 손자)의 지시에 따라 수탁자가 행사하도록 정한다. 수익자연속신탁은 위탁자의 사망에 의해 수익자로 지정되어 있는 자가 수익권을 취득하는 '유언대용신탁에 의한 수익자연속신탁'이 일반적이지만, 위탁자의 생존 중에 수익자로 지정되어 있는 자가 수익권을 취득하는 '유언대용신탁이 아닌 수익자연속신탁'도 가능하다.

수익자연속신탁의 장점은 ① 자식의 세대뿐만 아니라 손자 세대의 후계자에 대해서까지 스스로 의사에 따라 결정하고자 하는 경영자의 수요를 충족할 수 있다는 것이다. ② 또한 차남을 후계자로 하지만 차남의 자식에게는 회사경영에 자질이 있는 자가 없는 경우에 장남의 자식에게 사업을 승계시키고자 하는 때에도 활용할 수 있다. ③ 의결권행사의 지시권은 후계자인 차남에게 취득시키면서 수익권을 분할하여 비후계자인 장남에게 취득시킴으로써 유류분을 배려하면서 장남·차남 사망 후는 장남의 자식이 완전한 수익권을 취득하도록 하는 방식도 구축할 수 있다.[44]

44) 信託を活用した中小企業の事業承繼圓滑化に關する研究會, "中間整理～信託を活用した中小企業の事業承繼の圓滑化に向けて～, 2008年 9月, 5-6면.

3. 회사법상 쟁점

신탁법 제60조는 수익자연속신탁의 효력에 관해서만 규정할 뿐, 신탁의 존속기간이나, 수익자가 존재하지 않을 경우의 법률문제, 그리고 유류분과의 관계 등을 다루고 있지 않으므로, 이러한 문제는 신탁법이나 민법의 일반원칙에 따라 해결하여야 한다. 또한 경제적 권리와 의결권행사지시권을 분리하는 것이 회사법상 허용되는지 여부에 관한 논의는 전술한 유언대용신탁의 경우와 마찬가지이다.

유언대용신탁의 제1유형(기본형)[45]을 수익자연속신탁으로 설정하는 경우 수익자와 의결권행사의 지시자가 동일인이므로 상장회사와 비상장회사를 불문하고 회사법상의 문제는 없다. 유언대용신탁의 제2유형(응용형)[46]을 수익자연속신탁으로 설정하면 이익배당청구권 등의 경제적 권리와 의결권이 분리되는 현상이 나타나기 때문에 회사법상 허용되는지 여부가 문제된다. 전술한 유언대용신탁에서 검토한 바와 같이 법적 형식 측면에서 의결권을 행사하는 자는 수익자가 아니라 이들의 지시를 받은 수탁자(승계대상회사의 주주)이므로 문제되지 않는다. 그러나 실질적인 법적 효과 측면에서 보면 형식적인 의결권행사자와 실질적인 의결권행사자가 다를 경우, 이를 통하여 순환출자, 상호출자, 모자회사간 주식의 상호보유, 자기주식 등 다양한 규제를 회피할 수 있게 된다. 이를 규제하는 특별법과 별개로 회사법상 이러한 제도가 허용될 수 있는지 여부가 문제된다. 전술한 유언대용신탁에서 기

45) 전술한 제3장 Ⅱ.2.가. 참조.

46) 전술한 제3장 Ⅱ.2.나. 참조.

술한 바와 같이 신탁을 통하여 의결권과 경제적 권리를 분리하는 것은 주주권을 분리하는 것이 아니라 신덕의 수익권을 분리하는 것이기 때문에 회사법상 허용된다고 본다.[47)]

4. 신탁법상의 쟁점

가. 수익자연속신탁의 존속기간

1) 외국의 입법례

영미 신탁에서 인정되는 제도로서 '영구불확정금지의 원칙'(영속금지원칙)(rule against perpetuity)은 17세기말 영국 법원에 의해 형성된 원칙이다. 이 원칙은 재산의 장래기대권(future interests)이 귀속되어야 할 기간을 제한하고 있다.[48)] 즉, 재산적 이익이 신탁설정 당시의 사람이 생존하는 동안 또는 '생존하는 동안 및 그 후 21년 이내'에 귀속되어야 하고, 그 이후에도 신탁의 구속을 받도록 설계되어 있다면 신탁은 무효로 취급하는 것이다. 이 원칙은 신탁의 존속기간을 직접적으로 제한하는 것은 아니며, 재산적 이익의 귀속기간을 제한함으로써 간접적으로 관계한다. 즉, 불확정 기간 내에 신탁의 재산적 이익이 귀속되고 수익자가 확정되어야 하며, 확정된 수익자가 이러한 기간이 경과한 때에 신탁을 종료시키게 된다.[49)] 영국의 경우 이 원칙은 「Perpetuities and Accumulation Act 1964」에 의해 수정되고 현재는 2009년 개정법이 시행 중이

47) 전술한 제3장 Ⅱ.3.가. 참조.

48) Perpetuities and Accumulation Act 2009, Explanatory Notes, para. 5.

49) Jesse Dukeminier, Robert H. Sitkoff & James Lindgren, 「Wills, Trusts, and Estates」, 8th ed., Wolters Kluwer, 2009, p.892.

다. 동법에 따르면 신탁기간의 정함이 있는지 여부와 무관하게 125년의 불확정기간이 적용된다(동법 제5조).[50)]

미국의 경우 신탁법주석서 제3판에 따르면 신탁설정시 수익자가 존재하거나, 영구불확정금지기간 내에 특정되지 않는 한 신탁은 설정되지 않거나 설정되더라도 존속하지 않는다.[51)] 이 조항은 자선신탁(charitable trust)에는 적용되지 않는다.[52)] 또한 영구불확정금지의 원칙을 위반한 신탁이나 신탁조항은 무효이다. 신탁의 유효기간은 신탁설정시로부터 계산하여 그 신탁에서 지정된 수익자가 생존 중의 기간에 21년을 추가한 기간으로 하고 있다.[53)] 위탁자가 생존하는 甲을 제1차수익자, 甲의 사망 후는 장래 탄생할 甲의 장남 乙을 제2차수익자, 乙의 사망 후는 乙의 장남 丙을 제3차수익자로 정하는 신탁은 甲의 생존기간에 21년을 추가한 기간 내에 乙, 丙이 확정되지 않는 경우에는 乙, 丙에 관해서는 무효로 된다.

일본의 경우 신탁법 개정을 위한 신탁법부회의 논의에서 수익자연속신탁의 존속기간에 대해 일정한 기간(예컨대, 신탁설정 후 80년간)에 한하여 유효로 하는 방안과, 신탁설정할 때 현존하는 자(태아를 포함)가 수익자로 되는 경우에 한하여 유효로 하는 방안이 검토되었다. 최종적으로는 두 방식의 균형을 취하여 위탁자가 그 손자세대까지 배려하는(즉 수익자로 하는) 것이 가능하고, 또한 전체의 유효기간으로서는 100년 정도로 하는 것이 합리적이라는

---

50) 최수정, 「신탁법」, 박영사, 2016, 204면.

51) American Law Institute, 「Restatement of the Law – Trusts」, 3rd ed., vol. 2, 2003, § 44.

52) Id., § 28, Comment c.

53) Id., §29, Comment on Clause (b).

관점에서, 수익자연속신탁의 존속기간을 규정하였다. 즉, 일본 신탁법 제91조에 따르면 신탁설정시로부터 30년이 경과한 때에 실제로 남아있는 수익자가 신탁의 정함에 따라 수익권을 취득한 경우 그 수익자가 사망하는 때까지, 또는 그 수익권이 소멸하는 기간까지 그 효력을 가진 것으로 규정하고 있다. 이를 2004년 당시 일본 인구통계에 따라 계산하면 신탁설정 후 남성의 경우 약 98년, 여성은 약 105년이 경과한 후에 신탁이 종료된다.[54]

2) 우리나라의 경우

가) 수익자연속신탁의 존속기간 설정에 관한 찬반론

우리나라 신탁법은 신탁의 존속기간에 관하여 신탁 일반은 물론 수익자연속신탁의 경우에도 규정하지 않고 있다. 특히 수익자연속신탁에 대해서까지도 신탁기간을 정하지 않은 것은 신탁이 회사 제도와 유사한 기능을 가지고, 민법 등에 소유권의 기간을 제한하는 규정이나 법리가 없어서 일반 사법의 법리와 충돌할 가능성이 있기 때문이라고 한다.[55] 이처럼 신탁의 존속기간에 대한

---

54) 2004년 일본 인구통계에 따르면 남녀 평균 초혼연령은 남성 29.6세, 여성 27.8세이고, 첫 번째 자식이 출생할 때 평균연령은 남성 30.9세, 여성 28.9세이며, 평균수명은 남성 78.6세, 여성 85.6세이다. 남성 甲이 결혼하여 장녀 乙이 출생한 후 10년이 경과한 시점에 장래에 대비하여 甲이 후계유증형 수익자연속신탁을 설정하고, 乙을 제1차 수익자, 장래 생길 수 있는 乙의 자식 丙(甲의 손자)을 제2수익자로 지정한다. 이러한 인구통계를 전제로 하면, 乙이 결혼하여 丙이 출생하는 것은 乙이 28.9세 즉, 신탁설정 후 19년(28.9-10=18.9)이 경과한 때이며, 乙이 사망하는 85.6세 즉, 신탁설정 후 76년(85.6-10=75.6)이 경과한 때에 당시 57세(85.6-28.9=56.7)인 丙이 수익권을 취득할 수 있게 된다. 따라서 이 신탁이 종료하는 것은 丙이 78.6세(丙이 남성인 경우) 또는 85.6세(丙이 여성인 경우)가 되어 사망하는 시점이 되며, 이는 신탁설정 후 약 98년(18.9+78.6=97.5) 또는 105년(18.9+85.6=104.5)이 경과한 때가 된다(寺本昌廣, 前揭書, 262-263면).

제한규정을 두지 않은 현행법의 입법태도가 바람직하다고 보면서, 그 근거로 우리나라의 경우 영미처럼 영구불확정금지의 원칙(rule against perpetuity)이 인정되지 않고 이들 국가도 이 원칙을 완화해 가는 추세에 있다는 점 등을 거론하는 견해도 있다.[56] 이러한 입장은 개인의 재산처분, 재산설계의 자유라는 관점에서, 재산을 가지고 있는 자가 자기재산의 승계나 이용하는 방법을 어느 정도 자유롭게 정하도록 하는 것이 바람직하다는 사고방식에 근거한다.

반면 특정한 세대의 사람이 장래의 장기간에 걸쳐 재산을 승계하거나 이용하는 방법을 자유롭게 정하고 다음 세대 이후의 사람은 거기에 계속 구속받도록 하는 경우, 시대의 변화에 따라 재산을 효율적으로 이용하는 것을 저해하며, 장래 세대의 재산이나 생활방식에도 영향을 미칠 수 있어 부당하기 때문에 존속기간을 제한하여야 한다는 견해도 제기된다.[57]

생각건대, 수익자연속신탁에서 대상으로 되는 것은 소유권이 아니라 수익권이고, 수익권에 존속기간을 정하는 것은 법률상 가능하기 때문에, 수익자연속신탁에 존속기간을 설정하는 것은 일정한 조건 아래 법률상 유효하다고 본다.[58] 또한 신탁법상의 제

---

55) 법무부, 「신탁법 해설」, 2012, 494면.

56) 이근영, "신탁법상 재산승계제도와 상속", 「법학논총」 제32집 제3호, 전남대학교 법학연구소, 2012, (이하 "앞의 논문 I"이라 한다), 231면.

57) 이것은 영구불확정금지의 원칙의 정책적 목적이기도 하다(Jesse Dukeminier, Robert H. Sitkoff & James Lindgren, op. cit., p.888). 최수정, "개정신탁법상 재산승계제도 – 유언대용신탁과 수익자연속신탁을 중심으로 –", 「법학논총」 제31집 제2호, 전남대학교 법학연구소, 2011, 77면; 최현태, "복지형신탁 도입을 통한 민사신탁의 활성화 – 수익자연속신탁을 중심으로 –", 「재산법연구」 제27권 제1호, 2010, 18면.

도를 활용하여 신탁이 회사와 유사하게 기능할 수 있게 되었지만, 신탁 자체가 회사는 아니다. 수익자연속신탁을 도입하면서 그 존속기간을 정하지 않는 것은 입법적 불비라고 본다.

나) 해석상 허용되는 존속기간의 범위

현행 신탁법이 수익자연속신탁의 존속기간을 규정하지 않음에 따라 수익자연속신탁에서 어느 정도까지 장기간의 존속기간을 설정할 수 있는지 여부는 해석론에 맡겨져 있다. 이에 대해 지나치게 장기간 동안 수익권의 귀속이 불확정적이거나 수익자가 연속되는 신탁의 효력을 부정해야 한다면서, 그 근거를 선량한 풍속 기타 사회질서라고 하는 일반조항(신탁법 제5조, 민법 제103조)에 두는 견해가 제기된다.[59] 또한 이 견해는 지나치게 오랜 기간인지 여부는 신탁기간을 제한하는 근거에 비추어 구체적 사정을 고려하여 개별적으로 판단해야 한다고 한다.

그러나 신탁기간이 지나치게 장기간인지 여부를 정하는 풍속이나 사회질서가 존재하지 않고, 이를 개별적으로 판단할 기준도 없는 현실에서, 수익자연속신탁의 신탁기간에 대한 이러한 해석론을 통하여 신탁의 유·무효를 정하도록 하는 것은 법적 안정성 측면에서도 타당하지 않다고 본다. 또한 수익자연속신탁의 존속기간을 둘러싼 법적 불확실성은 위탁자가 신탁을 설정하는데 있어서 부정적인 영향을 미쳐 제도의 발전에 장애가 될 것이다. 결국 법적 안정성을 위하여 수익자연속신탁의 존속기간에 대해서

58) 寺本昌廣, 前揭書, 259면.

59) 최수정, 앞의 논문, 77-78면. 또한 장기간 수익권의 귀속이 불확정하여 무효로 보는 경우 일부무효법리(신탁법 제5조 제3항, 민법 제137조)에 따라야 한다고 주장한다.

는 외국의 입법례를 고려하여 신탁설정 후 일정한 기간 이내로 입법화해야 할 것이다.[60]

다) 존속기간에 관한 입법론

이처럼 수익자연속신탁에 대한 존속기간설정을 설정하는 경우 i) 신탁재산의 종류별로 존속기간이 달리 정하여 동산 및 부동산에 대해서는 민법 제280조 및 제281조의 지상권의 최단존속기간에 관한 규정을 근거로 30년으로 하고, 지적재산권 등 무체재산권에 대해서는 저작자 사후 50년으로 하는 방안이나,[61] ii) 30년 정도를 기준으로 하여 사안별로 유무효를 따져야 한다는 견해[62] 등이 제기된다.

생각건대, 수익자연속신탁의 존속기간을 신탁재산의 종류별로 달리 정하는 것은 제도의 운영을 복잡하게 할 것으로 보이고, 아무런 조건 없이 신탁설정 후 존속기간을 30년으로 정하는 것은 너무 단기간으로 본다. 일본 신탁법 제91조와 유사하게 "신탁설정시로부터 30년이 경과한 때에 실제로 남아있는 수익자가 신탁의 정함에 따라 수익권을 취득한 경우 그 수익자가 사망하는 때까지, 또는 그 수익권이 소멸하는 기간까지"로 규정함으로써 존속기간을 약 100년 정도를 설정하여 운영하고, 추후 조정해 나가는 것이 바람직할 것이다.

---

60) 동지, 정소민, "신탁제도를 통한 재산승계 – 유언대용신탁과 수익자연속신탁을 중심으로 –", 「BFL」 제62호, 서울대학교 금융법센터, 2013, 98면

61) 최현태, 앞의 논문, 18-19면.

62) 임채웅, "유언신탁 및 유언대용신탁의 연구", 「인권과 정의」 제397호, 2009, 142면.

나. 수익자연속신탁에서 수익자가 더 이상 존재하지 않는 경우

신탁법은 수익자연속신탁에서 수익자가 존재하지 않는 경우에 대비한 규정을 별도로 두고 있지 않다. 이에 따라 우선 수익자연속신탁에서 수익자가 더 이상 존재하지 않는 경우 신탁의 목적을 달성할 수 없게 되므로 신탁은 종료하게 되며(신탁법 제98조 제1호), 신탁의 잔여재산은 '신탁종료 후의 신탁재산의 귀속'에 관한 일반규정(동법 제101조)에 따라 처리된다.[63] 즉, 신탁행위로 신탁재산의 잔여재산이 귀속될 자('귀속권리자')를 정한 경우에는 그 귀속권리자에게 귀속한다(동법 제101조 제1항 단서). 귀속권리자가 신탁의 잔여재산에 대한 권리를 포기한 경우 잔여재산은 위탁자와 그 상속인에게 귀속한다(동조 제2항). 위 두 가지의 경우 신탁재산이 귀속될 자에게 이전될 때까지 그 신탁은 존속하는 것으로 본다(동조 제4항). 신탁법 제101조 제1항 및 제2항에 따라 잔여재산의 귀속이 정해지지 아니하는 경우는 권리자가 없는 상속재산(민법 제1055조)처럼 잔여재산은 국가에 귀속된다(신탁법 제101조 제5항).

수익자연속신탁 설정 시 최종 귀속권리자를 정하도록 의무화하지 않은 것은 미래 상황을 알 수 없으므로 신탁을 설정할 때 이를 정하도록 하는 것은 위탁자에게 지나친 부담이 된다는 이유 때문이었다.[64] 이에 따라 신탁계약상 귀속권리자를 정하지 아니한 경우에는 신탁재산은 위탁자나 그 상속인에게 귀속되는데, 위

---

63) 법무부, 앞의 책, 495면; 정소민, 앞의 논문, 98면.

64) 이에 대해 귀속권리자를 신탁행위로 정하여야 한다는 견해가 있으나(이근영, "수익자연속신탁에 관한 고찰", 「재산법연구」 제27권 제3호, 한국재산법학회, 2011(이하 "앞의 논문Ⅱ"라 한다), 144-146면), 귀속권리자를 정할 것인지 여부는 위탁자의 자유로운 의사에 맡기는 것이 타당하다고 본다.

탁자가 사망하고 상당한 시간이 흐른 경우 수탁자가 상속관계를 확인하여 잔여재산의 귀속문제를 해결해야 하므로 수탁자의 부담이 가중될 우려가 있다.[65]

생각건대, 수익자연속신탁을 설정하는 위탁자는 이러한 문제점을 인식하고 신탁계약을 체결할 때 귀속권리자를 정하는 것이 바람직하며, 귀속권리자가 존재하지 않게 되는 경우 신탁재산을 국가에 귀속시키는 것은 다른 나라의 입법례를 보더라도 보편적인 현상이다. 또한 이렇게 제도가 운영되어야 수익자연속신탁에 대한 세제상의 혜택을 논의할 수 있는 계기가 마련될 수 있을 것이다.

Ⅳ. 신탁의 설정과 민법상 유류분 문제

1. 신탁의 설정과 유류분 제도의 적용

유류분이라 함은 상속재산 중 상속인에게 유보되는 최소한의 몫을 말한다.[66] 유류분 제도는 피상속인의 재산처분의 자유·유언의 자유를 보장하면서도 피상속인의 재산처분행위로부터 유족들의 생존권을 보호하고, 상속재산 형성에 대한 기여, 상속재산에 대한 기대를 보장하려는 데 그 입법취지가 있다.[67] 그렇지만 최근에는 유언의 자유에 비추어 유류분제도의 정당성에 회의적인 시각이 제기되고 있으며, 되도록 피상속인의 의사를 존중하는 방향으로 유류분제도를 해석하고 운영해야 한다는 견해도 제기된다.[68] 대법원도 유류분제도가 상속인들의 상속분을 보장한다는

65) 법무부, 앞의 책, 495면.

66) 윤진수, 앞의 책, 515면.

67) 헌법재판소 2010.4.29. 선고 2007헌바144 결정.

명분 아래 피상속인의 재산처분의 자유를 제한하는 것인 만큼, 유류분의 인정범위를 가능한 한 필요한 최소한으로 그치는 것이 피상속인의 의사를 존중한다는 의미에서 바람직하다고 판결하고 있다.[69]

이러한 유류분 제도는 피상속인의 재산에 관하여 신탁이 설정된 경우에도 적용된다. 우리나라 신탁법은 유언대용신탁의 경우와 마찬가지로 수익자연속신탁에 대해서도 유류분에 관한 별도의 규정을 두지 않고 있다.[70] 이에 따라 신탁의 특성을 고려하여 민법상 유류분 제도에 관한 법리를 적용함으로써 신탁의 설정과 수익권의 귀속이 유류분과 충돌하는지 여부에 대한 검토가 필요하게 된다.[71]

신탁에 의해 재산승계가 이루어지는 경우 유류분과의 관계에서 주요한 쟁점으로는 i) 유류분 산정의 기초로 되는 재산, ii) 유류분을 침해하는 행위, 유류분 반환의 대상, 유류분 반환청구의 상대방, iii) 유류분 반환의 효과, iv) 유류분 반환의 순서 등이라고 할 수 있다.[72] 즉, 유류분 반환의 대상을 신탁재산 그 자체로 볼 것인지 아니면 수익자가 취득한 수익권으로 볼 것인지, 유류분 반환의 상대방을 수탁자로 볼 것인지 수익자로 볼 것인지 등이 문제된다.[73]

---

68) 윤진수, 앞의 책, 518면.

69) 대법원 2014.5.29. 선고 2012다31802 판결(대습상속인이 대습원인의 발생 이전에 피상속인으로부터 증여를 받은 경우 이는 상속인의 지위에서 받은 것이 아니므로 상속분의 선급으로 볼 수 없다).

70) 법무부, 앞의 책, 495면.

71) 최수정, 앞의 책, 514면.

72) 西希代子, “民法の空洞化?：財産承継方法としての信託と相続法”, 「信託法研究」 第36号, 2011, 98면.

2. 유류분의 산정방법

가. 유류분 산정의 기초가 되는 재산

'증여재산'이란 상속개시 전에 이미 증여계약이 이행되어 소유권이 수증자에게 이전된 재산을 가리키며, 아직 증여계약이 이행되지 아니하여 소유권이 피상속인에게 남아 있는 상태로 상속이 개시된 재산은 당연히 상속재산에 포함된다(대법원 1996.8.20. 선고 96다13682 판결). 한편 상속재산 중 조건부의 권리나 존속기간이 불확정한 권리는 가정법원이 선임한 감정인의 평가에 의하여 그 가격을 정한다(민법 제1113조 제2항).

유류분은 법정상속분의 일정한 비율로 정의된다(민법 제1112조). 그렇지만 유류분 산정의 기초재산은 상속재산 그 자체는 아니다. 유류분 산정의 기초가 되는 재산은 피상속인의 상속개시 시에 있어서 가진 재산의 가액에 증여재산의 가액을 가산하고 채무의 액을 공제한 금액을 기초로 하여 산정한다(민법 제1113조 제1항). 여기서 '상속개시 시에 가진 재산'이란 상속재산 중 적극재산을 말한다. 유증에 관해서는 상속개시 시에 현존하는 재산으로 취급하고, 사인증여에 관해서는 유증에 관한 규정이 준용되므로 유증과 동일하게 현존하는 재산으로 취급하여야 한다(민법 제562조).[74] 사인증여는 피상속인의 사망으로 효력이 발생하는 것이므로 그 목적물의 소유권은 사망 당시까지 피상속인에게 귀속된다. 따라서 이는 상속재산으로서 유류분 산정의 기초재산에 포함된다.[75]

---

73) 최준규, "유류분과 신탁", 「사법」 제34호, 사법발전재단, 2015, 241면.

74) 김주수, 「주석민법 상속(2)」, 한국사법행정학회, 2005, 339면; 대법원 2001.11.30. 선고 2001다6947 판결.

75) 김능환, "유류분반환청구", 「상속법의 제문제」, 재판자료 제78집, 법원행

나. 신탁재산이 유류분 산정의 기초재산에 포함되는지 여부

유언대용신탁이나 수익자연속신탁의 신탁재산이 유류분 산정에 관해 규정한 민법 제1113조 제1항의 '상속개시 시에 피상속인이 가진 재산'에 포함되는지 여부가 문제된다. 이는 유류분 반환청구의 대상을 어떻게 파악할 것인지와 관련된다.

1) 신탁재산설 - 불포함설

신탁재산설은 신탁설정에 의해 피상속인으로부터 수탁자로 신탁재산의 소유권이 형식적으로 이전하는 것을 유류분 침해행위로 보며, 유류분 반환청구의 대상을 신탁재산의 가액으로 보는 견해이다.[76] 이 견해에 따르면 유언대용신탁과 수익자연속신탁의 경우 피상속인의 재산은 이미 수탁자에게 이전되었고, 이러한 신탁재산은 위탁자인 피상속인은 물론 수탁자의 고유재산과도 구별되는 독립성을 가진다고 본다. 따라서 유언대용신탁의 신탁재산은 피상속인이 상속개시 시에 가지고 있던 재산의 가액(민법 제1113조 제1항)에 포함되지 않는다는 것이다.[77] 그러나 피상속인이 생전에 수익자의 지위를 겸한 때에는 그 수익권은 기초재산에 산입된다고 한다.

유언신탁과 유언신탁에 의한 수익자연속신탁의 경우 유언의 효력발생에 의해 비로소 설정되므로 신탁재산은 이미 피상속인의 재산에 포함되어 있다. 따라서 신탁재산을 유류분의 기초재산

정처, 1998, 24면.

76) 川淳一, "受益者死亡を理由とする受益者連續型遺贈", 「遺言自由の原則と遺言の解釋(野村豊弘·床谷文雄 編)」, 28면.

77) 최수정, 앞의 책, 515면; 이근영, 앞의 논문Ⅰ, 224면; 김상훈, 앞의 논문, 18면.

에 산입하기 위한 논의는 불필요하다.[78)]

또한 증여가 상속개시 전의 1년간 행하여 진 것이거나, 또는 당사자 쌍방이 유류분권리자에 손해를 가할 것을 알고 한 때에는 1년 전에 한 것도 유류분 산정의 기초재산에 포함된다(민법 제1114조). 증여계약 이외에 모든 무상처분에 대해서도 동일하게 해석하는 것이 통설이다.[79)] 신탁계약도 신탁재산의 이전이라는 측면에서는 무상·편무계약이므로 피상속인이 상속개시 전 1년간 유언대용신탁을 설정하거나, 1년 전에라도 유류분권리자에게 손해가 될 것을 알면서도 유언대용신탁을 설정한 경우 유류분 산정의 기초재산에 그 신탁재산을 산입하여야 한다는 것이다.[80)]

또한 판례에 따르면 상속인의 특별수익을 상속분의 선급으로 간주하여 공동상속인들 사이의 공평이라고 하는 관점에서 특별수익이 발생한 기간에 관계 없이 모두 기초재산에 산입한다(민법 제1118조, 제1008조 참조).[81)] 그러므로 유류분권리자가 수익자였던 때에는 그 수익권은 특별수익분으로서 기초재산에 산입된다.[82)]

2) 수익권설 - 포함설

수익권설은 신탁설정에 의해 수익자가 수익권이라는 신탁재산의 실질적인 이익을 취하는 것을 유류분 침해행위로 보며, 유류

---

78) 최수정, 앞의 책, 516면; 이근영, 앞의 논문Ⅰ, 224면.

79) 곽윤직, 「상속법[개정판]」, 박영사, 2004, 285면; 김능환, 앞의 논문, 25-26면 이하; 김주수·김상용, 「친족상속법[제12판]」, 2015, 816면; 박병호, 「가족법」, 방송통신대, 1999, 476면; 최수정, 앞의 책, 515면.

80) 이근영, 앞의 논문Ⅰ, 515면.

81) 대법원 1995.6.30. 선고 93다11715 판결; 대법원 1996.2.9. 선고 95다17885 판결.

82) 최수정, 앞의 책, 515-516면.

분 반환청구의 대상을 수익권의 가액으로 보는 견해이다.[83] 이 견해에 따르면 형식적으로는 유언대용신탁의 신탁재산이 수탁자에게 이전되었지만, 위탁자는 언제라도 수익자를 변경하거나 신탁을 종료한 후 신탁재산을 위탁자 명의로 복귀시킬 수 있다고 한다. 또한 유언대용신탁의 수익자는 위탁자가 사망할 때까지 수익자로서 법적 권리를 보유한다고 할 수 없고 단지 기대권만을 가질 뿐이라고 한다. 위탁자는 실질적인 의미에서 여전히 신탁재산을 지배하고 소유권에 견줄 수 있는 권리를 가진다. 따라서 유언대용신탁의 신탁재산은 상속개시 시에 피상속인이 가진 재산에 포함되어 유류분산정의 기초재산이 된다고 본다.[84]

유언대용신탁의 경우 위탁자의 생존 중에는 수익자는 수익자로서의 권리를 가지지 못한다(신탁법 제59조 제2항). 그 취지는 유언대용신탁에는 사인증여와 유사한 기능이 있으며, 사인증여에 유증의 규정이 유추된다는 것을 전제로, 유언대용신탁에 대해서도 마찬가지의 효과가 인정된다고 설명된다. 유증의 규정이 사인증여에 유추적용되는 것은 사인증여가 사망시에 효력이 생기기 때문이라고 할 수 있다. 관점을 달리하면 유언대용신탁은 생존 중의 신탁과 사망 후의 신탁이 조합된 것이며, 사망 후의 신탁의 효력이 확정적으로 생기는 것은 위탁자의 사망시라고 해석할 수 있다. 그렇다면 유류분반환청구와의 관계에서도 사망한 때에 비로소 위탁자의 상속재산으로부터 일탈이 확정되고, 그 결과 사인

83) 임채웅, 앞의 논문, 141면; 飯田富雄, "遺言信託に關する考察(その三) − 遺言信託の效力について(5), (6)", 「信託」 第19号, 1954, 11면 및 「信託」 第20号, 1954, 16면.

84) 정소민, 앞의 논문, 92면.

증여와 마찬가지로 사망 시의 신탁재산 가액이 유류분 산정의 기초재산에 포함된다고 볼 수 있다는 것이다.[85)]

유언대용신탁을 증여(무상처분)로 해석하여 그 신탁재산을 증여재산의 범주에 포함시키더라도 판례에서 말하는 '증여가 이미 이행되어 소유권이 수증자에게 이전된 재산'[86)]이라고 하기 위해서는 형식적으로 수탁자에게 이전된 것이 아니라 실질적 의미에서 수증자에 해당하는 수익자가 신탁재산에 대한 수익권을 취득하여야 한다. 유언대용신탁에서는 위탁자의 사망으로 비로소 수익자가 되거나 수익의 지급을 받기 시작한다는 점에서 상속개시 전에는 그 증여(무상처분)가 이미 이행되었다고 볼 수 없으므로[87)] 유언대용신탁에서 신탁재산은 상속재산에 속한다는 것이다.

3) 검토

포함설은 유언대용신탁을 생전 처분이라는 형식적 측면보다는 실질적인 기능인 유증으로서의 성격을 기초로 하여 법률관계를 해석하는 견해이다. 이 견해는 유증의 경우 유증가액이 피상속인의 재산에 포함되는 것과 마찬가지로, 유언대용신탁의 신탁재산도 상속개시 시 피상속인의 재산에 포함된다고 해석한다.[88)] 반면 불포함설은 법형식적 측면에 비중을 둔다. 신탁재산설에 근거하여 신탁에 의해 신탁재산의 소유권이 피상속인으로부터 수탁자에게 이전하는 것으로 보아, 유언대용신탁의 신탁재산은 유류분

---

85) 横山美夏, "信託から、所有について考える", 「信託法研究」 第36号, 2011, 75-76면.

86) 대법원 1996.8.20. 선고 96다13682 판결.

87) 정소민, 앞의 논문, 93면.

88) 정소민, 앞의 논문, 93면.

산정의 기초재산에 포함되지 않는다고 본다.

생각건대 유언대용신탁이 설정되면 신탁재산의 소유권이 수탁자에게 이전하게 되므로 상속이 개시될 때 피상속인의 재산으로 남아 있지 않다. 판례도 신탁재산의 대내외적 소유자를 수탁자로 파악하고 있다(대법원 2002.4.12. 선고 2000다70460 판결). 유증의 경우 유증가액이 피상속인의 상속재산에 포함되는 것은 피상속인이 사망할 당시 유증재산은 아직 피상속인의 소유로 남아있기 때문이다. 그러나 유언대용신탁의 경우 신탁설정으로 신탁재산의 소유권이 수탁자에게 이전되어 상속개시 시에 피상속인에게 재산으로 남아있지 않다.[89] 그러므로 유언대용신탁의 신탁재산은 상속개시 시에 피상속인의 재산에 포함되지 않는다고 보는 견해가 타당하다고 본다.

3. 유류분의 반환대상

유류분 반환청구권의 반환대상이 원물인지 아니면 가액인지 문제된다. 이에 대해서는 유류분 반환청구권의 법적 성질을 형성권과 청구권 중 어느 것으로 보느냐에 따라 견해가 나뉜다.[90] 유류분 반환청구권을 물권적 효과를 가지는 형성권으로 파악하는 견해는 원물반환을 원칙으로 하면서 예외적으로 그것이 가능하지 않거나 관철하기 어려운 경우 가액반환을 허용한다. 반면 채

89) 김상훈, 앞의 논문, 18면.

90) 김형석, “유류분의 반환과 부당이득”, 「민사판례연구 29」, 박영사, 2007, 156면 이하; 윤진수, “유류분반환청구권의 성질과 양수인에 대한 유류분반환청구 – 대법원 2015. 11. 12. 선고 2010다104768 판결 –”, 「법학논총」 제36권 제2호, 전남대학교 법학연구소, 2016, 122-140면 참조.

권적 청구권으로 해석하는 견해는 형성권과 같은 결론을 취하는 견해와 가액반환을 해야 한다는 견해로 나누어진다.[91]

판례는 민법 제1115조 제1항이 유류분반환에 대하여 '부족한 한도에서 그 재산의 반환을 청구할 수 있다.'고 규정한 점 등에 비추어 반환의무자는 통상적으로 증여 또는 유증대상 재산 그 자체를 반환하면 될 것이나 원물반환이 불가능한 경우에는 그 가액 상당액을 반환할 수밖에 없다고 한다. 또한 원물반환이 불가능하여 가액반환을 명하는 경우에는 그 가액은 사실심 변론종결시를 기준으로 산정한다(대법원 2005.6.23. 선고 2004다51887 판결).

신탁에서 수익자를 상대로 유류분반환청구를 하는 경우 신탁재산의 소유권은 수탁자에게 이전되어 있으므로 수익자는 신탁재산의 원물을 반환할 수 없게 된다. 이 경우 신탁의 원본수익자가 아닌 한 원물의 반환을 청구할 수 없을 것이다. 이에 대해 신탁원본에 대한 급부청구권을 내용으로 하는 수익권도 원물에 갈음하는 것으로 볼 수 있고, 따라서 수익자는 수익권을 양도함으로써 원본반환의무를 이행할 수 있다고 해석하는 견해도 제기된다(대법원 2005.6.23. 선고 2004다51887 판결을 유추해석).[92]

수탁자를 상대로 유류분반환청구를 하는 경우 신탁재산 중 유류분을 침해하는 부분에 상응하는 신탁재산에 대한 반환청구가 가능하다. 그렇지만 신탁재산 자체의 반환이 신탁목적의 달성을 어렵게 만들어 신탁의 종료를 초래하게 된다면, 위탁자의 의사실현이나 이미 설정된 신탁의 존속이라는 관점에서, 이는 원물반환이 불

91) 종래 다수설은 형성권설이었으나, 최근에는 청구권설을 취하는 견해가 증가하고 있는 것으로 보인다(윤진수, 앞의 논문, 123면).

92) 최수정, 앞의 책, 518면.

가능한 것으로 보아 가액반환에 의하도록 하는 것이 타당하다.[93)]

4. 유류분반환청구의 상대방

유류분권리자가 받은 상속재산이 피상속인의 유증 또는 증여로 인하여 자신의 유류분에 미치지 못한 경우 유류분권리자는 그 유증 또는 증여를 받은 자에 대하여 그 부족한 한도에서 반환을 청구할 수 있다(민법 제1115조). 즉, 반환청구의 상대방은 상속인, 수유자, 수증자 및 그 포괄승계인이다. 수유자에 대한 반환청구는 유언집행자가 선정되어 있으면 포괄적 유증이건 특정유증이건 간에 유언집행자를 상대방으로 하여야 한다.[94)]

민법상 유류분 반환청구의 상대방은 "유류분 보전을 위하여 반환되어야 하는 처분행위에 의해서 직접적으로 이익을 얻은 자"이다. 유언대용신탁이나 유언신탁[95)]이 수익자가 연속되고 수익권의 내용이 다양하게 설계될 경우, 유류분권리자로서는 단기소멸시효가 완성되기 이전에 누구를 상대로 하여 얼마만큼 유류분반환청구를 할 수 있는지 파악하는 것조차 용이하지 않다.[96)] 그 이외에

93) 최수정, 「신탁을 통한 고령자의 보호와 지원」, 집문당, 2010, 177면.

94) 윤진수, 앞의 책, 540면.

95) 유언대용신탁과 유언신탁의 주된 차이점 중의 하나는 전자의 경우 신탁재산이 위탁자 생전에 이미 수탁자에게 이전되는 반면, 후자의 경우 신탁재산은 위탁자 사망 후 유언이 집행됨으로써 비로소 수탁자에게 이전된다는 점이다(최준규, 앞의 논문, 240-241면). 양자는 위탁자가 사망한 때에 제3자가 수익권을 취득한다는 점에서는 공통적이지만, 유언신탁은 유언에 의해 설정되고 신탁 자체가 위탁자가 사망한 때 효력이 발생하므로 유언대용은 아니다(최수정, 앞의 책, 509면).

96) 일본의 경우 이러한 문제점을 해결하기 위하여 위탁자가 사망하고 제1차 수익자가 수익권을 취득하는 단계에서만 유류분을 고려하고, 위탁자 사망시 제1차 수익자가 수익권으로 취득한 상속재산 및 제2차 수익자가

도 아직 현존하지 않거나 확정되지 않은 수익자를 어떻게 취급할 것인지, 제3자에게 수익자변경권을 수여한 경우 이러한 점을 어떻게 반영해야 하는지도 불분명하다.[97]

가. 신탁재산설(수탁자설)

유류분 침해행위의 근거를 신탁설정에 의한 소유권 이전에 두고 반환청구의 대상을 신탁재산의 가액으로 보는 신탁재산설의 입장에서는 유류분반환청구의 상대방은 수탁자가 된다.[98] 특히 수익자연속신탁의 경우 위탁자로부터 신탁재산을 직접 취득하는 자는 수탁자라는 점을 근거로 한다.[99]

나. 수익권설(수익자설)

원칙적으로 신탁을 통하여 수익을 얻는 자는 수익자이므로 수익자만을 상대로 반환청구를 하여야 한다는 견해이다.[100] 신탁에 있어서 수탁자는 고유한 이익을 가지지 않으므로 유류분의 침해는 수익권의 취득에 의해 생긴다고 본다. 수익자설은 그 이외에 수탁자를 상대방으로 하면 수익자의 일부만이 유류분을 침해하고 있는 경우, 신탁재산의 반환에 의해 유류분을 침해하고 있지 않은 수익자에게 부당한 손해를 주게 되는 점도 근거로 한다.[101]

조건부 수익권으로 취득한 상속재산을 유류분 산정의 기초재산으로 삼으며, 유류분을 침해하는 위탁자의 처분행위를 취소하는 것이므로 수탁자가 그 상대방이 된다고 본다(최수정, 「일본 신신탁법」, 진원사, 2007, 201면).

97) 최수정, 앞의 책, 516-517면.

98) 이근영, 앞의 논문Ⅰ, 226면.

99) 이근영, 앞의 논문Ⅱ, 149면.

100) 임채웅, 앞의 논문, 140면.

101) 横山美夏, 前揭論文, 76면.

유류분 반환청구의 상대방은 피상속인의 처분에 의해 직접적으로 이익을 받은 자, 즉 피상속인의 상속재산이 귀속된 자이다. 따라서 수익자가 상대방으로 되기 위해서는 피상속인의 재산으로부터 수익자에게 수익권의 이전이 필요하다. 수익자설의 논리는 이 점에 관하여 반드시 명확한 것은 아니다. 가능한 논리구성으로서는 피상속인의 재산이 수탁자의 재산을 뚫고 나아가서 수익자에게 귀속한다고 보거나, 혹은 신탁을 설정함과 동시에 수익권이 위탁자로부터 수익자에게 이전한다고 보는 것이다.[102)]

다. 절충설(수탁자·수익자설)

절충설은 사익신탁의 경우에는 유류분 반환청구의 상대방을 수탁자 및 수익자로 본다.[103)] 이는 공익신탁의 경우 수익자가 존재하지 않기 때문에 수탁자만이 상대방이 된다는 주장을 포함한다. 또는 유류분반환청구의 상대방은 원칙적으로 신탁재산으로부터 이익을 향수하는 수익자로 보아야 하지만, 수익자가 존재하지 않거나 확정할 수 없는 경우처럼 수익자에 대한 반환청구를 기대하기 어려운 때에는 수탁자가 상대방이 된다고 보는 견해도 제기된다.[104)]

신탁재산의 소유권은 수탁자에게 형식적으로 이전함과 동시에, 실질적인 이익이 수익자에게 이전한다고 본다. 이 견해는 수익자에게 반환대상으로 되는 행위에 의해 이전한 재산의 가액을 다툴 기회를 부여하면서 가액배상을 가능하도록 하며, 상속인에 대한

102) 横山美夏, 前揭論文, 76-77면.

103) 四宮和夫, 「信託法[新版]」 有斐閣, 1989, 160면; 成田寛, "遺言代用信託", 「金融·商事判例」 No. 1261, 2007, 182면.

104) 최수정, 앞의 책, 517면.

증여는 상속개시부터 1년 이상 전에 이루어진 경우에도 유류분 반환의 대상으로 된다는 일본 판례[105]와의 관계에서 상속인인 수익자를 수증자에 준하여 취급한다.[106]

수탁자가 상대방으로 되는 것은 신탁행위의 당사자라는 점과, 유언집행자가 반환청구의 상대방으로 된다고 해석되는 점과의 균형(즉, 유언집행자는 수탁자과 법적 성격이 유사하다는 점)으로부터 수긍할 수 있다는 것이다. 한편 수익자의 경우 수익자가 상속인인 때에 그 수익권 이외에 유증을 받고 있다고 하면, 그 유증재산의 가액과 합하여 실제로 유류분을 침해하고 있는지가 문제된다. 만일 수탁자만이 상대방으로 되면 수익자는 그 유증재산의 가액을 다툴 수 없게 되며, 이익이 침해된다. 또한 반환이 이루어진 때 유류분을 침해한 자(수증자, 수유자 등)는 현물의 반환에 대신하여 가액에 의한 변상을 할 수 있지만, 그 선택권은 수익자에게 부여되어야 한다. 그래서 수익자도 상대방이 된다는 것이다.[107]

라. 검토

신탁을 통해 이익을 얻는 자는 수익자이므로 유류분 반환청구의 상대방은 원칙적으로 수익자가 될 것이다. 그러나 수탁자도 유류분 반환청구의 상대방으로부터 배제할 수 없다. 우선 신탁재

105) 最高裁 平成 10·3·24 民集 52卷 2号 433면.

106) 橫山美夏, "信託から´ 所有について考える", 「信託法硏究」 第36号, 2011, 76면. 이 경우 수탁자를 수증자로 보고 수탁자를 상대방으로 하여 반환청구를 하면, 수탁자가 상속인이 아니라 수익자가 상속인인 경우에 전술한 판례법리가 적용되기 어렵게 된다. 이때에는 수익자를 상대방으로서 유류분반환을 할 수 있어야 한다는 것이다(水野紀子, "信託と相續法の相克", 「變革期における信託法」(東北信託法硏究會 編, トラスト60 硏究叢書), 2006, 123면).

107) 成田寬, 前揭論文, 182면.

산의 가액이 수익권의 가치총액에 달하지 않는다고 하면, 수탁자는 신탁재산에 고유한 이익을 갖지 않더라도 수탁자에게 귀속하는 신탁재산에 실질적으로 아무것도 귀속하지 않는다고 해석하기는 어려울 것이다. 한편 수익권의 설정은 수탁자가 신탁재산에 대해서 가지는 권한과 의무에 근거하여 수탁자에 의해서 이루어지는데, 일반적으로 위탁자가 수익자에게 수익권을 이전한다는 법률구성은 신탁에 적합하지 않다고 생각된다. 어떠한 법률구성에 의하더라도 수탁자를 유류분 반환청구권의 상대방으로부터 배제할 수 없을 것이다. 수탁자에게 일정한 가액의 재산이 피상속인으로부터 이전하는 것은 부정할 수 없다고 본다.108) 결국 유류분 반환청구의 상대방은 수탁자 및 수익자로 보는 것이 타당하다.

V. 결 어

2011년 신탁법 개정에 따라 새롭게 도입된 유언대용신탁과 수익자연속신탁을 중소기업의 경영권 승계에 활용하는 데에는 회사법, 신탁법, 민법상 여러 가지 법적 쟁점이 제기되고 있다. 우선 유언대용신탁을 활용하여 현 경영자(위탁자)가 사전에 보유주식을 신탁재산으로 하여 신탁을 설정하여 스스로가 수익자로서 회사경영을 하고, 현 경영자에게 상속이 발생한 때에 수익권을 '수익수익권'과 '원본수익권'으로 2분화한 후에, 비후계자에게 수익수익권을, 후계자에게 원본수익권을 각각 취득시킨다는 취지를 신탁계약에서 정할 수 있다.

108) 横山美夏, 前揭論文, 77면.

이 경우 주식의 의결권(원본수익권)과 경제적 지분(수익수익권)을 분리하는 것이 허용되는지 여부가 문제된다. 승계대상회사의 주주는 수탁자이고, 수탁자가 주주로서 의결권을 행사하고 배당을 받기 때문에 회사법상의 문제는 발생하지 않는다. 또한 후계자가 갖게 되는 것도 의결권이 아니라 '의결권행사의 지시권'이고 이러한 지시에 의해 주주인 수탁자가 의결권을 행사하게 되므로 의결권이 분리되어 양도되는 것도 아니다. 따라서 법적 형식 측면에서는 신탁의 수익권을 원본수익권과 수익수익권으로 분할하여 신탁을 설정하는 것은 현행 회사법 아래에서도 가능하다고 본다.

의결권행사지시자가 다른 수익자의 이익을 침해하는 경우에는 신탁계약에 따르고 신탁계약에서도 정하지 아니한 때에는 지시자는 신탁법상 신인의무를 부담한다고 보아야 한다. 이에 따라 지시자는 수익자에게 선관주의의무를 부담하고 충실의무(신탁법 제33조)도 부담한다. 한편 수탁자는 선관주의의무에 따라 지시자의 의결권행사지시의 타당성을 체크할 책임을 부담한다.

신탁계약에서 위탁자나 수익자의 의결권행사지시에 따라 수탁자가 의결권을 행사하기로 정한 경우 그 효력이 문제된다. 충실의무에 관한 신탁법 제33조는 임의규정이고, 수익자의 지시에 따라 의결권을 행사하는 것이 충실의무 위반은 아니며, 유언대용신탁의 위탁자는 수익자변경권(동법 제59조 제1항)을 갖는다는 점에서 위탁자의 지시에 따라 의결권을 행사할 수 있다고 본다.

자본시장법상 신탁업자가 수탁자인 경우 동법 제112조 제1항에 따라 위탁자나 수익자에게 의결행사지시권을 부여하는 것은 무효로 보아야 한다. 이에 따라 동법 제112조를 개정하여 주식신탁을 활용하여 중소기업이 경영승계를 하는 경우에는 위탁자나 수익자에게 의결권행사지시권을 인정할 필요가 있을 것이다. 또한 신탁업자가 신탁재산에 속하는 동일 법인이 발행한 주식 총수의 100분의 15를 초과하여 취득한 경우에는 의결권을 행사할 수 없도록 한 조항이나(동법 제112조 제3항), 공정거래법상 상호출자제한기업집단에 속하는 신탁업자에 적용되는 그림자투표(동법 제112조 제5항)에 대해서도 예외규정이 필요하다.

수익자연속신탁에서 대상으로 되는 것은 소유권이 아니라 수익권이고, 수익권에 존속기간을 정하는 것은 법률상 가능하기 때문에, 수익자연속신탁에 존속기간을 설정할 필요가 있다. 이 경우 신탁기간은 일본 신탁법 제91조와 유사하게 "신탁설정시로부터 30년이 경과한 때에 실제로 남아있는 수익자가 신탁의 정함에 따라 수익권을 취득한 경우 그 수익자가 사망하는 때까지, 또는 그 수익권이 소멸하는 기간까지"로 규정함으로써 존속기간을 약 100년 정도를 설정하여 운영하고, 추후 조정해 나가는 것이 바람직할 것이다.

유류분과 신탁과 관련해서는 신탁설정으로 신탁재산의 소유권이 수탁자에게 이전되어 상속개시시에 피상속인에게 재산으로 남아있지 않으므로 유언대용신탁의 신탁재산은 상속개시 시에 피상속인의 재산에 포함되지 않는다고 보는 견해가 타당하다고 본다. 유류분 반환의 대상은 원물을 원칙으로 하고 그것이 어려운 경우 가액반환을 인정해야 할 것이다. 유류분청구의 상대방은 수탁자 및 수익자로 보는 것이 타당하다.

제4장

사업신탁을 활용한 경영승계

제4장

사업신탁을 활용한 경영승계*

Ⅰ. 서 설

우리나라는 산업화의 역사도 짧을 뿐만 아니라 경영승계에 대한 인식도 부정적이어서 경영승계를 원활하게 지원하기 위한 법제도가 제대로 마련되어 있지 않다. 또한 중소기업의 경영승계의 문제는 그 계기가 오너 경영인의 사망이나 상속이라는 개인적인 문제이어서, 중소기업의 경영승계를 모색하는 관점에서의 법적 검토는 거의 이루어지지 않았다. 중소기업은 대부분 대주주 자신이 대표자로서 경영에 종사하고 있다. 그러나 대표자에게 복수의 추정상속인이 있는 경우 비후계자인 상속인의 유류분이 경영승계를 하는 데 장애요인으로 될 수 있다. 2012년 7월부터 시행된

* 이 장은 "사업신탁을 활용한 중소기업의 경영권 승계 방안", 「법학논총」 제38권 제2호(전남대학교 법학연구소, 2018), 101~138면을 수정·보완한 것이다.

개정 신탁법이 다양한 신탁제도를 도입함에 따라 이를 활용하여 경영승계를 할 때 신탁을 활용하는 방법이 주목받고 있다.[1)]

제4장에서는 중소기업의 원활한 경영승계를 위하여 우선 2011년 개정 신탁법에서 새롭게 도입된 사업신탁을 경영승계에 활용하는 방안을 검토한다. 사업신탁은 영리를 목적으로 설립하여 운영되는 신탁에 관하여 양도 가능한 지분권을 보유한 자들에게 권리의 영속성과 유한책임을 제공하기 위하여 개발된 보통법계 국가의 제도이다. 원래 사업신탁은 영국에서 시작되었으나 미국 매사추세츠 주에서 발달하였다. 부동산 개발을 하는 데 있어서 매사추세츠 주에서 한때 회사설립이 허용되지 않음에 따라 대체수단으로 사업신탁이 도입된 것이다. 이러한 연유에서 사업신탁이 매사추세츠 신탁으로 알려지게 되었다.[2)]

회사제도의 발달에 따라 쇠퇴하였던 사업신탁 제도가 최근 미국에서 뮤추얼펀드, 자산유동화, 종업원퇴직연금에 있어서 중요한 매개수단으로 등장함에 따라 다시 재조명되고 있다.[3)] 미국의 경우 사업신탁이라 함은 위탁자가 사업 자체를 신탁재산으로 하여 수탁자에게 귀속시키고, 수탁자가 그 사업에 관련된 채무를 인수한 후, 사업을 관리, 운영하여 그 수익을 위탁자에게 배분하

---

1) 김순석, "신탁을 활용한 중소기업의 경영권 승계 방안에 관한 연구 – 유언대용신탁 및 수익자연속신탁의 활용을 중심으로 –", 「법학논총」 제36권 제4호(전남대학교 법학연구소, 2016), 373면.

2) Edward H. Warren, Corporate Advantages Without Incorporation, Baker, Voorhis & Co., 1929, p.382; Wheeler A. Rosenbalm, "The Massachusetts Trust", 31 Tenn. L. Rev. 471 (1964).

3) John H. Langbein, "The Secret Life of the Trust: The Trust as an Instrument of Commerce", 107 Yale L.J. 165 (1997); Jesse Dukeminier, Robert H. Sitkoff & James Lindgren, 「Wills, Trusts, and Estates」, 8th ed., Wolters Kluwer, 2009, p.556.

는 신탁을 말한다.[4] 수탁자는 신탁재산에 대한 법적 귀속주체가 되며, 위탁자의 본인으로서 행위한다. 사업신탁은 수탁자에게 신탁재산을 귀속시키고 수탁자가 사업의 대표자로서 역할을 하도록 함으로써 법인은 아니지만, 하나의 기업조직을 창설하게 된다. 이에 따라 사업신탁은 유한책임, 경영권의 집중, 소유권의 양도 등 회사 기업형태가 갖는 세 가지의 특징을 갖고 있다. 또한 수탁자를 연속시킴으로써 신탁의 영속성을 확보할 수 있다.[5]

제4장에서는 사업신탁의 법적 구조를 검토한 후, 중소기업의 경영승계에 활용하는 데 있어서 제기되는 법적 쟁점을 사업신탁의 유형별로 분석하고 그 해결방안을 논의한다.

Ⅱ. 사업신탁의 법적 구조

1. 사업신탁의 의의

가. 사업신탁의 개념

신탁법 제2조는 신탁의 정의에서 신탁대상인 재산에 영업이 포함됨을 명시적으로 규정하고 있다. 신탁법 제2조에서 규정한 영업은 상법 제41조 및 제374조에서 규정한 영업과 동일한 의미로 해석된다.[6] 판례에 따르면 영업이란 일정한 영업목적에 의하여

4) See F.P.P. Enters. v. United States, 830 F.2d 114, 117 (8th Cir. 1987); Carey v. United States Indus., 414 F.Supp. 794, 795 (N.D. Ill. 1976). See also Herbert B. Chermside, Jr., Annotation, Modern Status of the Massachusetts or Business Trust, 88 A.L.R. 3d 704 (1992).

5) James D. Cox & Thomas Lee Hazen, 1 Treatise on the Law of Corporations § 1:15 (3d), 2017.

조직화된 유기적 일체로서의 기능적 재산을 말한다. 여기서 말하는 유기적 일체로서의 기능적 재산이란 영업을 구성하는 유형·무형의 재산과 경제적 가치를 갖는 사실관계가 서로 유기적으로 결합하여 수익의 원천으로 기능한다는 것과 이와 같이 유기적으로 결합한 수익의 원천으로서의 기능적 재산이 마치 하나의 재화와 같이 거래의 객체가 된다는 것을 뜻한다.[7]

사업신탁이라 함은 위탁자가 적극재산과 소극재산인 채무가 유기적으로 결합된 영업 자체를 신탁재산으로 하여 신탁을 설정하고, 수탁자가 신탁사무의 수행으로서 영업을 영위하는 신탁을 말한다.[8] 사업신탁의 신탁재산에는 적극재산과 그 적극재산과 직접적으로 연계된 소극재산이 모두 포함된다. 일반적인 신탁의 경우 신탁재산이 특정한 자산으로 한정되지만, 사업신탁의 경우 영업부문의 자산이 신탁재산으로 될 뿐만 아니라 그 이외에 인적 요소 및 무형적인 요소들이 가미된 유기적 일체로서의 영업이 신탁재산에 포함된다는 데에 그 특징이 있다.[9] 영업에는 구체적으로 영업용 재산뿐만 아니라 제조·판매 등의 노하우가 포함되며, 종업원과의 고용계약, 단골 거래처와의 판매계약, 구입처와의 원

6) 안성포, "기업유형으로서 상사신탁의 법적 쟁점", 「상사법연구」 제32권 제2호(한국상사법학회, 2013)(이하 "앞의 논문 I "이라 한다), 189면; 최수정, 「신탁법」, 박영사, 2016, 238면.

7) 대법원 1997.11.25. 선고 97다35085 판결.

8) 사업신탁에 대하여 영업신탁이라는 용어를 사용하기도 한다(안성포, 앞의 논문 I (각주 6), 190면). 영업신탁은 실무상 신탁의 인수를 영업으로 하는 상사신탁을 칭하는 경우도 있어서 혼동을 피하기 위하여 이 논문에서는 사업신탁이라는 용어를 사용한다.

9) 오영표, "신탁을 활용한 자금 조달에 관한 법적 연구 - 자기신탁을 중심으로 -", 성균관대학교 대학원 법학박사논문, 2013, 49면.

료 구매계약 등의 이전도 포함된다.[10)]

이처럼 2011년 개정 신탁법은 신탁재산의 범위를 확대하여 영업을 그 대상으로 명시하고, 신탁선언을 통하여 자기신탁의 설정을 할 수 있게 하며(신탁법 제3조 제1항 제3호), 수익증권(동법 제78조 내지 제86조) 및 신탁사채(동법 제87조)의 발행을 허용하고, 수탁자의 책임을 신탁재산으로 한정하는 유한책임신탁 제도(동법 제114조 내지 제139조)를 도입하였다. 종래 신탁의 대상은 '재산권'으로 규정되었으나 개정 신탁법은 이를 '재산'으로 수정함으로써 신탁재산에 적극재산뿐만 아니라 소극재산(채무)도 포함할 수 있게 되었다. 이러한 개정 신탁법상 조항들을 유기적으로 해석할 경우 영업 자체를 신탁하는 사업신탁 제도가 허용되었다고 평가된다.[11)] 그러나 이러한 사업신탁 제도가 개정법 도입 이후에 별로 활용되지 못하고 있는데, 그 원인은 「자본시장과 금융투자업에 관한 법률(이하 '자본시장법'이라 한다)」에서 신탁업자의 신탁재산 중 영업을 포함하지 않는 등(자본시장법 제103조 제1항) 개정 신탁법의 취지가 다른 법률에 제대로 반영되지 못한 것에도 있지만, 신탁에 조직법리로서의 독특한 매력이 없는 점도 하나의 원인이다.[12)]

나. 미국 및 일본에서 사업신탁의 개념

미국 판례법상 사업신탁(business trust)이란 기업조직의 한 형태

10) 田中和明, 「新信託法と信託實務」, 淸文社, 2007, 330면.

11) 김태진, "기업형태로서의 신탁 – 사업신탁, 수익증권발행신탁 및 유한책임신탁을 중심으로 –", 「법학논총」 제31권 제2호(전남대학교 법학연구소, 2011), 127면; 유혜인, "사업신탁에 관한 입법론적 고찰", 「상사법연구」 제34권 제1호(한국상사법학회, 2015), 391면.

12) 노혁준, "사업신탁의 가능성과 그 한계 – 시리즈 신탁을 중심으로 –", 「법학논총」 제34권 제2호(전남대학교 법학연구소, 2014), 7-8면.

로서 신탁에 의해 재산이 수탁자에게 양도되며 수탁자는 신탁재산을 기초로 발행한 양도 가능한 수익증권을 가진 수익자들의 이익을 위하여 그 재산을 관리·운용하는 기업조직의 한 형태를 말한다.[13] 이러한 정의에 따르면 사업신탁은 위탁자의 재산이 수탁자에게 이전되고, 수탁자가 발행하는 수익증권의 인수를 통하여 수익증권을 보유하게 되는 수익자들을 위하여 수탁자가 신탁재산을 관리·운용하는 조직관계로서, 결국 사업신탁은 주식회사의 기본구조인 주주, 이사, 자본이라는 3각 구도를 위탁자 겸 수익자, 수탁자, 신탁재산의 관계로 재편한 기업조직의 한 유형으로 볼 수 있다.[14]

일본의 경우 사업신탁은 개정 신탁법에서 새롭게 도입된 것은 아니다. 다만 일본 신탁법 제21조 제1항 제3호(신탁재산책임부담채무의 범위)에서 "신탁 전에 생긴 위탁자에 대한 채무에 대하여, 그 채권에 관련된 채무를 신탁재산책임부담채무[15]로 한다는 취지를

13) Hecht v. Malley, 265 U.S. 144, 146-47 (1924). The 'Massachusetts Trust' is a form of business organization, common in that State, consisting essentially of an arrangement whereby property is conveyed to trustees, in accordance with the terms of an instrument of trust, to be held and managed for the benefit of such persons as may from time to time be the holders of transferable certificates issued by the trustees showing the shares into which the beneficial interest in the property is divided.

14) 유혜인, 앞의 논문, 393-394면.

15) 신탁재산책임부담채무라 함은 수탁자가 신탁재산에 속한 재산을 가지고 이행책임을 부담하는 채무를 말한다(일본 신탁법 제2조 제9항). 신탁재산책임부담채무의 범위는 신탁 전에 생긴 위탁자에 대한 채권이며, 당해 채권에 관련된 채무를 신탁재산으로 변제하는 책임을 부담하는 채무라는 뜻이지만, 이는 신탁행위에서 정해진다. 그러므로 신탁재산책임부담채무를 규정한 것이 사업신탁을 인정한 근거 조항으로 된다(新谷勝, 「新しい事業承継と企業再生の法務 － 事業承継の円滑化·事業再生ADR －」, 税務經理協会, 2010, 168면).

신탁행위로 정할 수 있다."라고 규정하여, "신탁설정을 할 때에도 신탁행위에 정함으로써 위탁자가 부담하는 채무에 대해 수탁자가 채무인수를 하여 당해 채무를 신탁재산책임부담채무로 할 수 있다는 것이 명백하게 되었다. 따라서 위탁자에 속하는 적극재산과 소극재산(채무)의 집합체인 특정한 사업에 대해 신탁행위의 정함에 따라 적극재산의 신탁과 아울러 채무인수[16]를 함으로써 실질적으로 당해 사업 자체를 신탁하는 것과 동일한 상태를 만들 수 있게 되었다."라고 한다.[17]

따라서 당초부터 적극재산과 함께 위탁자가 부담하고 있는 채무를 수탁자가 인수함으로써 위탁자에게 속하는 적극재산과 채무를 함께 수탁자에게 이전(처분)함으로써 적극재산과 소극재산의 집합체인 특정한 사업을 신탁하는 것과 동일한 효과를 얻을 수 있게 되었다. 이처럼 사업신탁의 의미는 위탁자가 사업성이 있는 재산(적극재산)을 신탁함과 동시에 그 신탁재산에 관련된 위탁자의 채무(소극재산)를 수탁자가 인수함으로써 그러한 적극·소극재산이 일체로 된 집합체(사업)를 수탁자가 운영하는 것이므로 사업을 신탁하는 것과 동일한 효과를 생기게 한다. 신탁에 의해서 수탁자가 적극재산인 신탁재산에 한하지 않고 채무나 계약상의 지위 등을 일체의 집합체로서 관리처분의 대상으로 함으로써 사실상 사업을 영위하게 된다. 즉 사업 자체의 신탁이 가능하게 된 것이다.[18]

---

16) 채무인수는 신탁목적을 달성하기 위하여 필요한 행위이어야 한다(新井誠, "改正信託法と事業信託", 「筑波ロー・ジャーナル」 第2号, 2007, 12면).

17) 寺本昌広, 「逐条解説 新しい信託法[補訂版]」, 商事法務, 2008, 84면.

18) 早坂文高, "事業信託について", 「事業信託の展望」, 公益財団法人トラスト60, 2011(이하 "前揭論文 I "이라 한다), 3면.

일본이 도입한 사업신탁은 미국이 판례법과 제정법을 통하여 발전시킨 기업형태로서의 사업신탁과는 생성과정이 다르며, 일본 상법상 존재하는 영업양도를 입법적으로 신탁의 구조로 전환한 것이라고 볼 수 있다.[19] 미국은 신탁행위를 기업조직법적으로 설계하였지만, 일본은 개인 간의 계약행태로 접근한 것이다. 그러나 일본 신탁법은 적극재산과 소극재산을 포함하는 영업 일체를 신탁할 수 있도록 함으로써 사업신탁의 기초를 마련하였다는 점에서 의의가 있다. 그 주요한 활용례는 도산격리 내지 자금조달의 목적으로 이용하는 것을 예정하고 있으나, 사업신탁을 기업적으로 이용 또는 기업회생의 수단으로 활용하는 방법도 제시되고 있어 기업조직으로서의 활용도 기대하고 있다.[20]

다. 사업형 신탁과의 차이점

사업형 신탁이란 상사신탁의 하나로서 토지신탁이 전형적인 예이다. 토지신탁에서는 토지를 신탁재산으로 하여 신탁을 설정하고 위탁자가 토지신탁계정으로 자금조달을 하여 임대 빌딩 등을 건설하고, 그 건물로 임대사업을 하여 임대료 수입으로부터 비용, 보수 등을 공제한 잔액이 신탁수익으로서 수익자인 위탁자에게 분배된다. 사업형 신탁은 위탁자로부터 사업성 있는 재산(사업재산)을 수탁하여 수탁자가 그 신탁사무로서 사업재산을 관리·처분함으로써 수탁자가 사업을 영위하게 되는 신탁이라고 설명된다. 따라서 사업신탁과 사업형 신탁 간에는 수탁자가 신탁재산

19) 안성포, “사업신탁의 도입을 위한 입법론적 검토”, 「인권과 정의」 제398호(대한변호사협회, 2009), 122면.

20) 최영준, “기업형태로서의 신탁에 관한 연구 – 유한책임신탁과 사업신탁을 중심으로 –”, 고려대학교 대학원 법학박사논문, 2014, 165면.

을 이용하여 사업을 영위하는 신탁이라는 점에서는 동일하다.

이미 성립하여 운영되고 있는 사업 자체를 신탁하는 것을 '사업 자체의 신탁'이라고 하여 사업형 신탁과 구별한다. 사업 자체의 신탁이라 함은 마치 회사법상의 영업 즉, "일정한 영업을 목적으로 조직화되어 기능적 일체로서 기능하는 재산(구입처 관계 등 경제적 가치가 있는 사실관계를 포함)"을 당초의 인수재산으로 설정한 신탁을 말한다. 사업 자체의 신탁이라고 하더라도 특정한 사업을 구성하는 사업재산, 채무·계약상의 지위, 노하우, 구입처·거래처라는 사실관계의 집합체가 신탁행위에 의해서 일체의 신탁재산으로 이전하는 것은 아니며, 사업재산 이외의 사업의 구성요소는 신탁행위와는 별개의 채무인수나 계약상의 지위의 양도라는 절차에 의해서 수탁자에게 이전하고, 수탁자에 의해 이들이 통합되어 신탁사무를 수행함으로써 일체의 사업으로서 운영된다.

사업 자체의 신탁은 사업신탁으로 다루어지지만, 사업형 신탁과 비교하여 신탁설정 후 권리의무관계 혹은 신탁사무의 내용에 관한 신탁법의 적용에 관하여 차이점을 발견하기 어려우며, 전적으로 양자 간의 본질적인 차이는 없다고 본다. 결국 사업 자체의 신탁과 사업형 신탁이라는 구분은 '수탁자가 인수하는 것이 일체로서의 사업인가, 개별적인 사업재산인가'라는 설정단계에 있어서 구분에 그친다. 그렇지만 금융분야에서 활용하는 경우 당초 인수하는 것이 사업인지 개별적 자산인지에 의해 신탁은행 등의 취급이나 사무는 현저하게 다르기 때문에, 실무상 이러한 구분은 중요한 의미를 가진다.[21] 사업형 신탁이 사업신탁과 구체적으로

21) 早坂文高, 前揭論文 I, 4면.

다른 점은 사업신탁의 수탁재산인 사업 자체는 채무를 포함하는 것인데 비하여, 종래 토지신탁의 수탁재산은 소극재산을 포함하지 않고 적극재산만으로 구성된다는 것이다.[22] 사업신탁에서 수탁자가 부담하는 채무는 적극재산에 부수하는 채무에 한하지 않으며, 예컨대, 어음채무나 종업원에 대한 임금채무, 외상채무, 상여금 지급을 위한 차입금 등을 들 수 있다.[23]

2. 사업신탁의 장점, 유형 및 활용

가. 사업신탁의 장점

사업을 추진하는 데 있어서 다른 유사한 법제도와 비교할 때 사업신탁의 장점으로는 i) 사적 자치에 의해 자유롭고 유연한 지배구조를 취할 수 있으며, ii) 지배구조의 변동을 기동적으로 할 수 있고, iii) 소유와 경영이 분리되며, iv) 업무집행자인 수탁자로부터의 도산격리가 법적으로 담보되고, v) 수익자에게는 원칙적으로 단독으로 직접 수탁자에 대한 감시·감독하는 권리가 강행규정으로 인정되며, 또한 신탁행위로 정하거나 법원의 선임에 의해 감시·감독하는 기관을 설정할 수 있고, vi) 수익자의 유한책임이 확보되며, vii) 투자자금의 회수 및 수익배분에 대해 출자비율과는 관계없이, 수익권의 내용을 복층적으로 하는 등 자유로운 제도설계가 가능하며, viii) 파산제도의 도입에 따라 신탁채권자를 공평하게 다룰 수 있다는 점 등이 거론된다.

더욱이 새로운 유형의 신탁을 이용하면 다음의 장점이 추가된

22) 新井誠(안성포 역), 「信託法(第3版)」, 전남대학교출판부, 2011, 177-176면.
23) 新井誠(안성포 역), 앞의 책, 179면.

다. 즉, i) 유한책임신탁을 이용하면 신탁이 파산할 때 수탁자가 유한책임을 지게 할 수 있게 된다. 또한 ii) 수익증권발행신탁을 이용하면 수익권의 양도가 편리하게 됨으로써 환금이 용이해지게 되며, 대중자금을 모집하는 데 이용할 수 있으며, 신탁기간을 장기로 설정할 수 있으므로 반영구적인 사업도 할 수 있다. 또한 자기신탁, 유한책임신탁, 수익증권발행신탁 등을 모두 이용하면 회사와 유사한 제도로 되지만, 신탁은 이를 선택적으로 이용할 수 있다는 장점이 있다.[24)]

나. 사업신탁의 유형

사업신탁은 신탁을 사업수행의 도구(영업도관이나 vehicle)로서 사용함으로써, 사업형 상사신탁처럼 토지나 지적재산권과 같은 단일 재산을 수탁하여 그 관리·운용의 결과로서 사업을 영위한다는 차원을 넘어서고 있다. 수탁자가 사업 자체를 수탁하여 사업수익의 획득과 분배라는 신탁목적(물론 사업목적이어야 한다)에 따라 사업수행을 하는 것이다. 따라서 사업신탁의 설정을 통해 일종의 사업체를 창설하는 것으로 다룰 수 있다.

사업신탁이더라도 종래의 사업형 상사신탁처럼 단일한 영업자산을 기초로 하여 영위하는 것으로부터 사업체로서 회사에 필적하는 규모·조직을 갖춘 것까지 다양한 형태가 있으며, 그 규율은 어디까지나 신탁법 및 신탁 관련 법규에 의한다. 사업신탁은 유한책임신탁, 수익증권발행신탁 및 자기신탁과 병용하여 활용되는 것이 일반적이기 때문에, 이러한 새로운 신탁 형태에 관한 규율이 사업신탁의 내용에 따라 적용된다.[25)]

---

24) 田中和明, 前揭書, 358-359면.

사업신탁은 사업 자체를 신탁재산으로 하는 것이며, 기업에서 하나의 사업부문을 분할하거나 비소구금융(non-recourse loan)[26]으로 자금조달을 하는 등 일정한 기업들의 수요에 부응할 수 있을 것이다. 신탁법 개정에 의해 새롭게 도입된 유한책임신탁, 수익증권발행신탁 또는 자기신탁과 결합시키면 더 다양한 기업들의 수요에 대응할 수 있다. 예컨대, 기업이 고위험 고수익의 사업분야에 진출하는 때 그 사업리스크로부터 자신을 분리하기 위하여 신규로 일으킨 사업을 신탁재산으로 설정한 경우를 상정하면 다음과 같이 활용될 수 있을 것이다.[27]

(1) 유한책임신탁과의 병용

사업신탁을 유한책임신탁으로 설정하면 기업은 위탁자로서 출자한 사업의 가치 이상의 사업리스크를 부담하지 않고, 사업수행에 수반하여 수탁자에게 생기는 채무나 손실에 대해서도 책임재산을 신탁재산인 그 사업에 한정하여 부담하게 할 수 있다(신탁법 제114조 이하). 그 결과 기업은 사업리스크 전체의 파급을 피하면서 사업수행을 할 수 있게 되며, 그 사업을 독립채산제로 운영함으로써 투자금액 한도에서만 책임을 부담할 수 있게 된다.[28]

25) 早坂文高, "事業型商事信託 – '事業信託'の導入", 「金融·商事判例」 No. 1261(2007)(이하 "前揭論文Ⅱ"라 한다), 177면.

26) 비소구금융이란 채무자가 채무불이행을 하는 경우 채권자가 당해 채권 확보를 위하여 미리 담보를 설정한 재산 이외의 채무자 재산에 대하여는 그 채무의 이행청구를 할 수 없는 대부제도이다.

27) 早坂文高, 前揭論文Ⅱ, 175-176면.

28) 早坂文高, 前揭論文Ⅱ, 176면.

(2) 수익증권발행신탁과의 병용

사업신탁을 수익증권발행신탁으로서 설정하면, 기업은 취득한 신탁수익권을 수익증권화하고, 그 모집·사모라는 형태로 투자가로부터 자금조달을 할 수 있다(신탁법 제78조 이하). 수익증권발행신탁의 수익증권은 자본시장법상의 금융투자상품이며(동법 제3조 제1항), 동법의 공시규제가 적용되지만, 원본수익권과 수익수익권을 분리하여 채권형(debt)이나 주식형(equity)으로 다양한 복수의 수익증권을 발행할 수 있으며, 수종의 주식을 신규발행하는 것보다도 용이하게 복잡한 투자수요에 대응할 수 있게 된다. 또한 신탁수익권의 일부만을 수익증권화 함으로써 기업이 사업의 주도권을 계속 유지하면서, 유연하게 자금조달을 할 수 있다. 수익자에 의한 권리행사나 수익자집회제도의 설치에 관한 특례가 규정되어(동법 제85조) 수익자의 권리가 강화되고 있다.[29] 또한 수탁자에 대한 수익권원부의 작성이 의무화되어 있다(동법 제79조 이하). 유한책임신탁으로 설정된 수익증권발행신탁은 일정한 요건을 충족하는 경우 「주식회사의 외부감사에 관한 법률」에 따라 감사를 받아야 한다(동법 제117조 제2항, 동법시행령 제14조 제2항).[30]

(3) 신탁선언(자기신탁)과의 병용

사업신탁을 활용하면서 신탁선언을 병용할 수 있다. 신탁선언이란 소위 자기신탁을 말하며, 위탁자가 신탁의 목적, 신탁재산,

---

29) 우리나라 신탁법은 일본과는 달리 수익증권발행신탁에 대해서는 신탁행위의 정함에 의해서도 수탁자 의무의 일부를 경감할 수 없다는 조항(일본 신탁법 제212조)은 두지 않고 있다.

30) 早坂文高, 前揭論文Ⅱ, 176면.

수익자 등을 특정하고 자신을 수탁자로 하는 일방적인 의사표시에 의해 신탁을 설정하는 것을 말한다(신탁법 제3조 제1항 제3호).[31] 위탁자가 자기 또는 제3자 소유의 재산 중에서 특정한 재산을 분리하여 그 재산을 자신이 수탁자로서 보유하고 수익자를 위하여 관리, 처분, 운용한다는 것을 선언함으로써 신탁을 설정하는 경우이다.[32]

기업이 사업의 일부를 신탁재산으로 하여 자기신탁을 설정하면 거래처와의 거래관계나 종업원과의 고용관계를 변경하지 않고 그 사업을 분리할 수 있다. 또한 수익증권발행신탁 및 유한책임신탁과 결합시키면 사업리스크를 기업으로부터 분리하여 그 사업만을 책임재산으로 한 비소구권부 자금조달을 할 수 있게 된다.

그 이외에도 회사의 조직재편과 마찬가지의 효과를 얻을 수 있다. 기업이 그 사업의 일부를 가지고 자기신탁에 의해 유한책임신탁을 설정하고, 수익증권을 다른 기업이나 투자자에게 매각하면, 영업양도와 마찬가지의 효과를 얻으면서 자금조달을 할 수 있다. 또한 2개의 기업이 공동위탁자로서 각각 사업의 일부를 가지고 하나의 유한책임신탁을 설정하면 합작투자와 마찬가지의 효과를 얻을 수 있다. 더욱이 기업이 그 사업의 일부를 가지고 자기신탁을 설정하여 업적연동형의 수익증권을 발행하면 트래킹스톡을 발행한 것과 동일한 효과가 나타난다. 이처럼 사업신탁은 기업활동이나 기업구조조정의 다양한 수요에 유연하게 대응할 수 있다.[33]

---

31) 최수정, 앞의 책, 189면.

32) 광장신탁법연구회, 「주석 신탁법[제2판]」, 박영사, 2016, 34면.

33) 早坂文高, 前掲論文Ⅱ, 176면.

다. 사업신탁의 활용

일본 경제산업성은 신탁법의 개정과정에서 사업신탁의 활용례를 5가지로 유형화하였다. 즉, i) 높은 수익이 예상되는 특정부문을 신탁으로 분리하여 그것을 담보로 자금조달을 가능하게 하는 것, ii) 위험부담이 큰 신규사업에 착수할 때 도산격리 목적으로 신탁선언을 활용할 수 있는 것, iii) 신용, 리스회사가 신용채권을 신탁선언의 방식으로 자금조달을 가능하게 하는 것, iv) 채권추심업자가 회수금을 신탁선언의 방식으로 신탁하여 도산위험으로부터 격리하는 것, v) 지적재산신탁, 예를 들면 특허권 등 제조·판매사업의 일체를 신탁함으로써 유동화자금조달 등을 진행하는 것이다.[34)]

그 이외에도 사업을 집중하는 데 활용하거나, 개인사업을 경영승계하는 데에 활용할 수 있으며, 기업 간 합작투자 및 통합에 이용할 수 있다. 또한 출자전환(Debt Equity Swap)과 유사하게 활용할 수 있으며, 영국의 사업 전체의 유동화(whole business securitization) 수단이나, 수익이 높은 사업부문을 신탁함으로써 자금조달에 활용할 수 있고, 트래킹주식과 유사한 부분업적연동형 금융상품으로도 활용할 수 있을 것이다.[35)]

3. 사업신탁의 설정 절차

사업신탁을 설정하는 데에는 일반적으로 다음과 같은 절차를 필요로 한다.

---

34) 新井誠(안성포 역), 앞의 책, 175면.

35) 田中和明, 前揭書, 365-377면.

ⅰ) 위탁자(승계대상회사)와 수탁자(신설회사) 간에 위탁자의 사업을 수탁자에게 양도하는 것을 목적으로 하여 수익자를 승계대상회사의 주주로 하는 사업신탁에 관한 신탁계약을 체결한다. ⅱ) 재산이전이나 채무승계 등 영업양도의 실질을 가지는 사업신탁을 실행하기 위해서는 영업양도의 절차와 마찬가지로, 사전에 승계대상회사(위탁자)의 주주(사원)총회 특별결의가 필요하다(상법 제374조 제1항, 제434조, 제576조 제1항의 유추적용). 수탁자인 신설회사가 자신의 영업에 중대한 영향을 미치는 다른 회사의 영업 전부 또는 일부를 양수하는 경우에도 동일한 결의가 필요하다. 주식회사가 영업의 전부 또는 중요한 일부를 신탁하거나 타인의 영업을 수탁할 경우에는 그에 반대하는 주주들이 주식매수청구권을 행사할 수 있다(동법 제374조의2). ⅲ) 신탁재산으로 되는 재산의 이전에 대해서 대항요건을 구비할 필요가 있다. 즉, 등기 또는 등록할 수 있는 재산권에 관하여는 신탁의 등기 또는 등록을 함으로써 그 재산이 신탁재산에 속한 것임을 제3자에게 대항할 수 있다(신탁법 제4조 제1항). ⅳ) 수탁자는 사업신탁에 즈음하여 적극재산인 사업용 재산의 신탁양도와 함께 각 채권자의 동의를 얻어 위탁자의 채무를 개별적으로 채무인수를 하여야 한다(민법 제453조 내지 제454조). 위탁자의 채무는 원칙적으로 사업신탁 후에도 존속하며, 수탁자가 인수한 채무와 원칙적으로 중첩된다. 소극재산에 대한 신탁은 신탁의 본질상 수탁자에게 채무가 귀속하고 위탁자는 채무관계에서 이탈하는 것으로 해석하여야 하므로 그 법적 성격은 채권자의 승낙이 있으면, 위탁자와 수탁자 간의 법률행위에 의한 면책적 채무인수로 볼 수 있고, 채권자의 승낙이나 별도의 규정이 없다면, 민법 원칙에 따라 병존적 채무인수로 본다.[36] 그

이외에도 v) 종업원의 고용절차와 관련하여 종업원은 영업의 인적 시설을 이루므로 반대의 특약이 없는 한 사업신탁은 고용관계의 승계도 포함한다고 보아야 한다.[37] vi) 기타 계약상의 지위의 승계절차가 필요하다.[38]

4. 사업신탁의 책임 구조

가. 수탁자의 책임

일반적으로 신탁이라 함은 위탁자가 수탁자에게 신탁재산을 귀속시킴과 동시에 그 재산을 일정한 목적에 따라 수익자를 위하여 관리처분하도록 하는 구속을 함으로써 성립하는 법률관계이다.[39] 위탁자의 존재는 신탁목적 가운데 매몰되고 대신 수탁자의 인격에 의존하는 당사자 관계가 구축된다. 즉, 수탁자는 위탁자 또는 수익자의 대리인이 아니라 본인으로서 행위하며, 신탁에 따른 계약상 의무에 대하여 개인책임을 부담한다.[40] 이에 따라 수탁자는 이러한 개인책임을 면하기 위하여 신탁계약상 개인책임을 부담하지 않으며 신탁의 채권자는 오직 신탁재산으로부터만 채권을 변제받는 데 동의한다는 조항을 포함시킴으로써 책임을 제한할 수 있다.[41]

---

36) 안성포, 앞의 논문Ⅰ, 191면; 寺本昌広, 前掲書, 88면 각주 4.

37) 이철송, 「상법총칙·상행위[제14판]」, 박영사, 2016, 286면.

38) 安藤朝規, "事業信託による事業承継", 「信託法制の展望」(新井誠·神田秀樹·木南 敦 編), 日本評論社, 2011, 341면.

39) Frederick A. Thulin, "A Survey of Business Trust", 16 Ill. L. Rev. 370, 372 (1922).

40) 김태진, 앞의 논문, 131-132면; Taylor v. Mayo, 110 U.S. 330 (1884); Wheeler A. Rosenbalm, op. cit., p.477.

신탁법의 일반원칙에 따르면 신탁업무 수행상 계약을 원인으로 하는 채무는 신탁재산의 권원(title)을 가지는 수탁자가 인적 무한책임을 부담하며, 외부 제3자는 수탁자의 이러한 책임에 근거하여 얻은 확정판결에 의해 수탁자의 고유재산으로부터 구상을 받는다.[42] 이것은 수탁자가 본인의 지위에서 법률행위를 하게 됨에 따라 나타나는 법적 효과이며, 수탁자의 책임을 제한하는 면책조항을 신탁계약에 삽입하지 않고 신탁증서에서만 포함시킨다고 하더라도 면책의 효력이 생기지 않는다.[43]

그러나 사업신탁의 수탁자는 기업재산을 경영한다는 점에서 일반 신탁에 비하여 위험성이 높은 반면 참여를 통해 얻는 이익이 보수에 한정되므로, 무한책임을 부담하게 하는 신탁법상의 일반원칙은 사업신탁에 적용하기에는 적절하지 않다. 경영상 위험은 개인이 부담할 수 있는 자력의 한계를 초월하여 증가하기 때문에, 수탁자에게 유효한 구제수단을 제공하지 않으면 경영이 위축되고 사업신탁의 발전도 부진하게 될 것이다. 이에 따라 수탁자의 책임부담을 경감하기 위하여 신탁재산에 대한 손실보상청구권 및 거래상의 책임면제특약이 활용된다.[44]

수탁자는 외부 제3자에 대하여 채무를 부담하는 반면 그 고유재산을 채무변제에 사용한 경우에는 형평법상의 재산권으로서

---

41) Ira P. Hidelbrand, "Liability of the Trustees Property and Shareholders of Massachusetts Trust", 2 Tex. L. Rev. 139, 144 (1923-1924).

42) Frank J. Kanne, Jr., Comment, "Business Trust: Remedies of Creditors Against the Trust Estate or Capital Used in the Business", 27 Calf. L. Rev. 432, 433 (1939); Allen H. White, "Trustee's Avoidance of Personal Liability on Contracts", 3 Temp. L.Q. 117-118 (1929).

43) Ira P. Hidelbrand, op. cit., p.145; Frank J. Kanne, Jr., op. cit., p.433.

44) 工藤聡一, 「ビジネス·トラスト法の研究」, 信山社, 2007, 66-67면.

부여된 손실보상청구권(right to indemnity) 내지 비용상환청구권(right to reimburse)을 통하여 신탁재산에 구상할 수 있으며, 따라서 수탁자 채무의 실질은 부담 없는 연대채무에 불과하다.[45)]

수탁자는 이러한 신탁재산에 대한 물적 청구권뿐만 아니라, 위탁자 겸 수익자에 대한 손실보전을 내용으로 하는 인적 청구권을 가지는 경우가 있다. 즉, 기업운영에 따른 손실은 그 운영관리자가 아니라 기업이익이 제공되는 그 참가자에게 귀속되며, 적어도 신탁증서에 명시적인 합의가 있는 경우에는 신탁재산을 초월한 부분에 대해서 수탁자는 수익자에게 그 책임을 전가시킬 수 있다.

수탁자의 채무는 신탁재산에 대해 비용상환청구권을 행사함으로써 신탁재산으로 이전하는 것이 일반적이지만, 문제는 신탁재산이 채무변제에 충분하지 않는 경우이다. 이 경우 수탁자에게는 신탁재산에 대한 비용상환청구권뿐만 아니라 수익자에 대한 비용상환청구권도 인정된다(신탁법 제46조). 수탁자의 비용상환청구권은 수탁자가 신탁사무의 처리에 있어서 정당하게 부담하게 되는 비용 또는 과실 없이 입게 된 손해에 관하여 신탁재산 또는 수익자에 대하여 보상을 청구할 수 있는 권리이다. 수탁자의 비용상환청구권은 수탁자가 개인적으로 갖는 권리로서 독립성을 인정할 수 있으므로 양도될 수도 있고 권리질의 목적도 될 수 있다.[46)]

그렇지만 복수의 수익자가 있는 사업신탁의 경우 비용상환청구권의 행사가 용이하지 않으며, 자본집중의 요청에 따라 신탁증서를 통해 이러한 청구권 자체가 배제되는 경우도 많다. 이에 따라 활용되는 것이 책임제한한정특약(express stipulation)이다. 책임

45) 四宮和夫, 「信託法[新版]」, 有斐閣, 1995, 73면.
46) 대법원 2005.12.22. 선고 2003다55059 판결.

제한한정특약이라 함은 수탁자가 거래상대방과의 합의에 의해 책임을 신탁재산으로 한정하는 특약을 말한다. 계약자유에 의한 책임재산한정특약은 원칙적으로 유효하다. 상계금지에 관한 신탁법 제25조 제2항이 "신탁재산이 속하는 채무에 대한 책임이 신탁재산만으로 한정된 경우"라거나 유한책임신탁에 관한 동법 제114조 이하의 규정도 이러한 전제에 기반하고 있다.[47)]

이처럼 책임재산한정특약은 책임부담을 계약에 의해 회피하는 수단이며, 거래상대방과 계약을 통하여 거래에 관련된 수탁자의 계약상 책임을 면제하여 구상의 대상을 신탁재산에 한정하는 면책조항을 삽입하는 것이다. 예컨대, '개인이 아니라 수탁자로서(as trustees but not individually)' 혹은 '오직 수탁자로서(as trustees and not otherwise)'와 같은 문구를 이용하여 명시적으로 해야 하며,[48)] 또한 개별적인 거래를 할 때마다 삽입시켜야 한다. 수탁자의 개인적 책임을 묻지 않는 데 동의한 거래상대방은 계약에 의한 금반언에 의해 구속된다.[49)]

나. 수익자의 신탁 채권자에 대한 대외적 책임

사업신탁에서 가장 관심이 집중되는 법적 쟁점은 조직의 신탁적 특성이 현저하게 나타나는 신탁 당사자의 책임, 특히 수익자

47) 최수정, 앞의 책, 384면.

48) Frank J. Kanne, Jr., op. cit., p.433; See Taylor v. Mayo, 110 U.S. 330 (1884); Carpenter v. Elmer R. Sly Co., 109 Cal. App. 539, 293 Pac. 162 (1930).

49) 工藤聡一, 前揭書, 68-69면. 책임재산한정특약은 거래상대방과 사이의 계약을 통해서만 효력이 발생하기 때문에 비효율적이다. 이러한 개별적인 특약이 없이도 수탁자가 신탁채권자에 대해 신탁재산만으로 책임을 지게 하는 제도가 유한책임신탁이다(신탁법 제114조).

의 책임에 관한 문제이다.[50] 투자자(수익자)의 신탁 채권자에 대한 대외적 책임의 경우, 신탁 채권자와 법률관계를 갖는 상대방은 수탁자이지 위탁자 내지 수익자가 아니다. 따라서 신탁이 도산하더라도 신탁 채권자는 신탁재산이나 수탁자의 고유재산에 대해서만 집행이 가능하며(유한책임신탁이 설정된 경우에는 수탁자의 고유재산에 대해서도 집행할 수 없으며), 위탁자 내지 수익자에 대해서는 채권을 행사할 수 없다. 이처럼 신탁의 법률관계에서는 수탁자가 대외적으로 신탁재산에 관한 권리·의무의 주체가 되기 때문에 신탁에 있어서도 구성원의 유한책임의 법리가 적용되는 것이 원칙이다.[51]

그러나 이러한 유한책임의 법리가 부정되는 경우가 생길 수 있다. 우리나라 판례는 수탁자의 권한을 실질적으로 제한하는 것은 신탁의 취지나 본질에 반한다고 본다. 즉, 신탁재산에 관하여 수탁자만이 배타적인 처분·관리권을 가지며, 위탁자가 수탁자의 신탁재산에 대한 처분·관리권을 공동행사하거나 수탁자가 단독으로 처분·관리를 할 수 없도록 실질적인 제한을 가하는 것은 신탁법의 취지나 신탁의 본질에 반한다는 것이다.[52] 이처럼 수탁자가 신탁재산의 명의인일 뿐 신탁재산의 관리·운용에 대한 재량을 가지고 있지 않고, 위탁자 내지 수익자의 지시에 따라 관리·처분을

---

50) 이에 대한 대표적인 문헌으로는 Robert S. Stevens, "Limited Liability in Business Trusts", 7 Cornell L. Q. 116 (1921-1922); Calvert Magruder, "The Position of Shareholders in Business Trusts", 23 Colum. L. Rev. 423-443 (1923); Ira P. Hildebrand, "The Massachusetts Trust", 1 Texas L. Rev. 127-161 (1923); 工藤聡一, 前掲書, 16면 참조.

51) 노혁준, "주식회사와 신탁에 관한 비교법적 고찰 – 재산분리 기능을 중심으로 –", 「증권법연구」 제14권 제2호(한국증권법학회, 2013), 642-643면.

52) 대법원 2003.1.27.자 2000마2997 결정.

하는 수동신탁[53]에 대하여 판례는 그 효력을 부정하며 학설은 유효설과 무효설로 나누어진다.[54] 2011년 개정 신탁법은 수동신탁의 개념이 정립되어 있지 않고, 그 유효성 여부에 관해서 논란이 있으며, 실무상 특약조항을 통하여 수탁자의 권한을 제한하고 신탁업무 일부를 전문회사에 위임하는 형태의 신탁이 이용되고 있는 현실을 고려하여 수동신탁의 효력에 관한 명시적인 규정을 두지 않고 학설과 판례에 맡기는 것으로 하였다.[55]

기업조직으로서의 사업신탁에 참가하는 수익자는 신탁재산에 대한 지배권능을 유보하는 경우가 많았고, 또 수익자총회의 개최권, 수탁자 해임권 및 신탁사무의 승인권 등 권한이 부여되어 있었다. 따라서 수탁자의 권한남용을 막고 또 견제하기 위한 이러한 권리들을 수익자에 의한 수탁자에 대한 지시권으로 해석한다면 사업신탁은 수탁자를 대리인으로 하고 수익자를 본인으로 하는 일종의 조합이라고도 볼 여지가 있다.[56]

수동신탁의 효력을 인정하지 않는 견해를 취하는 경우 조직의 실체는 신탁이 아니라, 명의대여, 대리, 조합 등으로 간주되어 이에 관한 법리가 적용됨에 따라 신탁에 의해 인정되는 구성원의

---

53) 수익자에게 수익자총회의 개최권, 수탁자 해임권 및 신탁사무의 승인권 등의 권한이 부여되어 있는 경우, 이를 수탁자의 권한남용을 억지하거나 견제하기 위한 공익권으로 해석하면 사업신탁은 일반적인 신탁의 범주에 속하겠지만, 이러한 권리들을 수익자가 수탁자에 대해 가지는 지시권으로 해석하면 사업신탁은 수탁자를 대리인으로 하고 수익자를 본인으로 하는 일종의 조합이라고도 볼 수 있다(工藤聡一, 前掲書, 17면).

54) 수동신탁의 효력에 대해서는 임채웅, “수동신탁 및 수탁자의 권한제한에 관한 연구”, 「법조」 제614호(법조협회, 2007), 6면 이하 참조.

55) 법무부, 「신탁법해설」, 2012, 15면.

56) 工藤聡一, 前掲書, 17면.

유한책임원칙을 적용할 수 없게 된다. 신탁에 대하여 독자적인 법인격을 인정하지 않는 현행 법제 아래에서는 신탁의 본질이나 구체적 타당성을 도모한다는 취지에서 신탁 구성원의 신탁 채권자에 대한 유한책임이 배제될 수 있다.57)

다. 수익자의 수탁자에 대한 책임(수익자의 유한책임)

수탁자는 신탁행위에 따라 신탁재산을 관리하는 자일 뿐 신탁재산으로부터 이익을 취득하지 않으므로 신탁사무와 관련하여 발생한 채무도 원칙적으로 신탁재산에 귀속되고, 수탁자는 수임인과 마찬가지로 수익자에 대한 비용상환청구권이 인정되며, 그 중 필요비 또는 유익비에 대해서는 우선변제권이 인정된다(신탁법 제46조, 제48조). 신탁행위에서 정하거나 신탁을 영업으로 하는 경우 수탁자는 수익자에게 직접 보수의 지급을 청구하거나 상당한 담보를 제공하도록 요구할 수 있다(동법 제47조). 수익자가 대내적인 관계에서 수탁자에 대하여 비용상환의무와 보수지급의무를 부담하는 것은 사실상 대외적 책임에 대해서도 구성원의 무한책임이 인정되는 것과 마찬가지이다. 왜냐하면 수익자의 수탁자에 대한 책임은 결국 대외적으로 무한책임을 부담하는 수탁자가 그 비용과 위험을 구성원에게 전가하는 신탁구조를 만들기 때문이다. 이러한 구성원의 대내적 책임문제를 근원적으로 해결하기 위하여 투자자(수익자)의 유한책임에 관하여 명문의 규정을 둘 것인지에 대한 검토가 필요할 것이다.58)

---

57) 유혜인, "사업신탁에 관한 소고 – 입법론과 활용방안을 중심으로 –", 서울대학교 대학원 법학석사논문, 2014, 100-101면.

58) 유혜인, "미국과 싱가포르의 사업신탁법제에 대한 개관 및 우리나라에의 시사점", 비교사법 제22권 제3호(한국비교사법학회, 2015), 1393면 각주 201.

손실전보 및 책임제한특약을 통하여 수탁자의 책임이 신탁재산으로 전가되어, 채무가 신탁재산에 의해 변제된다는 것은 수익권의 객체가 변동하는 것이며, 기업책임은 궁극적으로 사업재산의 출자자인 수익자의 부담으로 전환된다.[59] 그러나 신탁채무가 신탁재산의 총액을 초과하는 경우 수익자는 신탁재산 또는 외부 제3자와 어떠한 관계에 있는지가 문제된다. 만일 신탁에 대해 추가출자가 요구되거나, 또는 외부 제3자에 대한 인적 책임을 부담해야 한다면 사업신탁의 수익자는 물적 유한책임을 정하고 있는 다른 기업형태의 구성원에 비하여 불리한 입장에 놓이게 될 것이다.[60]

신탁법의 기본원칙에 따르면 수익자는 신탁에서 발생하는 수익을 받을 뿐이며, 신탁 운영상 수탁자가 부담하는 채무에 대한 인적 책임을 부담하지 않는다. 미국의 경우 수익자는 보통법상의 일체의 권리를 보유하지 않으며, 신탁재산은 수탁자의 재산으로 귀속한다. 수탁자는 수익자로부터 형평법상의 의무이행을 청구받으면서, 수익자의 대리인이 아니라 어디까지나 본인으로서 외부 제3자에 대해 책임을 부담한다.[61] 그렇지만 사업신탁의 수익자는 기업참가자라는 능동적 성격으로 인해 신탁구조에서 원래 부여되지 않는 지배권한을 유보하고 있는 경우가 적지 않다. 사업신

59) Harry G. Henn & John R. Alexander, 「Laws of Corporations and Other Business Enterprises」, 3rd ed., West, 1983, p.121; 四宮和夫, "信託法における信託違反受託者の賠償責任の性質", 「信託の研究」(有斐閣, 1965), 76-77면.

60) Robert C. Brown, "Contractual Limitation of Liability by the So-Called Massachusetts Trust, Under the Indiana Law", 3 Ind. L.J. 318, 320-321 (1928); 工藤聡一, 前揭書, 72면.

61) Amy M. Hess, George G. Bogert & George T. Bogert, 「Bogert's Trusts and Trustees」, 2017, § 712.

탁을 설정할 때 수탁자의 선해임권이나 신탁사무승인권 등 다른 기업형태의 경우 인정되는 경영에 관여하는 권한이 신탁증서에 삽입된다. 이 경우 수탁자는 수익자의 지시에 따르게 되며, 수익자와 수탁자와의 관계는 신탁이 아니라 민법상 대리로 평가될 수 있다. 투자자에 불과한 수익자에 대하여 출자금액 이상의 채무를 부담시킨다면 기업조직으로서 신탁의 가치는 현저하게 감소하게 된다. 이에 따라 수익자에게 유보된 지배권이 신탁의 운영 그 자체를 간섭하지 않는 한, 사업신탁의 실체를 신탁으로 해석하고 민법상 대리 법리에 근거한 수익자의 인적 무한책임을 배제하는 해석을 하게 되었다.

미국의 실무에서는 신탁증서에서 수탁자에 대한 손실보전의무를 부정하여 수익자의 책임을 내부적으로 제한하는 것이 일반적이다.[62] 그 이외에도 신탁증서의 면책조항이나 계약조항 가운데 책임제한 명시특약을 각각 삽입함으로써 수익자는 그 책임부담을 회피할 수 있다.[63]

Ⅲ. 사업신탁을 활용한 경영승계

1. 중소기업의 경영승계 수단으로서 사업신탁의 장점

중소기업의 경영승계를 하는 데 사업신탁을 활용하는 경우 다음과 같은 장점이 거론된다. 첫째, 사업신탁을 활용함으로써 신탁

62) F. Lloyd Symmonds, “Business Trusts”, 15 Marq. L. Rev. 211, 215-216 (1931).

63) Herbert B. Chermside, Jr., Annotation, Modern Status of the Massachusetts or Business Trusts, 88 A.L.R.3d 704 (1978), § 27; 工藤聡一, 前揭書, 74-75면.

관계자의 도산이나 사망으로부터 승계대상회사를 격리할 수 있다. 신탁은 위탁자 및 수탁자로부터 회사의 도산격리가 인정된 제도이므로 사업신탁을 이용함으로써 당사자의 신용위험의 영향을 제한하면서 사업승계를 할 수 있다.

예컨대, A회사(오너 경영인 甲)를 승계시키기 위하여 사업신탁을 이용하는 경우, 수탁자 B의 채권자는 B에 대한 채권을 가지고 A회사에게 부담시킬 수 없다. B가 도산한 경우 또는 A회사의 신탁재산의 운영이 막힘에 따라 자산이 열후화 될 가능성이 있는 경우에도, B가 분별관리를 하고 있는 한 A회사의 재산은 보전된다.[64)]

또한 위탁자가 사망한 경우에도 사업신탁을 이용함으로써 위탁자 및 수탁자로부터 도산격리를 할 수 있으며, 당초 의도대로 경영승계를 할 수 있다. 개인이 운영하는 사업을 대상으로 하여 사업신탁을 설정한 경우, 유언대용신탁(전형적으로는 위탁자가 그 재산을 신탁하고, 생존 중에는 위탁자 자신을 수익자로 하며, 위탁자 사망 후의 수익자를 위탁자의 배우자나 자식 등으로 정함으로써 위탁자의 사망 후에 있어서 재산의 분배를 신탁에 의해 실현하고자 한다)으로서의 의미도 갖게 될 수 있다.[65)]

둘째, 사업신탁을 활용함으로써 수탁자는 승계대상 사업의 위험으로부터 회피할 수 있다. 수탁자는 신탁재산에 관한 채무에

64) 사업신탁을 이용하지 않고 甲이 경영하는 A회사를 일단 수탁자 B의 고유재산에 귀속시킨 후, B로부터 乙에게 A회사의 경영권을 이전함으로써 사업승계를 하는 경우, A회사가 B에게 귀속하고 있는 동안, A회사에 귀속하는 재산이 B의 신용 리스크에 노출된다. 즉, B의 다른 사업에서 생긴 채무의 담보가 될 수 있다(今川嘉文, 「事業承繼法の理論と實務」, 信山社, 2009, 200면 각주 97).

65) 유언대용신탁 및 수익자연속신탁을 활용한 중소기업의 경영승계에 대해서는 김순석, 앞의 논문, 371면 이하 참조.

대하여 무한책임을 부담한다. 유한책임신탁을 이용함으로써 이러한 책임을 제한할 수 있다. 전술한 사업신탁 사례에서도 유한책임신탁을 이용함으로써 B는 A회사의 리스크를 자신의 고유재산으로부터 격리하여 A회사를 운영할 수 있다. A회사를 일단 B에 귀속시킨 후 乙에게 경영승계를 하는 경우, B는 X사업의 리스크를 자신의 고유재산에 의해 부담할 필요가 있다. 그 때문에 A회사에 손실이 발생한 경우 B의 고유재산은 훼손되게 된다. 여기서 A회사의 신용 리스크가 높은 경우 경영승계를 위하여 자신의 고유재산으로 A회사를 귀속시키는 것을 B는 주저하게 될 것이다. 그러나 사업신탁을 이용함으로써 대상으로 되는 사업의 리스크를 수탁자의 고유재산으로부터 격리하여 경영승계의 간격을 연결하기 위하여 일시적으로 사업운영을 수탁할 수 있을 것이다.[66)]

셋째, 사업신탁을 활용하면 신탁의 유연성을 활용하여 승계방법이나 수탁자 책임을 정할 수 있다. 경영승계의 방법으로서 A회사를 현 오너 경영인인 甲으로부터 새롭게 설립한 P회사로 이전한 후에, B에게 그 운영을 위임하고 A회사를 후일 P회사로부터 乙에게 이전시킬 수도 있다. 그렇지만 회사를 그러한 도구로 이용하는 경우, 기관설계, 의사결정절차, 잉여금의 배당, 잔여재산의 분배 등에 관하여 회사법상의 제약이 부과된다. 이에 비해 사업신탁을 이용하는 경우, 수익자의 의사결정 방법 및 절차를 신탁계약에 의해 유연하게 정할 수 있다. 또한 수익자가 향유하는 신탁수익의 분배 시기 및 방법도 회사법의 규칙에 따르는 주식회사의 배당과는 다르며, 원칙적으로 신탁계약에 의해 자유롭게 정

66) 今川嘉文, 前掲書, 201-202면.

할 수 있다.

다만 사업신탁은 유한책임신탁을 이용해야 하는 등 일정한 제약이 있다. 이처럼 사업신탁에는 계약자치에 근거한 유연한 지배구조가 설계될 수 있다. 또한 수탁자는 신탁법에 근거하여 수익자를 위한 선관주의의무·분별관리의무 등 수탁자로서의 의무를 준수하면서 대상사업을 관리할 필요가 있다. 사업신탁을 활용하면 회사를 도구로서 이용하는 방법보다도 수탁자가 책임을 갖고 A회사를 운영하게 될 것이다.[67]

2. 중소기업의 경영승계에서 사업신탁의 활용 유형

가. 제1유형

경영자 또는 그 상속인인 경영승계인(후계자)이 나이가 어리거나 경험이 부족한 경우에는 일정한 기간 동안 제3자에게 사업을 신탁하여 경영을 위탁할 필요가 있는 경우가 적지 않다. 이는 본래의 경영승계가 아니라 경영승계를 위한 중계적인 의미를 가진다.

경영자(오너)가 자식이 어려서 사업을 승계하기까지 장기간이 걸리는 경우에 혹은 경험이 없는 경우에, 일정한 기간 동안 신뢰성 있고 경영능력이 있는 다른 임원이나 사업의 경험자, 기타 제3자에게 사업의 전부를 신탁하고 자신은 그 수익권을 보유함으로써 생활비를 받도록 할 수 있다. 후계자가 성장하여 사업을 경영할 수 있게 된 때에 신탁을 종료시켜 자식에게 그 사업을 승계시키거나, 혹은 자식 등을 수익권자로 하는 신탁을 설정할 수 있을 것이다. 또한 필요에 따라 회사를 분할하여 하나의 사업만을 신

---

67) 今川嘉文, 前掲書, 202면.

탁하는 방법도 있다.

사업신탁의 신탁기간이 종료하면 위탁자에게 사업이 반환되거나 혹은 수익자와 지정된 자에게 사업이 인도된다. 그리고 경험과 능력을 갖춘 경영승계인(후계자)이 사업을 승계하게 된다. 신탁기간, 신탁보수는 지불해야 하지만, 위탁자 혹은 수익자로서 신탁에 의한 이익을 향유할 수 있다.

신탁의 종료 시에 후계자로서 적임자가 나타나지 않거나, 혹은 육성되지 않은 경우에는 신탁계약을 계속(갱신)할 수도 있다. 또한 자식 등 후계자로 예정된 자가 경영자로서 기대처럼 성장하지 않은 때는 신탁행위의 정함에 따라 위탁자인 사업주, 경영자(오너)가 수익권의 변경을 유보함으로써 수익권을 다른 사람에게 취득시켜, 신탁의 종료 시에 그 사람에게 사업을 승계시킬 수도 있다.[68]

위탁자인 회사의 경영자(오너)가 사망하더라도 신탁관계에 영향은 없지만, 경영자가 위탁자인 경우에 대해서는 위탁자의 지위는 수탁자와의 개인적인 신뢰관계에 근거한 일신전속적인 것은 아니며, 위탁자의 상속인은 위탁자가 가졌던 신탁법상의 권리의무를 상속에 의해 승계하지만, 신탁행위의 정함에 따라 상속에 의해 승계시키지 않는 것으로 정할 수도 있다.[69]

이처럼 사업신탁제도에 의해 사업을 신탁의 대상(목적)으로 하는 신탁을 이용하여 사업승계를 할 수 있다. 이를 통해 경영능력이 있는 제3자를 수탁자, 오너를 위탁자 겸 수익자로 하고, 사업의 전부 또는 일부의 사업(회사분할에 준하는)을 신탁기간 내에 신탁하여 경영을 위탁하지만, 신탁기간 경과 후에 사업이 회사 또

68) 田中和明, 前揭書, 365면.

69) 田中和明, 前揭書, 245면.

는 오너에 반환되는 구조이다.

신탁기간 동안 위탁자인 회사 또는 오너는 신탁수익권자를 후계자로 하거나(후계자로 되는 자를 수익자로 하는 타익신탁의 설정), 혹은 수익권을 후계자에게 양도할 수 있지만, 신탁수익권은 상속의 대상으로 되기 때문에 유언 등에 의해 상속관계를 명확하게 해야 한다.[70]

나. 제2유형

경영자(오너)가 운영하는 승계대상회사가 위탁자가 되어 사업 전부를 수탁자인 신설회사에 신탁하고, 후계자가 수탁자인 신설회사의 대표이사로 취임하여 사업을 운영하는 유형이다. 수익자는 승계대상회사의 주주가 된다. 이러한 방식을 취할 경우 신탁기간 중에는 다른 주주들의 의사에 영향을 받지 않고 후계자는 수탁자인 신설회사의 대표이사로서 그 사업활동에 전념할 수 있다.

또한 피상속인이 사망하더라도 그가 보유하는 주식 전부를 유언으로 후계자에게 유증하면 사업신탁 후에는 기존 회사의 사업과는 관계없으며, 상속인 간의 문제로서 후계자는 수증한 주식를 둘러싼 유류분 반환청구에 대해 가액변상(민법 제1115조 제1항)에 의한 해결을 하면 되므로,[71] 유류분을 둘러싼 법적 분쟁의 직접적인 영향을 받지 않고 후계자의 의사에 따라 신설회사의 명의로 기존 회사의 사업경영을 계속할 수 있다.

제2유형의 사업신탁을 추진하는 경우 수탁회사로 설립되는 신설회사는 사업실적과 신용이 전혀 없기 때문에 사업신탁을 활용

70) 新谷勝, 前揭書, 171-173면.

71) 김순석, 앞의 논문, 394-395면.

하기 위해서는 사전에 승계대상회사의 주거래 금융기관 등 주된 회사채권자와 협의하면서 진행할 필요가 있다. 이에 비해 후계자가 이미 승계대상회사의 대표이사에 취임하여 사업실적이 있는 경우에는 신설회사를 설립하여 후계자가 대표이사로 취임한 후 사업을 그곳으로 신탁하더라도 사업경영은 유연하게 이동될 것이다. 그러나 후계자가 사업경영에 대해 경험이 부족한 때는 후계자가 승계대상 중소기업의 대표이사로 일단 취임하여 현 경영자가 승계대상회사의 회장으로서 후견적 역할을 하고, 후계자로서 일정한 기간 동안 승계대상회사의 사업을 경영하여 실적을 쌓는 등 사업을 수탁하기 위한 사전준비가 필요하다.[72]

3. 사업신탁의 유효요건

도산격리기능을 가지는 사업신탁을 이용하고자 하는 경우 거기에는 스스로 한계가 있다. 사업신탁은 신탁제도상 요구되는 요건인 신탁재산의 수탁자로의 이전 및 신탁재산의 독립성의 실질을 명목뿐만 아니라 현실적으로 구비할 필요가 있다. 즉, 신탁의 실질을 갖추어야 한다.[73] 신탁의 실질은 신탁을 법제도로서 성립시키고 있는 기본적 구성이며, 이러한 요건이 실질적으로 충족되지 아니한 경우에는 신탁으로서의 유효성을 부정해야 한다.

신탁의 실질에 대해 '재산이 이전되는 것'과 '수탁자가 신탁목적에 따라 관리·처분의 권한을 가지는 의무를 부담한다'는 2가지의 요건이 충족된 법률관계로 보는 견해가 유력하다. 이 견해에

72) 安藤朝規, 前揭論文, 334면.

73) 新井誠(안성포 역), 앞의 책, 143면 이하.

따르면 재산의 이전은 '위탁자로부터의 이탈'로, '신탁목적에 따른 수탁자의 관리처분권 및 의무'는 '최소한으로 대응한 수탁자의 권리·의무'에 해당하는 것으로 본다.[74)]

신탁의 실질 유무에 대해서는 i) 당사자가 지향하고 있는 목적의 정당성, ii) 당사자 의사의 합리성, iii) 사업에 관한 이익 및 리스크의 현실적 이전 유무, iv) 수탁자로서 위탁자에 대한 충실의무의 부담 유무, v) 위탁자의 사업 반환권한 내지 환매의무의 유무, vi) 사업신탁 후에 있어서 위탁자에 의한 사업의 지배관계 유무 등의 관점을 종합적으로 고려하여 판단해야 할 것이다.[75)]

4. 경영승계를 목적으로 한 사업신탁의 수익자 및 의사결정 방법

사업신탁에서 수익권의 내용을 어떻게 정할 것인지 및 수익자를 누구로 정할 것인지는 위탁자인 승계대상회사가 신탁의 목적에 비추어 스스로 결정한다. 중소기업이 경영승계를 목적으로 사업신탁을 설정하는 경우 후계자에게 원활한 경영승계를 함으로써 기업가치를 유지·발전시키는 것이 신탁의 목적이 된다.

사업신탁은 유한책임신탁(신탁법 제114조 제1항), 수익증권발행신탁(동법 제78조 제1항), 혹은 자기신탁(동법 제3조 제1항 제3호) 등의 형태로 설정될 것이다. 특히 자기신탁과의 병용이 기대된다. 자기신탁과 병용한 사업신탁에서는 위탁자와 수탁자가 동일하게 된다. 그러나 승계대상회사가 사업신탁의 위탁자와 수탁자를 겸

74) 道垣内弘人, "信託の設定または信託の存在認定", 「信託取人と民法法理」(道垣内弘人·大村敦志·滝沢昌彦 編), 有斐閣, 2003, 8면.

75) 安藤朝規, 前掲論文, 336-337면.

하게 되면, 승계대상회사의 대주주에게 상속 문제가 발생할 경우에 사업이 혼란하게 될 위험이 있다. 그렇게 되면 경영승계의 목적을 달성할 수 없으므로 자기신탁을 병용할 수 없게 된다. 또한 경영승계를 목적으로 한 사업신탁에 대하여 자익형의 신탁 형태를 취하는 것은 위탁자 및 수익자의 지위를 겸하는 승계대상회사가 수탁자를 해임하는(동법 제16조 제1항) 등의 사업신탁 종료 리스크가 항상 수반됨에 따라 수탁자의 지위가 불안정하게 된다. 이는 신설한 사업의 승계회사가 안정적으로 사업을 계속하게 한다는 사업신탁의 목적에 비추어 바람직하지 않다. 따라서 후계자가 신설회사를 통하여 승계대상회사의 사업을 인계받아 그 사업을 계속하는 것이 중요하며, 이익배당청구권 등 승계대상회사 주주의 지위를 사업신탁에 의해 변경해야 할 이유가 없으므로 사업신탁의 수익자는 승계대상회사의 주주로 하게 된다.[76)]

수익자가 2인 이상인 신탁의 경우 수익자의 의사결정은 수익자 전원의 동의로 결정하는 것이 원칙이다(동법 제71조 제1항 본문). 그러나 이 조항은 임의규정이므로 2인 이상의 수익자의 의사결정 방법은 신탁행위로 자유롭게 정할 수 있다.[77)] 따라서 사업신탁을 설정할 때 수익자가 다수의 주주인 경우에는 수익자의 의사결정 방법에 대해 주식의 수에 따른 수익권의 다수결로 하는 등 미리 정해두는 것이 바람직하다(동법 제71조 제3항). 다수 수익자의 의사결정을 수익자집회에서 하기로 정하는 경우 그 구체적인 절차와 의결방법은 신탁행위로 정할 수 있으며, 정하지 않으면 신탁법 규정이 보충적으로 적용된다(동법 제71조 제2항, 제72조 내지 제74조).[78)]

---

76) 安藤朝規, 前揭論文, 337-339면.

77) 법무부, 앞의 책, 563면.

5. 수탁자의 의무와 이익충돌 위험의 방지대책

(1) 수탁자의 의무

수탁자인 신설회사는 수익자인 승계대상회사의 주주(이하 "수익자 주주"라 한다)를 위하여 ⅰ) 일반적 의무로서 신탁사무를 처리하는 데 있어서 선량한 관리자의 주의로 할 선관의무(신탁법 제32조), ⅱ) 충실의무(동법 제33조 내지 제34조)를 부담하며, 특별한 의무로서, ⅲ) 수탁자의 개인재산과 신탁재산을 분별하여 관리할 의무를 부담하며(동법 제37조), ⅳ) 장부 등 서류의 작성·보존 및 비치의무(동법 제39조)를 부담한다. 신설회사는 사업신탁을 설정하는 시점에는 승계대상회사의 신탁재산 이외에 고유재산을 가지지 않기 때문에, 신설회사의 고유재산이 형성될 때까지는 신탁법 제34조와 같은 이익충돌거래행위가 문제되지는 않을 것이다.

(2) 이익충돌 방지대책

가. 신탁법상 충실의무와 회사법상 충실의무의 조정

중소기업의 경영승계를 위하여 사업신탁을 설정하여 신설회사를 설립하고 신설회사가 수탁자가 되어 승계대상회사의 사업을 수탁한 후, 후계자가 신설회사의 지배주주나 대표이사로 취임하여 경영에 참여하게 된다. 이 때 신설회사가 수탁자로서 부담하는 수익자 주주에 대한 신탁법상 충실의무(신탁법 제33조 내지 제34조)와 후계자가 신설회사의 대표이사로서 부담하는 회사법상 이사로서 충실의무(상법 제382조의3) 간의 충돌이 문제된다. 승계대상회사와 후계자 사이에는 직접적인 이익충돌관계가 있지는 않

78) 최수정, 앞의 책, 144면.

지만, 후계자가 신설회사의 지배주주가 될 것이므로 후계자가 자신의 이익을 위하여 신설회사의 대표이사로서 수익자인 승계대상회사의 주주 이익에 반하는 행위를 할 우려가 있다. 따라서 신탁계약에서 사업신탁의 목적이 승계대상회사의 경영승계이며, 수탁자로서 충실의무의 이행 그 자체가 신설회사에 부과된 기본적 의무라는 것을 명시하여야 한다. 예상되는 이익충돌거래에 대해서 미리 후계자가 취해야 할 태도를 구체적으로 명확하게 해 두는 것도 중요하다.

그렇지만 이익충돌 상황에 대하여 사전에 모든 사태를 예상하고 대응할 수 없기 때문에 신탁행위에 의해 이 문제를 해결하는 데는 한계가 있다.[79] 신탁법상 수익자에 대하여 충실의무를 부담하는 자는 수탁자인 신설회사이다. 따라서 신설회사의 정관에 신탁의 인수를 그 사업목적으로 열거하여 둠으로써, 신설회사의 주주에 대하여 수탁업무를 처리하는 데 있어서 주주의 이익과 충돌할 수 있다는 점을 공시하고 미리 주주의 승인을 받아 두는 것이 바람직하다. 이렇게 하면 회사법상 충실의무와 신탁법상 충실의무가 반드시 동일한 평면에서 충돌하는 것은 아니며, 신탁법상 충실의무를 준수하는 것이 신설회사가 법령을 준수하여 경영하는 일환이라고 해석할 수도 있을 것이다.[80]

나. 신탁관리인의 선임 및 활용

경영승계를 위한 사업신탁의 경우 수익자가 승계대상회사의 주주가 되므로 수익자가 존재하지만, 수탁자에 대한 감독을 적절

79) 井上聡 編, 「新しい信託30講」, 弘文堂, 2007, 238-239면.

80) 神作裕之, “事業信託として自己信託の可能性”, 「事業信託の展望」, 公益財団法人トラスト60, 2011, 56면.

하게 하는 것을 기대할 수 없는 때에는 신탁관리인의 선임이 필요하게 될 것이다.[81] 개정 신탁법은 신탁관리인을 i) 현존하지 않는 수익자를 위한 신탁관리인(신탁법 제67조 제1항), ii) 수동적 수익자를 위한 신탁관리인(동법 제67조 제2항), iii) 다수의 수익자를 위한 신탁관리인(동법 제67조 제3항) 등 세 가지로 유형화하여 규정하고 있다.[82]

사업신탁의 경우 수익자가 승계대상회사의 주주로서 이미 존재하기 때문에 전술한 ii)의 유형의 신탁관리인의 선임이 필요할 것이며, 신탁관리인은 신탁행위의 정함이나 법원에 의해 선임된다. 즉, 위탁자는 신탁설정시에 수익자의 보호 또는 신탁목적의 달성을 위하여 신탁관리인을 지정할 수 있다(동법 제67조 제2항 단서). 또는 수익자가 행위무능력자이거나 그 밖의 사유로 수탁자에 대한 감독을 적절하게 할 수 없는 경우 법원은 이해관계인의 청구 또는 직권에 의하여 신탁관리인을 선임할 수 있다(동법 제67조 제2항).[83] 법원이 신탁관리인 선임의 재판을 하는 경우 이해관계인의 의견을 들을 수 있으며(비송사건절차법 제44조의9 제1항), 이에 따른 재판에 대하여는 불복신청을 할 수 없다(동법 제44조의9 제2항).

신탁관리인의 역할은 기본적으로 신탁의 감독이다.[84] 신탁관리

81) 이중기, 「신탁법」, 삼우사, 2007, 489면.

82) 안성포, "개정신탁법상 신탁관리인제도의 문제점과 정립방향", 「법학논총」 제34권 제1호(전남대학교 법학연구소, 2014)(이하 "앞의 논문Ⅱ"라 한다), 211면.

83) 신탁법은 수익자가 특정되지 않는 경우(동법 제67조 제1항)와 수익자가 현존하지만 감독할 수 없는 경우(동법 제67조 제2항)를 구분하지 않고 신탁관리인을 선임할 수 있도록 규정하고 있다. 반면 일본 신탁법은 전자의 경우 선임된 자를 신탁관리인, 후자의 경우 신탁감독인으로 구분하고 그 권한 범위도 다르게 정하고 있다(최수정, 앞의 책, 163면 각주 227).

인은 신탁에 관하여 수익자와 동일한 지위를 가지고(신탁법 제68조 제2항), 자기의 명의로 수익자의 권리에 관한 재판상 또는 재판외의 모든 행위를 할 권한을 갖고 있으므로(동법 제68조 제1항 본문), 서류의 열람 등 청구권(동법 제40조), 수탁자의 신탁위반행위에 대한 취소권 또는 유지청구권(동법 제75조, 제77조) 등 수익자의 수익권 중 공익권에 속하는 권리의 대부분을 행사할 수 있다.[85]

신탁법 제67조 제2항에 따라 수탁자의 감독능력이 부족한 수익자를 보호하기 위하여 선임된 신탁관리인의 경우 그 권한이 수익자의 권한과 경합하는 때에는 신탁관리인의 권한이 수익자에 우선한다.[86]

개정 신탁법은 신탁관리인의 의무에 대해서는 수탁자에 대한 통지의무만을 규정하고 있다(동법 제68조 제1항 단서). 신탁관리인은 타인인 수익자를 위하여 수익자의 권한을 행사하는 자이다. 타인의 사무처리라는 관점에서 수임인과 유사한 성격을 가지므로, 수임인에 관한 민법의 규정을 유추적용할 수 있을 것이다.[87]

신탁관리인의 보수에 대해서 신탁계약으로 정해 둘 필요가 있

84) 최수정, 앞의 책, 165면.

85) 법무부, 앞의 책, 540-541면; 안성포, 앞의 논문Ⅱ, 218면.

86) 법무부, 앞의 책, 545면; 이중기, 앞의 책, 496면.

87) 법무부, 앞의 책, 542면; 최수정, 앞의 책, 166면. 한편 2013년 5월 28일자 개정 비송사건절차법은 개정 전 비송사건절차법 제43조를 삭제하고, 제44조의23에서 "신탁법 제67조 제1항 또는 제2항에 의해 선임된 신탁관리인을 수익자로 본다."라는 규정을 신설하고 있으며, 또한 신탁행위에 따라 선임된 신탁관리인은 위탁자와의 관계가 신탁행위로 정하여진다는 것을 근거로, 신탁관리인의 위탁자에 대한 의무, 신탁관리인의 이해관계인에 대한 의무는 위임관계가 아닌 신탁관계의 기초가 되는 신인의무(fiduciary duty)로 설명하는 견해가 제기된다. 이 견해는 선임된 신탁관리인의 의무에 대하여 신탁법상 수탁자의 의무규정을 유추적용할 수 있다고 한다(안성포, 앞의 논문Ⅱ, 220면).

다. 구체적인 신탁관리인의 보수액은 법원의 정함에 따르게 될 것이다(동법 제67조 제4항). 신탁관리인의 보수를 정하는 재판을 하는 경우 법원은 수탁자(신탁재산관리인이 선임된 경우에는 신탁재산관리인)의 의견을 들어야 하고, 신탁관리인의 보수결정재판은 수탁자에게 고지하여야 하며, 그 재판에 대하여는 수탁자가 즉시항고를 할 수 있다(비송사건절차법 제44조의10). 신탁관리인이 그 권한의 행사나 사무처리를 위해 비용이 발생한 경우 신탁계약상 정함이 없는 경우 신탁법상 아무런 규정이 없는 실정이다. 신탁관리인은 수익자를 위한 제도이고 수익자는 신탁재산으로부터 이익을 향수하는 자이므로 신탁재산으로부터 그 비용이 충당되어야 한다. 신탁관리인의 비용상환청구권을 보장하기 위해서는 신탁재산의 소유자인 수탁자를 상대로 하는 것이 타당하다고 본다.[88]

다. 수익자집회 및 수탁자의 해임사유 특정

사업신탁의 성립 후 신설회사가 수익자 주주의 이익을 훼손할 우려가 있는 중요한 행위를 하는 때에는 수탁자인 신설회사는 수익자집회(신탁법 제71조 내지 제74조)를 소집하여 당해 중요사실을 공시하여 수익자 전체의 승인(수익자의 권리의 과반수의 찬성 등)을 얻도록 신탁계약에서 정해 두어야 한다(동법 제71조 제1항 단서 및 제3항). 또한 복수의 수익자의 의사결정은 전원 일치가 요구되지만(동법 제71조 제1항), 수익자 간의 이해대립이 명확한 사례에서는 수익자의 지주수에 따른 다수결로 한다는 것처럼 반드시 신탁계약에서 의사결정의 방법을 완화해 두어야 한다(동법 제71조 제3항 단서).

또한 신설회사가 수탁자의 의무를 명백하게 위반한 경우에는

88) 최수정, 앞의 책, 166면.

신탁관리인의 의견에 따라 위탁자인 승계대상회사 및 수익자 주주들의 총의(수익자 권리의 과반수의 찬성 등)를 통해 수탁자인 신설회사를 해임할 수 있도록 하고, 그 경우 사업신탁을 종료한다는 것을 신탁계약에서 정해 둘 필요가 있다(동법 제16조 제1항). 아울러 신탁행위에 있어서 신설회사가 승계대상회사에 대한 신탁법상 충실의무를 위반한 경우에는 수탁자인 신설회사를 해임할 수 있다고 하는 해임사유를 한정적으로 열거해야 한다. 신탁법 제16조 제1항처럼 언제라도 해임할 수 있는 것으로 하면 사업신탁의 수행이 불안정하게 되며 이해관계자의 이익을 해할 우려가 있기 때문이다.[89)]

6. 사업신탁의 설정과 과세문제

전술한 2.가.에서 검토한 제1유형의 경우 오너를 위탁자 겸 수익자, 제3자를 수탁자로 하는 자익신탁이 되며, 신탁기간이 종료한 후 사업이 위탁자에게 반환되거나 수익자로 지정된 자에게 인도된다. 위탁자가 후계자에게 사업을 승계시키거나, 수익자로 지정된 자에게 사업이 이전될 때 증여세가 부과된다.

전술한 2.나.에서 검토한 제2유형에서는 경영승계를 목적으로 하는 사업신탁은 위탁자를 승계대상회사, 수탁자를 신설회사, 수익자를 승계대상회사의 주주로 하는 타익신탁이 된다. 타익신탁의 설정에 의해 새롭게 수익자로 된 승계대상회사의 주주들은 어떠한 대가를 부담하지 않기 때문에, 사업신탁의 설정단계에서 그 권리를 위탁자로부터 증여에 의해 취득한 것으로 간주되며(상속

89) 安藤朝規, 前揭論文, 342-343면.

세법 제33조 제1항), 증여세가 부과된다. 그러나 증여세의 부담이 과도한 경우에는 수익자로 될 수 없기 때문에 사업신탁이 설정될 수 없으므로, 사업신탁에 의해 경영승계가 가능한 중소기업은 사실상 극히 한정되게 된다. 그렇게 되면 사업신탁은 경영승계 수단으로서 거의 활용될 수 없을 것이다.

일본은 이러한 문제점을 해결하기 위하여 사업승계세제를 적용하는 데 있어서 경영승계라는 정당한 목적으로 가지는 사업신탁에 대해서 신설회사가 일정한 요건을 충족하여 경제산업대신이 특례중소기업자로 인정하는 경우 그 수익자에 대해서 세법상 우대조치를 부여한다. 경영승계를 위한 사업신탁은 주주의 지위가 수익자의 지위로 신탁기능에 따라 전환되는 것에 불과하며, 실제로 어떠한 변화가 없기 때문에 당해 사업이 신설회사에서 승계되고 있는 한은 수익자는 신탁에 관한 권리를 새롭게 취득하고 있지 않다고 보며, 수익자의 증여세에 대해 납세를 유예하는 특례를 설정하고 있다. 그 결과 경영승계를 목적으로 하는 사업신탁을 설정하는 데 있어서 가장 큰 장해물이 제거되어 사업신탁의 설정이 용이해지고, 경영승계 이외의 목적을 가지는 타익형 사업신탁에 대해서는 수익자에 대해 증여세를 부과함으로써 사실상 제한되며, 사업신탁의 남용이 억제된다.[90]

한편 사업신탁은 그 다면적인 기능으로 인해 사업승계 등 정당한 목적이 아니라 소수주주의 배제 등 부당한 목적을 위하여 남용될 위험도 있다. 사업신탁을 설정하면 승계대상회사의 주주로서의 권리는 사업신탁의 수익권으로 전환된다. 이는 승계대상회

90) 安藤朝規, 前揭論文, 339-340면.

사의 소수주주 관점에서는 의결권이 박탈되는 것과 마찬가지이다. 이 점을 이용하여 소수주주를 배제하기 위하여 사업신덕 제도가 남용될 우려가 있다. 이에 대해 실질소득자 과세의 원칙에 근거하여 신탁제도를 남용한 당사자인 수익자에게 증여세를 부과하는 것은 많은 주식을 보유한 승계대상회사의 주주로서는 과도한 부담이기 때문에 사업신탁의 남용을 사실상 억제하는 기능이 있다고 할 수 있다.[91]

7. 승계대상회사 반대주주의 주식매수청구권

중소기업이 경영승계를 위하여 사업신탁을 설정하고 수탁회사에 사업을 양도하는 경우 영업에 관한 적극재산의 양도와 그에 따른 채무인수를 포함하게 되므로 회사법상 영업양도와 유사한 법적 효과가 발생한다. 이에 따라 승계대상회사의 주주가 사업신탁의 설정에 반대하는 때에는 영업양도 절차와 마찬가지로 주주총회에서 이에 반대하는 주주에게 주식매수청구권을 허용할 필요가 있다.[92]

즉, 영업양도 절차를 유추적용하여 승계대상회사가 사업신탁을 설정하기 위한 주주총회의 승인결의(상법 제374조 제1항, 제434조)를 하는 데 있어서, 사업신탁을 설정하는 데에 반대하는 주주가 있을 경우 그 반대주주는 자신이 보유하는 주식에 대해 승계대상회사에게 주식매수청구권을 행사할 수 있다(동법 제374조의2 유추적용).[93] 승계대상회사로서는 특정한 자를 후계자로 하는 데 반대

91) 安藤朝規, 前揭論文, 339면.

92) 안성포, 앞의 논문Ⅰ, 192면; 오영표, 앞의 논문, 163면.

93) 주식매수청구권에 관한 자세한 내용은 김순석, “주식매수청구권 제도의

하는 주주를 사업신탁이라는 법적 절차를 통하여 신설회사의 사업운영으로부터 배제할 수 있고, 그 후 신설회사 사업의 안정화와 사업신탁의 정당화에 도움이 되기 때문에 이 기회를 활용해야 할 것이다.

그렇지만 오너 경영인이 반대주주에게 지불할 주식매수청구대금을 준비할 수 없는 경우에는 사업신탁의 방법을 채택할 수 없다. 그러나 중소기업은 오너 경영인이 대부분의 지분을 소유하고 있는 경우가 일반적이므로 상속 전에 승계대상회사의 영업에 대하여 사업신탁을 설정할 시점에 반대주주의 주식매수청구대금을 마련해야 하는 회사는 별로 없을 것이다.[94]

8. 유언에 의한 주식의 유증과 유류분 반환청구

사업신탁에서 수익권은 승계대상회사의 주주가 가지기 때문에 현 경영자가 가지는 승계대상회사의 주식은 유언에 의해서 후계자에게 상속시켜야 한다. 이 유언의 방식은 법적 안정성의 관점에서 공정증서유언이 바람직하다. 이때 다른 공동상속인으로부터 유류분 반환청구가 되는 경우에는 그 처리가 문제된다. 신탁에 의해 재산승계가 이루어지는 때 유류분과의 관계에서 주요한 쟁점으로는 i) 유류분 산정의 기초로 되는 재산, ii) 유류분을 침해하는 행위, 유류분 반환의 대상, 유류분 반환청구의 상대방, iii) 유류분 반환의 효과, 및 iv) 유류분 반환의 순서 등이라고 할 수 있다.[95] 즉, 유류분 반환의 대상을 신탁재산 그 자체로 볼 것인지

재검토", 「기업법연구」 제32권 제1호(한국기업법학회, 2018), 162면 이하 참조.

94) 安藤朝規, 前揭論文, 343-344면.

아니면 수익자가 취득한 수익권으로 볼 것인지, 유류분 반환의 상대방을 수탁자로 볼 것인지 수익자로 볼 것인지 등이 문제된다.[96]

유류분권리자가 받은 상속재산이 피상속인의 유증 또는 증여로 인하여 자신의 유류분에 미치지 못한 경우 유류분권리자는 그 유증 또는 증여를 받은 자에 대하여 그 부족한 한도에서 반환을 청구할 수 있다(민법 제1115조). 즉, 반환청구의 상대방은 상속인, 수유자, 수증자 및 그 포괄승계인이다. 수유자에 대한 반환청구는 유언집행자가 선정되어 있으면 포괄적 유증이든 특정유증이든 간에 유언집행자를 상대방으로 하여야 한다.[97]

신탁을 통해 이익을 얻는 자는 수익자이므로 유류분 반환청구의 상대방은 원칙적으로 수익자가 될 것이다. 그러나 수탁자도 유류분 반환청구의 상대방으로부터 배제할 수 없다. 우선 신탁재산의 가액이 수익권의 가치총액에 달하지 않는다고 하면, 수탁자는 신탁재산에 고유한 이익을 갖지 않더라도 수탁자에게 귀속하는 신탁재산에 실질적으로 아무것도 귀속하지 않는다고 해석하기는 어려울 것이다. 한편 수익권의 설정은 수탁자가 신탁재산에 대해서 가지는 권한과 의무에 근거하여 수탁자에 의해서 이루어지는데, 일반적으로 위탁자가 수익자에게 수익권을 이전한다는 법률구성은 신탁에 적합하지 않다고 생각된다. 어떠한 법률구성에 의하더라도 수탁자를 유류분 반환청구권의 상대방으로부터 배제할 수 없을 것이다. 일정한 가액의 재산이 피상속인으로부터 수탁

95) 西希代子, “民法の空洞化?：財産承継方法としての信託と相続法”, 「信託法研究」 第36号(2011), 98면.

96) 최준규, “유류분과 신탁”, 「사법」 제34호(사법발전재단, 2015), 241면.

97) 윤진수, 「친족상속법강의」, 박영사, 2016, 540면.

자에게 이전하는 것은 부정할 수 없을 것이다.[98] 결국 유류분 반환청구의 상대방은 수탁자 및 수익자로 보는 것이 타당하다.[99]

신탁에서 수익자를 상대로 유류분 반환청구를 하는 경우 신탁재산의 소유권은 수탁자에게 이전되어 있으므로 수익자는 신탁재산의 원물을 반환할 수 없게 된다. 이 경우 신탁의 원본수익자가 아닌 한 원물의 반환을 청구할 수 없을 것이다. 이에 대해 신탁원본에 대한 급부청구권을 내용으로 하는 수익권도 원물에 갈음하는 것으로 볼 수 있고, 따라서 수익자는 수익권을 양도함으로써 원본반환의무를 이행할 수 있다고 해석하는 견해도 제기된다(대법원 2005.6.23. 선고 2004다51887 판결을 유추해석).[100]

수탁자를 상대로 유류분 반환청구를 하는 경우 신탁재산 중 유류분을 침해하는 부분에 상응하는 신탁재산에 대한 반환청구가 가능하다. 그렇지만 신탁재산 자체의 반환이 신탁목적의 달성을 어렵게 만들어 신탁의 종료를 초래하게 된다면, 위탁자의 의사실현이나 이미 설정된 신탁의 존속이라는 관점에서, 이는 원물의 반환이 불가능한 것으로 보아 가액반환에 의하도록 하는 것이 타당하다.[101]

9. 신탁의 종료 또는 청산

신탁의 종료라 함은 특정한 신탁 및 그 수탁자를 비롯한 신탁

98) 横山美夏, “信託から、所有について考える”, 「信託法硏究」 第36号(2011), 77면.

99) 김순석, 앞의 논문, 395면.

100) 최수정, 앞의 책, 518면.

101) 최수정, 「신탁을 통한 고령자의 보호와 지원」, 집문당, 2010, 177면.

당사자들의 신탁관계가 더 이상 계속되지 않는 것을 말한다. 신탁법은 종료사유를 세 가지로 구분하여 ⅰ) 법정 종료사유의 발생으로 인한 종료(신탁법 제98조), ⅱ) 합의에 의한 종료(동법 제99조), ⅲ) 법원의 명령에 의한 종료(동법 제100조) 등을 정하고, 그에 관한 법률관계를 규정하고 있다.[102)]

사업신탁의 경우 신탁기간이 종료되면 사업을 위탁자에게 반환하거나 수익자로 지정된 자에게 사업을 이전하게 된다. 이에 따라 경험과 능력을 구비한 후계자가 사업을 승계하게 된다. 신탁기간 동안 신탁보수는 지불하여야 하지만, 위탁자나 수익자로서 신탁에 의한 이익을 향유할 수 있다.[103)]

신탁종료의 시기는 신탁의 목적이 달성된 때(동법 제98조 제1호), 즉 통상적으로 현 경영자의 상속문제가 해결되어 원활한 경영승계가 완료된 때이다. 그렇지만 후계자의 노력에 의해서 신설회사의 실적이 호전됨에 따라 후계자에게 충분한 자금이 축적된 경우에는 그 자금으로 승계대상회사의 다른 주주의 주식을 매수하여 승계대상회사를 확실하게 지배할 수도 있다. 그렇다면 신탁의 종료시기는 특별히 구체적으로 정하지 않고, 위탁자인 승계대상회사와 수익자인 동사의 주주 사이의 합의에 따라 종료시키는 것으로 충분하다(동법 제99조 제1항).

이 단계에서는 후계자가 승계대상회사의 대표이사에 취임하도록 할 수 있고, 후계자에게 축재가 되면 승계대상회사의 다른 주주들로부터도 주식을 모두 매수할 수 있을 것이다. 사업신탁의 종료시기는 현실적으로는 후계자 자신이 판단하면 된다.[104)]

---

102) 법무부, 앞의 책, 736면; 최수정, 앞의 책, 466면.

103) 新谷勝, 前揭書, 172면.

반면 신탁이 종료할 때 적당한 후계자가 없거나 육성되지 않은 경우에는 신탁계약을 계속할 수도 있다. 후계자로 예정된 자식이 경영자로서 기대처럼 성장하지 않은 경우에는 신탁행위의 정함에 따라 위탁자인 오너 경영인이 수익권을 변경하는 권한을 유보하여 수익권을 다른 사람에게 취득시킴으로써 신탁이 종료할 때 그 사람이 사업을 승계하도록 할 수도 있을 것이다.[105)]

사업신탁을 유한책임신탁으로 설정한 경우에는 의무적으로 청산절차를 거쳐야 하지만(동법 제132조 제1항), 일반적인 신탁에서는 청산절차가 선택사항이다(동법 제104조). 유한책임신탁의 경우 신탁재산만이 신탁채무에 대한 책임재산이 되므로, 신탁이 종료한 때에 이해관계인을 보호하고 관련되는 법률관계를 명확하게 하기 위하여 청산절차를 거치도록 하고 있다.[106)]

일반 신탁의 경우 수탁자는 청산절차를 거쳐야 할 의무는 없지만, 신탁행위 또는 위탁자나 수익자의 합의에 따라 신탁종료 시에 청산절차를 따르도록 할 수 있다.[107)] 이 경우 유한책임신탁의 청산에 관한 규정(동법 제132조 제2항, 제133조 제1항부터 제6항까지 및 제134조부터 제137조까지)이 준용된다(동법 제104조).[108)]

따라서 사업신탁을 유한책임신탁으로 설정한 경우는 청산절차를 의무적으로 따라야 하고, 그 이외의 경우에는 신탁행위 또는 위탁자나 수탁자의 합의에 의해 청산절차를 따를 것인지를 선택

---

104) 安藤朝規, 前掲論文, 346면.

105) 田中和明, 前掲書, 365면.

106) 법무부, 앞의 책, 883면.

107) 최수정, 앞의 책, 486면.

108) 유한책임신탁의 청산절차에 대해서는 법무부, 앞의 책, 882-908면; 최수정, 앞의 책, 397-404면 참조.

할 수 있다. 사업신탁은 대부분 유한책임신탁으로 설정하게 될 것이므로 청산절차를 따르게 될 것이다.

Ⅳ. 결 어

회사제도의 발달에 따라 쇠퇴하였던 사업신탁 제도가 최근 미국에서 뮤추얼펀드, 자산유동화, 종업원퇴직연금에 있어서 중요한 매개수단으로 등장함에 따라 다시 재조명되고 있다. 우리나라의 경우에도 2011년 개정 신탁법에서 신탁재산에 영업이 포함되고 신탁선언, 유한책임신탁, 수익증권발행신탁, 신탁사채의 발행 등 제도의 개선이 이루어짐에 따라 사업신탁을 활용하기 위한 제도적 여건이 구비되었다고 평가된다.

제4장에서는 사업신탁을 중소기업의 경영승계에 활용하는 데 있어서 제기되는 법적 쟁점의 일부를 검토하였다. 사업신탁은 신탁계약을 통해 유연한 지배구조를 선택할 수 있고, 도산격리나 수탁자 및 수익자의 유한책임을 확보할 수 있다. 특히 자기신탁, 유한책임신탁, 수익증권발행신탁 등을 활용하면 다양한 수요에 대응할 수 있을 것이다.

중소기업이 경영승계를 위하여 신설회사를 설립하여 수탁자로 지정한 후, 승계대상회사의 영업을 신설회사로 이전하고 후계자가 신설회사의 대표자로 취임하여 경영수업을 해 나가는 방식을 활용할 수 있을 것이다. 이를 위해서는 사전에 승계대상회사의 채권자나 이해관계자와의 협의가 이루어져야 한다.

중소기업의 경영승계를 위하여 사업신탁을 활용하는 경우 우선 신탁계약의 내용이 신탁의 실질을 구비해야 할 것이다. 즉, 신탁재산이 수탁자에게 이전되어야 하고, 수탁자가 신탁목적에 따라 신탁재산을 관리·처분할 권한 및 의무를 부담하여야 한다. 또한 수익자가 다수인 경우 수익자의 의사결정방법에 대해서도 미리 정해 두는 것이 바람직하다.

신설회사가 사업신탁의 수탁자로서 부담하는 충실의무와 후계자가 신설회사의 대표이사로서 회사법상 부담하는 충실의무 간의 이익충돌이 발생할 우려가 있는데, 이에 대비한 방안을 강구하여야 한다. 신설회사의 정관에 신탁의 인수를 열거하여 이익충돌의 발생 가능성을 공시하고 주주의 사전승인을 받아두는 것이 바람직할 것이다. 또한 수익자가 수탁자를 적절하게 감독할 수 없는 경우에는 신탁관리인을 선임하여 활용하여야 한다. 수탁자의 해임사유에 대해서는 해임사유를 한정적으로 열거하여 사업신탁의 안정성을 확보해야 한다. 사업신탁의 설정에 반대하는 승계대상회사의 주주가 있을 경우 반대주주에 대하여 주식매수청구권을 보장하여야 할 것이다. 공동상속인이 있을 때 발생하는 유류분 반환청구에 대해서도 적절한 대응이 필요하다.

사업신탁을 중소기업의 경영승계에 활용하기 위해서는 그 이외에도 조세문제, 고용승계 문제, 회계제도의 정비, 사업신탁에 관한 특별법의 제정 등 다양한 논의가 더 필요할 것이다. 특히 민사신탁의 법률관계를 중심으로 한 신탁법에 근거하여 사업신탁을 설정할 경우 잠재적인 법적 불확실성을 피할 수 없으므로 이러한 문제점을 근본적으로 해결하기 위해서는 사업신탁에 관한 특별법의 제정을 검토할 필요가 있을 것이다.

제5장

회사분할을 활용한 경영승계

제5장

회사분할을 활용한 경영승계*

I. 서 설

중소기업 경영자가 고령화됨에 따라 중소기업의 경영승계에 대한 사회적 관심이 높아지고 있다. 2018년 기준으로 중소기업은 전체 사업체수 6,643,756개의 99.9%인 6,637,694개에 달하며, 전체 산업종사자 20,591,641명의의 83.1%인 17,103,938명을 고용하고 있다.[1)] 중소기업중앙회가 설립한지 10년 이상 된 500개 중소기업(매출액 1,500억 원 미만, 제조업 외 업종의 경우 1,000억 원 미만)을 대상으로 실시한 가업승계 실태조사에 따르면 응답 기업 중

---

* 이 장은 "기업구조조정 수단을 활용한 중소기업의 경영권 승계 방안에 관한 연구", 「기업법연구」 제34권 제1호(2020), 129~157면을 수정·보완한 것이다.

1) 중소벤처기업부 홈페이지, <통계자료-지표-중소기업위상>, <https:// www.mss.go.kr/site/smba/foffice/ex/statDB/MainSubStat.do> 참조(2021.2.1. 방문).

58%(전년비 9.8% 감소)만이 가업승계를 계획 중이고, 이 중 '자녀에 대한 승계'가 57.2%로 가장 높게 나타났다. 반면 승계여부를 결정하지 못한 기업도 40.4%로 나타났다. 응답 기업 대표자의 평균 연령은 61.8세이고, 경영후계자의 평균 연령은 38.4세이다. 경영승계를 희망하는 평균 연령은 대표권의 경우 73.2세, 소유권은 74.7세로 지속적으로 높아지고 있다. 가업을 성공적으로 승계하는데 필요한 준비기간으로는 '10년 이상'(54.0%)이 가장 높게 나타났으며, 승계과정에서 어려움을 호소하는 기업이 많은 것으로 조사되었다.[2)]

중소기업이 경영승계를 하는 데 직면하는 애로사항으로는 유류분 청구로 인한 재산의 분산, 승계자금의 부담, 상속세 및 증여세 부담 등이 거론되며, 이 중 특히 상속세 및 증여세가 가장 큰 어려움으로 작용하고 있다. 이러한 부담을 완화하기 위하여 「상속세 및 증여세법」상 가업상속공제제도(동법 제18조)[3)]와 가업승계 주식에 대한 증여세의 과세특례제도(동법 제30조의6) 등을 운영하여 왔으나, 중소기업의 경영승계 문제를 해결하는 데는 일정한 한계가 있는 것이 현실이다.[4)]

산업화의 역사가 우리나라보다 앞선 주요 선진국들은 중소기업의 경영승계를 원활하게 하는 것이 국민경제의 안정과 성장, 고용유지 및 중소기업의 경쟁력 제고를 위해 매우 중요하다는 것

2) 중소기업중앙회, 「중소기업 가업승계 실태조사 보고서」, 2018, 11-20면.

3) 현행 가업상속공제제도에 대한 소개는 이강·서의경, "기업의 가업상속에 대한 세법상 새로운 접근", 「기업법연구」 제31권 제3호, 한국기업법학회, 2017, 535-542면 참조.

4) 황남석, "중소기업승계에 관한 세법상 문제와 개선방안", 「기업법연구」 제29권 제4호, 한국기업법학회, 2015, 37-47면.

을 인식하고 이를 정책에 반영하고 있다. 즉, 상속 및 증여에 관한 세제를 개선하는 한편, 민법상 유류분 제도에 대한 특례를 규정하는 등 다각적으로 대응하고 있다. 또한 M&A를 추진하거나 회사분할, 합병, 자회사 설립 등 기업구조조정수단을 활용하기도 하며, 종업원지주제나 신탁을 이용하는 방안[5]도 제시된다. 그 이외에도 회사법상 종류주식이나 자기주식을 활용하거나,[6] 세법상 상속주식에 대한 평가제도를 보완하는 등 다양한 방안을 모색하고 있다.[7]

중소기업의 경영승계의 원활화를 위하여 활용할 수 있는 기업구조조정 방식으로는 회사분할, 합병, 주식이전, 주식교환 등이 있다. 기업구조조정 수단을 활용한 중소기업의 경영승계 방안은 중소기업의 경영자에게 복수의 추정 상속인이 있거나, 또는 적당한 후계자가 없어서 중소기업을 임원이나 종업원 또는 제3자에게 매각하여야 하는 경우에 활용할 수 있는 유용한 방식이다. 제5장에서는 기업구조조정의 방식 가운데 회사분할에 한정하여 이를 중소기업의 경영승계에 활용하는데 있어서 제기되는 법적 쟁점을 분석하고 그 해결방안을 제시하고자 한다.

---

5) 신탁을 활용하는 방안에 대해서는 김순석, "신탁을 활용한 중소기업의 경영권 승계 방안에 관한 연구 - 유언대용신탁 및 수익자연속신탁을 중심으로 -", 「법학논총」 제36권 제1호, 전남대학교 법학연구소, 2016, 371-406면; 김순석, "사업신탁을 활용한 중소기업의 경영권 승계 방안", 「법학논총」 제38권 제2호, 전남대학교 법학연구소, 2018, 101-138면 참조.

6) 종류주식을 활용하는 방안에 대해서는 김순석, "중소기업의 경영권 승계 원활화를 위한 회사법제의 개선방안 - 종류주식의 활용을 중심으로 -", 「비교사법」 제20권 제1호, 한국비교사법학회, 2013(이하 "전게논문 I"이라 한다), 239-272면 참조.

7) 김순석, 전게논문 I, 242면.

Ⅱ. 경영승계와 회사분할의 활용

상법상 활용할 수 있는 기업구조조정의 수단으로는 회사분할, 합병, 주식교환, 주식이전이 있으며 유사한 기능을 기대할 수 있는 제도로서 영업양도가 있다. 이러한 제도들은 중소기업의 경영승계를 원활하게 하기 위하여 모두 활용될 수 있는 것이지만, 그 중에서도 경영승계를 할 때 일반적으로 이용되는 것은 회사분할이다. 합병, 주식교환 등은 주로 M&A 거래를 할 때 이용되는데 비하여 회사분할은 친족 내 승계뿐만 아니라 기업 내 승계(Management Buyout : MBO)나 M&A 거래에 의해 기업을 제3자에 매각하는 경우에도 활용될 수 있다.

1. 회사분할의 의의 및 유형

회사분할이라 함은 회사 영업의 전부 또는 일부를 분리하여 그 영업에 관한 권리의무를 새롭게 설립하는 회사(신설회사) 또는 기존의 다른 회사(승계회사)에 승계시키는 것을 목적으로 하는 회사의 조직법적 행위이다(상법 제530조의2).[8)][9)] 회사분할은 회사가 법인격을 복수화 하기 위하여 하는 조직법상의 행위이며, 합병이 2개 이상 회사의 법인격을 하나로 합체하는 것에 비하여, 분할은 1개 회사의 법인격이 2개 이상의 법률상 독립한 회사로서 분리한다는 의미에서 합병의 반대현상이라고 설명된다.[10)]

---

8) 이철송, 「회사법강의(제28판)」, 박영사, 2020, 1122면; 정찬형, 「상법강의(상)(제22판)」, 박영사, 2019, 524-525면; 최준선, 「회사법(제15판)」, 삼영사, 2020, 782면.

9) 이하 조문 인용은 특별한 언급이 없으면 상법을 의미함.

회사분할 제도는 1966년 프랑스가 회사법에서 도입한 이후 유럽연합이 1988년 회사법 제6지침[11]에서 채택함에 따라 회원국들이 수용하게 되었으며, 일본도 이를 따르고 있다.[12] 미국은 직접적으로 도입하지는 않았지만 사실상의 분할을 통해 동일한 법적 효과를 얻고 있다.[13] 우리나라는 외환위기 이후 기업의 구조조정을 촉진하기 위하여 1998년 회사분할 제도를 도입하였다.

회사분할은 상대방이 되는 기존회사가 존재하는지 여부에 따라 분할합병과 단순분할로 구분된다.[14] 단순분할에 대해 상법은 "회사는 분할에 의해 1개 또는 수 개의 회사를 설립할 수 있다"(제530조의2 제1항)고 규정한다. 단순분할은 분할 후 분할되는 회

---

10) Reinier Kraakman, et al., The Anatomy of Corporate Law, 2nd ed., 2009, p.211; 丸山秀平·坂田純一 編, 「事業承継特例法と事業承継の法務·税務」, 三協法規出版, 2009, 110면.

11) Sixth Council Directive 82/891/EEC of 17 December 1982 based on Article 54(3)(g) of the Treaty, concerning the division of public limited liability companies, O.J. L378, December 31, 1982; 제6지침에 대한 자세한 소개는 김성호, "회사분할에 대한 EC 회사법 제6지침에 관한 연구 - 독일, 프랑스와의 비교를 중심으로 -", 「경영법률」 제10권 제1집, 한국경영법률학회, 2000, 183면 이하 참조.

12) 독일 사업재편법 제123조-제173조; 프랑스 상법 제236-1조 제2항·제3항, 236-2조~제236-7조·제236-16조~제236-24조; 일본 회사법 제2조 제29호·제30호, 제757조~766조, 제782조~제816조).

13) 미국 회사법상의 회사분할제도는 먼저 양도회사가 자산을 현물출자하여 양수회사의 주식을 취득하는 절차 및 그 취득한 주식을 배당, 주식상환, 청산에 의하여 양도회사 주주에게 교부하는 절차의 2단계로 이해할 수 있다. 첫 번째 단계 거래는 우리 회사법상의 물적분할에 대응하고, 첫 번째와 두 번째 거래를 총괄하면 우리 회사법상의 인적분할에 대응시킬 수 있다(황남석, "미국 회사법상의 회사분할제도에 관한 연구", 「증권법연구」 제12권 제3호, 한국증권법학회, 2011, 261면).

14) 노혁준, "회사분할의 법률 문제 개관", 「회사분할의 제문제」, 소화, 2013, 18면.

사(분할회사)가 존속하는지 여부에 따라 존속분할과 소멸분할로 세분된다.

분할합병의 경우 분할회사가 영업에 관하여 가지는 권리의무의 전부 또는 일부를 일반승계의 형태로 기존의 회사(분할승계회사 : 이하 "승계회사"라 한다)에 승계시키는 형태(흡수분할합병)와 새롭게 설립된 회사(분할합병신설회사 : 이하 "신설회사"라 한다)에 승계 또는 이전시키는 유형이 있다(신설분할합병). 단순분할과 분할합병을 병용할 수도 있다(제530조의2 제3항).

또한 회사분할은 분할대가를 교부받는 주체에 따라 물적분할과 인적분할로 구분된다. 물적분할이라 함은 회사분할의 대가로 되는 주식 등이 분할'회사'에 교부된 경우이며, 인적분할이란 분할회사의 '주주'에게 교부되는 경우이다. 물적분할을 하더라도 분할의 대가가 분할회사에 교부된 이후 분할회사가 이를 분할회사의 주주에게 잉여금으로서 배당(금전 이외의 경우는 현물배당)을 하면 인적분할과 마찬가지의 효과가 발생한다. 우리나라의 경우 회사분할은 인적단순분할이나 물적단순분할이 대부분이며, 인적분할합병은 아주 드물게 이루어지고 물적분할합병은 거의 활용되지 않는다.[15)]

회사분할은 그 실질적 효과로서 영업양도에 의한 사후설립 또는 현물출자와 유사한 상황을 만들 수 있다. 그러나 회사분할은 조직법상 행위로서 창설된 것으로 분할대상인 영업이 승계회사에 포괄적으로 이전되고 개별적인 권리의무의 이전절차가 불필요한 점, 검사역의 조사를 요하지 않는 점, 또한 이러한 장점과

---

15) 박태현, "분할의 유형에 따른 법적 쟁점", 「BFL」 제38호, 2009, 14-16면; 송옥렬, 「상법강의(제8판)」, 홍문사, 2018, 1266면.

대비되어 분할계약·계획 서류의 사전·사후적 공시, 채권자 보호 설차 등이 필요하나는 점에서 거래행위인 영업양도와는 다른 성질을 가지고 있다.[16)]

2. 회사분할의 절차

회사분할을 하기 위해서는 이사회결의로 분할계획서나 분할합병계약서를 작성하여 분할회사의 주주총회 특별결의에 의해 승인을 받아야 한다(제530조의3 제1항, 제2항). 단순분할을 하는 경우에는 분할계획서를 작성하여 기존 회사의 분할절차를 거치고 신설회사의 설립절차를 밟아야 한다. 분할합병을 하는 때에는 분할회사의 분할절차와 합병할 상대방 회사와의 합병절차를 거쳐야 한다. 분할회사와 합병 상대방 회사의 대표는 분할합병계약서를 작성하여 각 회사의 주주총회 특별결의에 의한 승인을 받아야 한다(제530조6 제1항, 제2항). 또한 분할합병과 간이분할합병의 경우에는 분할회사 및 분할합병 상대방회사의 채권자 보호절차를 거쳐야 한다. 상법은 분할합병을 할 때는 분할회사와 분할합병 상대방 회사의 주주에게 주식매수청구권을 인정하지만 단순분할 및 물적분할의 경우 분할회사의 주주에게 이를 인정하지 않는다(제530조의11 제2항, 제522조의3). 분할절차 종료 후 회사분할의 등기를 함으로써 분할의 효력이 발생한다(제530조의11 제1항, 제234조).

3. 회사분할을 활용한 경영승계의 장단점

경영상의 관점에서 회사분할의 장점으로는 조직의 활성화, 경

---

16) 丸山秀平·坂田純一 編, 前揭書, 112면.

영관리의 고도화, 유연한 영업의 전개, 리스크 관리 등이 거론된다. 특히 회사분할에 의해 영업별 채산성을 명확히 함과 동시에 분사한 회사의 경영자에게 대폭적으로 권한을 이양함으로써 경영의 효율성을 높이고 종업원에게 동기부여를 할 수 있다. 자본정책적인 측면에서는 회사분할을 하면 후계자별로 영업을 승계시키는 것이 용이하고, 상속세 부과기준이 되는 주가를 낮출 수 있다.[17)]

회사분할을 활용한 경영승계 방식의 장점으로는 i) 특정한 영업 및 그에 관한 자산·부채만을 분할대상으로 할 수 있다는 점이다. 이처럼 특정한 영업으로 분할대상을 한정할 수 있기 때문에 당사자의 의사에 따라 분할대상을 결정할 수 있다는 점 이외에, 우발채무 등의 위험을 차단할 수 있다. ii) 대외적 계약관계에 대해 양수회사는 원칙적으로 종전의 계약관계를 그대로 승계한다. 인허가나 종전의 거래관계에 대해서 원칙적으로 새롭게 개별적인 취득절차를 취하지 않고 승계시킬 수 있으므로(포괄승계), 절차적 부담과 비용이 경감된다. 또한 거래계약에서 회사분할에 관한 규정(계약해제조항 등)이 정해져 있는 경우도 있으므로 사전에 주의가 필요하다. iii) 반대주주가 존재하더라도 주주총회 특별결의를 통해 절차를 진행할 수 있다. 다만 반대주주에게는 주식매수청구권이 인정된다.

반면 회사분할에 의한 경영승계 방식의 단점으로는 i) 채권자이의절차 등 절차적 부담이 다른 조직재편 방법보다도 크다는 점이 거론된다. 회사분할의 경우 서면비치제도, 채권자이의절차가

---

17) 木俣貴光 編, 「持株會社·グループ組織再編·M&Aを活用した事業承繼スキーム - 後繼者·税務·株式評價から考える」, 中央經濟社, 2016, 190면.

규정되어 있으며 일정한 절차적 부담이 있다. ii) 다른 조직재편 방법보다 시간이 더 소요된다. 채권자보호절차를 취해야 하므로, 그를 위한 관보공고로부터 1개월 이상을 거쳐야 분할의 효력이 발생하며, 절차에는 일정한 시간이 걸린다.[18] iii) 분할된 회사 사이에 영업실적이 크게 차이가 있을 경우 승계하는 영업에 대한 불만으로 인해 후계자 간에 분쟁이 발생할 소지도 있다.[19]

4. 중소기업 경영승계에서 회사분할의 필요성

회사분할의 특징은 합병과는 달리 회사가 복수의 영업을 영위하고 있는 경우에 특정한 영업이나 재산부분만을 분리하여 승계시킬 수 있으므로, 복수인에게 경영을 승계시키는 경우에 이용될 수 있는 적절한 방법이다. 회사분할은 경영이 다각화한 기업이 경영효율의 향상, 채산성이 부족한 영업의 분리 등을 목적으로 하여 이루어지지만, M&A 거래라든가 중소기업의 경영승계의 수단으로서도 이용될 수 있다. 친족 내 승계의 경우에도 회사 경영권을 둘러싸고 친족 간에 다툼이 생기는 경우가 있다. 그래서 회사를 분할하여 별개의 회사에 귀속시켜 복수의 상속인에게 각각을 승계시킴으로써 이러한 문제를 해결할 수 있다.

복수의 추정상속인이 경영자(대부분은 부친) 아래에서 회사영업에 관계하고 있는 경우에 1인만을 후계자로 하는 것은 적절하지 않을 뿐만 아니라, 형제간의 불화를 생기게 하는 원인으로 될 수도 있다. 공동경영자로서 경영승계를 하고 공동경영이 성공하고

18) 高井章光, "M&Aを利用する場合の法的問題", 「銀行法務21」, No. 804, 2016, 11-16면.

19) 木俣貴光 編, 前揭書, 191면.

있는 사례도 있지만, 반면 대립이 생긴 경우 회사경영에 장애가 생길 수 있다.[20] 이에 따라 회사가 복수의 영업을 영위하고 있는 경우는 복수의 후계자를 지정하여 각각의 영업을 승계시키기 위하여 회사분할을 이용하는 방안을 검토할 필요가 있다.

회사의 영업이 복수이거나 그 일부에 대해 영업을 승계시키는 방법으로 회사분할 이외에 영업의 일부양도에 의한 승계방법이 있다. 그러나 회사분할은 회사조직의 개편이므로 영업의 일부양도에 비하여 부동산양도소득세, 등록면허세 등의 비용이 경감되거나, 또는 분할회사가 채무를 중첩적으로 인수함으로써 채권자에게 불이익을 초래하지 않는 경우는 이의에 대한 공고나 최고절차 등의 채권자보호절차가 불필요하며, 절차부담이 경감되므로 회사분할 방법이 선호된다.[21]

Ⅲ. 회사분할을 활용한 중소기업 경영승계의 법적 쟁점

1. 회사분할을 이용한 경영승계의 법적 구조

경영승계를 할 때 회사분할은 복수의 후계자 사이의 분쟁을 예

20) 상속인 간에 불화가 생기는 가장 전형적인 사례는 수익을 재투자하여 기업을 성장시키고자 하는 자식과 주주에 대한 현금흐름을 극대화하여 주주에 대한 배당을 높이기를 바라는 자식 간의 대립이다(Dustin G. Willey and Michael V. Bourland, Tax Free Division - Family Business Succession Planning, ALI-CLE Course Materials Nov. 3-4, 2016, I.A. Intra-Generational Conflicts).

21) 新谷勝, 「新しい事業承継と企業再生の法務 - 事業承継の圓滑化·事業再生ADR -」, (株)税務經理協會, 2010, 151면.

방하거나 원활하게 상속을 준비하기 위하여 영업을 매각하는 수단으로 이용되는 경우가 많다. 현 경영자가 사망하여 상속이 이루어지는 경우 복수의 상속인이 의결권을 공동으로 보유하게 되면 경영에 관한 사고방식이나 가치관의 차이로 인해 경영방침을 둘러싸고 대립이 발생할 위험이 있다. 심할 경우 회사가 분열하거나 회사 존립 자체가 위험에 직면하는 수도 있다. 이러한 문제를 미연에 방지하기 위하여 현 경영자가 생존할 때 회사분할을 이용하여 회사의 영업을 분리한 후 유언에 따라 각각의 후계자에게 분리한 회사를 개별적으로 상속시킬 수 있다. 이를 통해 공동경영으로 인한 위험을 방지할 수 있게 된다.[22)]

예컨대, 현 경영자의 자식 3명 가운데 2명이 회사의 임원으로서 경영에 관여하고 나머지 1인은 장기로 해외에 체류하여 경영에 관여하지 않는 경우를 상정한다. 이 때 부친이 회사의 임원으로서 경영에 관여하고 있는 2명의 자식에게 회사의 영업을 승계시키고자 하는 경우, 미리 회사를 2개로 나누어 영업을 분리하는 것이 하나의 방안이다. 경영에 관여하지 않는 자식에게는 회사의 주식 이외의 비영업용 재산을 승계시키거나, 경영권과는 관계없는 종류주식을 발행하여 준비할 수 있을 것이다.[23)]

구체적으로 현 경영자가 비상장회사인 A주식회사의 사장으로서 그 주식을 100% 보유하고 있다고 가정한다. A주식회사는 주요 영업으로서 a영업과 b영업을 영위하고 있고 경영에 관여하고

22) 鈴木祥克, "会社を分割して2人の後継者にそれぞれ承継させる", 「税経通信」 第69巻 第1号, 2014, 税務経理協会, 55면.

23) 髙田 剛, "事業承継における組織再編の活用", 「ビジネス法務」 2017.1., 61면.

있는 자식이 2명(甲과 乙) 있다고 가정한다. 현 경영자는 A주식회사를 2명의 자식에게 공동으로 상속시킬 수 있지만 장래의 경영분쟁을 방지하기 위하여 A주식회사로부터 b영업 부문을 분리하여 신설분할의 방법으로 B주식회사를 설립한다. 현 경영자가 사망하여 상속이 개시되는 경우 A주식회사의 주식을 甲에게, B주식회사의 주식은 乙에게 각각 상속시킨다는 취지의 유언장을 작성한다.[24] 각 회사의 주식을 생전증여할 수도 있다. 현 경영자가 생존할 때에는 甲과 乙을 각 회사의 임원으로 임명하여 경영자로 육성할 수 있다.[25]

이처럼 회사분할을 활용하여 경영승계를 하는 경우에는 영업을 2개 이상으로 나누어 각각 승계시키거나, 일부를 매각하고 나머지 부분을 남겨 놓고 싶은 경우는 회사분할을 이용한다. 인적분할을 활용하는 경우에는 분할회사의 주주가 분할의 대가로서 승계회사나 신설회사의 주식을 교부받게 된다. 반면 물적분할을 활용하면 분할회사 자신이 직접 분할대가로 승계회사 또는 신설회사의 주식을 교부받게 되며, 그 후 분할회사가 교부받은 주식을 현물배당 또는 '주식의 전환에 관한 종류주식'(회사전환주식) 등을 이용하여 분할회사의 주주에게 교부하게 되는데, 이때 분할회사 주식의 대부분을 가지고 있는 경영자는 다수의 주식을 교부받게 된다. 경영자는 교부받은 주식의 전부 또는 일부를 승계회사 또는 신설회사를 통해 경영을 승계하는 후계자에게 증여 또는 유언에 의해 승계시킨다.[26]

---

24) 鈴木祥克, 前揭論文, 56면.

25) 今川嘉文, 「事業承繼法の理論と實際」, 信山社, 2009, 165면.

26) 新谷勝, 전게書, 153면.

2. 회사분할을 활용한 경영승계의 구체적 방식

경영승계를 목적으로 하는 회사분할의 방식에는 i) 경영자가 회사분할을 하고 분할회사와 승계회사(또는 신설회사)로 나누어 복수의 후계자에게 각각 승계시킨 경우와, ii) 복수의 후계자가 영업을 승계한 후에 회사분할을 하는 경우가 있다.

분할회사(기존회사)를 경영승계한 후계자는 분할회사의 원활한 경영승계를 위하여 회사분할과 회사전환주식을 조합시킴으로써 분할회사의 주주 가운데 후계자를 제외한 주주의 전부나 일부를 배제할 수 있다. 즉, 분할회사가 회사전환주식을 발행한 다음 회사전환주식과 교환으로 후계자 및 '회사에 존속하고 싶은 주주'에게는 보통주식을 교부하고, 그 이외의 주주에게는 분할회사가 승계회사 또는 신설회사로부터 대가로 받은 승계회사 또는 신설회사의 주식을 교부하여 분할회사와의 주주관계를 소멸시키게 된다. 그 결과 분할회사에 존속하고 싶지 않은 주주들은 '분할회사의 주주'에서 '승계회사 또는 신설회사의 주주'로 법적 지위가 변경되며, 분할회사와의 관계가 단절된다. 이를 통해 분할회사는 신설회사와 주주관계를 갖지 않게 되며 회사분할에 의해 2개의 회사가 완전하게 독립된다.

물적분할을 하면 승계회사 또는 신설회사는 분할회사로부터 영업에 관하여 가지는 권리의무의 전부 또는 일부를 양수하지만, 분할합병의 경우 승계회사는 그 대가로서 분할회사에 대하여 승계회사의 신주 기타 재산을 교부한다. 단순분할을 하는 때는 분할회사는 분할대가로 신설회사의 주식교부를 받아 신설회사의 주주가 된다.

물적분할을 하면서 회사분할과 동시 또는 그 후에 분할회사는 교부받은 승계회사 또는 신설회사의 주식을 현물배당으로서(잉여금의 배당규제를 받는다) 분할회사의 주주에게 교부할 수 있다. 또한 분할회사는 교부받은 승계회사 또는 신설회사 주식의 전부 또는 일부를 회사분할의 효력발생일에 회사전환주식의 취득대가로서 분할회사의 주주에게 교부할 수 있다. 이처럼 분할회사는 대가로서 교부를 받은 승계회사 또는 신설회사의 주식을 현물배당 또는 회사전환주식의 취득대가로서 그 주주에게 교부할 수 있다. 이를 이용하여 경영승계를 하고, 승계회사 또는 신설회사는 분할회사와의 주주관계를 단절하고, 2개의 회사가 완전히 독립하게 할 수 있다.[27)]

분할회사를 경영승계하는 방법으로서 분할회사는 대가로서 교부를 받은 승계회사 또는 신설회사의 주식을 그 주주에게 교부하게 된다. 분할회사의 주식을 대부분 보유하는 자는 경영자이므로, 경영자가 승계회사 또는 신설회사의 주식의 대부분을 받게 된다. 경영자는 보유하는 승계회사 또는 신설회사 주식의 전부 또는 일부를 승계회사 또는 신설회사를 승계하는 후계자에게 증여하거나 또는 상속시키는 방법을 취한다. 이렇게 함으로써 회사를 분할하고 각각의 후계자에게 승계시킬 수 있다.[28)]

3. 분할사업부문의 선정

(1) 분할사업부문 선정 시 검토사항

회사분할을 하는 경우에 있어서 가장 중요한 문제는 어떠한 단

27) 新谷勝, 前揭書, 154면.

28) 新谷勝, 前揭書, 155면.

위로 회사를 분할할 것인가 라는 점이다. 분할단위로서는 제품, 시장, 영업기능, 거점·조직 등을 생각할 수 있다. 회사분할에 의해 각 영업의 실적이 명확하게 되고 자립적인 경영이 가능하게 되므로 기본적으로 향후 발전시키고자 하는 사업부문을 강화하도록 회사의 경영전략에 근거하여 분사화의 단위를 결정하게 된다.[29)]

예컨대, 자식 세대에게 경영승계를 하는데 적당한 영업부문이 2개 이상 존재하는 경우(예컨대, 상품판매영업과 부동산임대영업 등) 그러한 영업부문을 분할 후에도 영업이 잘 이루어지도록 효율적으로 분리하는 작업을 가장 먼저 해야 한다. 독립적인 영업부문별로 분할하기 어려운 회사의 경우에는 소매부문과 도매부문 같은 업무 기능별, 또는 영업이 전개되는 지역단위로 분리하는 것도 하나의 방법이다.

회사분할에 의해 분할회사가 가지고 있던 권리의무가 승계회사나 신설회사에 이전하여 계약주체가 변경됨에 따라 종래 거래처나 주거래 은행의 이해관계에 영향을 미칠 수 있다. 과거처럼 양호한 거래관계를 유지하는데 지장이 없는지에 대해 신중하게 검토해야 한다. 회사분할 후 계약내용을 수정할 필요성이 있는지에 대해서도 고려해야 할 것이다.

회사분할을 하게 되면 회사의 규모가 축소됨에 따라 분할 전의 영업규모를 전제로 한 영업활동을 할 수 없기 때문에 회사의 수익에 영향을 미칠 수 있다. 따라서 분할대상 영업을 선택하는데 있어서 수익상황의 변화를 시뮬레이션하여 미리 대비할 필요가 있다.

---

29) 木俣貴光 編, 前揭書, 189면.

그 이외에도 분할회사가 보유하고 있는 행정청의 인허가 사항이 승계회사나 신설회사에 자동적으로 승계되는지 또는 승계가 허용되더라도 별도의 신청절차를 거쳐야 하는지에 대해서도 대비해야 한다. 또한 회사분할에 의해 종업원의 업무내용이 변화하여 근로조건의 변경을 필요로 하는 등 노동법상의 고려사항에 대해서도 검토되어야 할 것이다.[30)]

(2) 분할대상물

가. 분할대상이 영업단위로 한정되는지 여부(일부 재산만의 분할 가능성 여부)

회사분할의 대상으로 되는 것은 '영업에 관하여 가지는 권리의무의 전부 또는 일부'이므로, 회사분할의 대상은 영업 그 자체는 아니다. 또한 여기서 '영업'의 의미는 영업양도의 경우의 '영업'과 마찬가지로 해석해야 할 것이다.

상법은 회사분할을 하는 때에 무엇을 분할하여야 하는지에 관하여 규정하지 않고 있다. 다만 분할계획서의 기재사항으로 소멸분할의 경우 '단순분할신설회사에 이전될 재산과 그 가액'(제530조의5 제1항 제7호), 존속분할의 경우 '분할로 인하여 이전할 재산과 그 가액'(동조 제2항 제3호)을 열거하고 있으며, 분할합병계약서의 기재사항으로 흡수분할합병의 경우 '분할회사가 분할승계회사에 이전할 재산과 그 가액'(제530조의6 제1항 제6호), 신설분할합병의 경우 '각 회사가 신설회사에 이전할 재산과 그 가액'(동조 제2항 제4호)을 규정하고 있다. 이러한 규정에 비추어 상법은 분할의 대

30) 鈴木祥克, 前揭論文, 61-63면.

상을 '재산'이라고 전제하는 것으로 보인다.[31]

여기서 분할의 대상으로서 '재산'의 의미가 영업을 의미하는 것인지 문제된다. 즉, 분할대상 재산을 영업단위로만 분할해야 하는지 아니면 개별 재산단위로도 분할할 수 있는지 여부이다. 제1설은 이전할 '재산'을 특정재산이 아니라 특정한 영업과 그 영업을 위해 조직화된 재산(상법 제41조가 규정하는 영업)을 의미하는 것으로 보고, 이를 분할대상으로 한다.[32] 그 근거는 i) 회사분할의 기능은 회사 영리기능을 분리하기 위한 수단이므로 단지 회사의 특정한 재산을 다른 회사에 출자하는 것은 회사분할이라고 할 수 없고,[33] ii) 분할을 통해 회사를 설립하거나 합병하는 것은 분할대상이 적어도 회사로서의 기초를 구성해야 한다는 의미이며,[34] iii) 법인세법상 적격분할요건도 '분리하여 사업이 가능한 독립된 사업부문을 분할 할 것'을 요구하고 있다는 것이다(법인세법 제46조 제1항 제2호 가목). 세법상 과세특례의 적용을 받기 위한 적격분할요건의 충족을 위해서는 법인세법시행령 제82조의2에 의하여 분할대상 사업에 관한 자산 및 부채가 포괄적으로 승계되어야 하므로 실무상으로는 대부분 영업단위로 재산이 분배된다.[35]

---

31) 이철송, 전게서, 1134면; 임재연, 「회사법Ⅱ(개정7판)」, 박영사, 2020(이하 "회사법Ⅱ"라 한다), 754면.

32) 강현구, "상장회사의 분할의 대상에 관한 연구 - 개별 자산만의 회사분할이 가능한지 여부를 중심으로", 「증권법연구」 제11권 제3호, 한국증권법학회, 2010, 359면; 이철송, 전게서, 1140-1141면.

33) 김성호, "주식회사의 분할에 관한 연구 - 비교법적 고찰을 중심으로 -", 고려대학교 법학박사학위논문, 1999, 93면; 이철송, 전게서, 1134면.

34) 강현구, 전게논문, 359면.

35) 적격분할과 회사분할세제에 대한 자세한 내용은 김동수·이상우·이준엽, "회사분할세제의 변화와 실무상 쟁점", 「BFL」 제76호, 2016, 71-90면; 김동수·이준엽, "법인세법상 합병 및 분할 세제의 최근 쟁점", 「BFL」 제

제2설은 회사분할이 반드시 영업단위별로 이루어질 필요는 없고 개별 재산의 분할도 허용해야 한다는 견해이다.[36] 그 이유는 i) 상법이 명시적으로 개별 재산만의 분할을 금지하고 있지 않으며, ii) 상법이 영업과 재산이라는 용어를 구분하여 사용하고 있고, iii) 개별 재산만의 분할을 허용하더라도 연대책임에 의해 채권자를 충분히 보호할 수 있다는 것이다.[37] iv) 수개의 회사가 다자간 분할합병을 하는 경우 각 분할회사의 분할대상이 반드시 영업이 아니고 개별재산이더라도 각 분할회사의 분할재산이 모이면 영업이 가능한 형태가 되므로 이 경우에는 분할의 대상을 반드시 영업단위로 할 필요성은 없다고 한다.[38] 현실적으로 영업과 개별 재산의 구별이 쉽지 않은 경우가 있으며, 제조업체가 특정한 공장을 분리하거나 지주회사로 전환하는 과정에서 주식만을 분리하는 경우와 같이 현실적으로 재산의 분할이 필요한 경우가 있다.[39]

중소기업의 경영승계를 위하여 회사분할을 활용하는 경우 적격분할을 통하여 세제상의 혜택을 누리는 것이 매우 중요할 것이다. 따라서 적격분할요건을 충족하여야 하므로 영업의 전부나 일부가 아니라 개별 재산만을 분할하는 경우는 거의 없을 것으로 보인다. 그러나 세금을 부담하면서도 다른 필요성에 의해 개별 재산만을 분할하려고 하는 경우 현행 상법상 이를 부정할 근거는

73호, 2015, 59-70면 참조.

36) 권기범, 「기업구조조정법(제5판)」, 삼영사, 2019(이하 "기업구조조정법"이라 한다), 388면.

37) 윤성조·김효민, "회사분할과 분할계획서의 기재사항", 「회사분할의 제문제」, 소화, 2013, 101면.

38) 임재연, 회사법Ⅱ, 755면.

39) 김건식·노혁준·천경훈, 「회사법(제4판)」, 박영사, 2020, 803면.

없으므로 허용하는 것이 타당하다고 본다. 일본의 경우에도 구상법에서는 분할대상을 '유기적 일체로 된 영업'이었으나 회사법에서는 '영업에 관한 권리의무의 전부 또는 일부'로 개정하여 영업성의 요건이 필요하지 않게 되었다. 이에 따라 영업용 재산의 일부만의 분할(예컨대, 특정한 부동산이나 주식 등)도 인정되며, 분할대상물을 선택하는데 있어서 기업의 재량이 크게 허용되고 있다.[40)]

대법원은 양도·양수물건의 재산 및 부채 일체는 제외하고 전기공사업등록(면허)권, 공사실적, 공제조합출자분 등 제반 자격요건만을 분할합병 방식으로 이전받기로 한 계약의 유효성을 인정하였다(대법원 2009.4.23. 선고 2008다96291, 96307 판결).

경영승계의 대책으로는 주가에 미치는 영향도 고려하여 분할대상으로 되는 자산 및 부채를 설정하는 것도 중요하다. 예컨대, 부동산, 관계회사 주식, 차입금을 분할대상 재산으로 할 것인지 여부에 대한 논의가 필요할 것이다.

한편 분할합병의 경우 승계대상 자산·부채의 차액, 즉 순자산 상당액이 분할회사의 순자산의 감소로 되는 한편, 승계회사의 순자산의 증가로 된다. 그러므로 계열회사화하여 후계자가 각각 회사의 주식을 보유하고자 하는 자본관계로 구축하는 경우, 분할 전후에 의해 대상회사의 순자산이 크게 변동될 가능성이 있으며, 그 결과 주가도 크게 변동할 수 있다는 점에 유의해야 한다.[41)]

나. 분할대상으로서 자기주식

자기주식만을 대상으로 하는 회사분할은 인정되지 않는다. 그

40) 木俣貴光 編, 前揭書, 195면.

41) 木俣貴光 編, 前揭書, 195면.

렇다면 다른 영업과 함께 자기주식을 분할대상으로 할 수 있는지 문제된다. 자기주식에 대하여 자산성을 인정하는 경우 가능할 것이다. 실무상으로도 자기주식을 분할대상에 포함하는 경우가 있다.[42)]

학설도 자기주식을 분할대상으로 포함하는데 찬성하는 견해가 있다.[43)] 반면 부정하는 견해는 회사분할의 경우 이론적으로 자산 및 부채를 이전 대상으로 하므로 자기주식은 분할 대상이 될 수 없다고 한다.[44)] 또한 분할신설회사로 이전된 분할회사의 자기주식을 분할신설회사에 존속시키는 경우 분할신설회사를 지배하는 대주주에게 추가출자 없이 분할회사에 대한 실질적 지분을 높이는 지배구조의 왜곡이 초래될 수 있으므로 자기주식은 분할대상에 포함시킬 수 없다고 보는 것이 타당하다.[45)]

물적분할[46)]만을 인정하는 일본 회사법[47)]의 경우 흡수분할을

42) 채희만, "회사분할시 자사주 의결권 부활 정당한가", 「김기준·서영교 의원 입법세미나 자료집」, 2015.5.13., 38면.

43) 권기범, 기업구조조정법, 415면.

44) 황남석, "회사분할과 자기주식", 「조세법연구」 제21집 제1호, 한국세법학회, 2015, 122-123면.

45) 박선희, 전게논문, 64면.

46) 물적분할이라 함은 승계회사가 분할대상 자산의 취득대가를 분할회사에 교부하는 형태를 말한다. 분할회사가 승계회사 또는 신설회사로부터 신주 또는 자기주식을 교부받아(물적분할), 분할효력의 발생과 동시에 교부된 주식을 분할회사의 주주에게 배당함으로써(현물배당, 일본회사법 제758조 제8호 제1목, 제763조 제12호 제1목), 승계회사 또는 신설회사의 주식이 분할회사의 주주에게 교부되며 결국 회사법 제정 전의 인적분할과 동일한 결과를 가져오게 된다. 이 경우 잉여금 배당에 관한 재원규제는 적용되지 않는다(동법 제792조). 분할회사가 교부받은 승계회사·설립회사의 주식(지분)의 전부 또는 일부를 회사분할의 효력발생일에 ① 전부취득조항부 종류주식의 취득대가로서 또는 ② 잉여금배당(현물배당)으로서 분할회사의 주주에게 교부할 수 있다. 회사법 제정 이전에 인적분할로 불리던 형태이며, 신설분할에서 분할회사가 당초부터 신설회사와 주주관계를 갖지 않도록 하기 위해서 취할 수 있는 유일한 조치이다. 주식회사는 현물배

할 때(우리나라 분할합병에 해당) 분할회사가 보유하는 분할회사의 자기주식을 승계회사에 승계시키는 것은 마치 자기주식을 특정한 상대방에게 처분하는 것과 유사하여 일반적으로 인정되지 않는 것처럼 보이지만, 흡수분할계약에서 명시되어 있으면 허용된다(일본회사법 제758조 제3호, 제760조 제3호, 회사계산규칙 제40조). 이를 인정하는 근거는 분할회사에서 주주총회 특별결의에 의한 승인을 받았기 때문이다.[48] 승계회사의 이사는 흡수분할계약의 승인결의를 얻는 주주총회에서 그 주식에 관한 사항을 설명해야 한

당을 하는 경우 주주총회 특별결의에 따라야 한다(동법 제309조 제2항 제10호)(江頭憲治郎·門口正人 編, 「會社法大系4 －組織再編·會社訴訟·會社非訟·解散·淸算, 靑林書院」, 2008, 77면[羽田野宣彦 執筆部分]).

47) 2000년 일본 개정상법에서 회사분할 제도를 도입할 때는 물적분할과 인적분할을 인정하였으며(2005년 개정 전 일본 상법 제374조 제2항 제3호 및 제374조의17 제2항 제2호), 인적분할은 분할회사의 '주주'가 분할회사에 대해 가지는 지주비율에 따라 승계회사·신설회사의 주식을 취득하는 경우를 지칭했다. 그러나 2005년 일본 회사법이 제정되면서 인적분할을 폐지하고 물적분할만을 인정하고 있다. 회사법이 인적분할을 폐지하고 전부취득조항부 종류주식의 취득 또는 잉여금의 배당으로 한 이유는 금전인 분할대가가 분할회사의 주주에게 분배된 경우를 생각하면 그것을 분할회사가 자산을 매각하여 잉여금 배당을 하는 것과 구별할 이유가 없기 때문이다(会社法制の現代化に関する要綱試案補足説明 第四部 第七 5). 회사법 아래에서 분할대가가 ① 승계회사·설립회사의 주식이든, ② 금전 등 그 이외의 것이든, 회사분할 절차에 따라 분할회사의 주주에게 분배할 수 있지만, ①에 한하여 흡수분할계약·신설분할계획에서 정할 것이 요구되며(일본회사법 제758조 제8호, 제760조 제7호, 제763조 제1항 제12호, 제765조 제1항 제8호) 또한 분할회사 채권자의 이의절차를 요하는 반면(동법 제789조 제1항 제2호, 제810조 제1항 제2호), 배당가능금액에 의한 제한을 받지 않고, 또한 이익준비금의 계상을 요구하지 않는다(동법 제792조, 제812조). 이는 ①에 대해서는 회사법 제정 전에 인적분할에 대해 부과되던 규제를 그대로 유지하기 위한 조치이다(相澤哲·細川充, "組織再編行爲(上)", 「商事法務」 第1752号, 2005, 10면; 江頭憲治郎, 「株式會社法(第7版)」, 有斐閣, 2017, 900면).

48) 江頭憲治郎, 前揭書, 907면.

다(동법 제795조 제3항).[49]

반면 신설분할(우리나라의 단순분할에 해당)을 할 때에는 신설분할계획에서 정하는 승계대상 자산, 부채, 고용계약 기타 권리의무에 관한 사항 중에 신설분할회사의 주식에 관한 내용은 제외되어 있으며(동법 제763조 제5호 괄호), 제758조 제3항과 같은 규정이 없다. 따라서 신설분할의 경우 분할회사의 자기주식을 신설회사에 승계시킬 수 없다고 본다.[50] 신설분할을 할 때 분할회사가 보유하는 자기주식을 신설회사에 승계시키는 것은 통상 자회사에 의한 모회사의 주식취득으로 되기 때문에 인정되지 않는다(동법 제763조 제1항 제5호, 제765조 제1항 제5호).[51]

한편 입법론적으로 자기주식을 분할대상으로 하는 것을 부정하는 견해가 제기된다. 즉, 분할회사의 자기주식은 회사의 영업과는 무관한 부분이므로 이를 분할대상에 포함시킬 필요는 없다는 것이다. 자기주식은 이전하면 의결권이 부활하므로 회사분할이 신주의 제3자 배정에 관한 상법상 규제를 회피하는 장치로 활용되는 결과를 초래한다고 지적한다.[52]

---

49) 江頭憲治郎·中村直人, 「論點体系 会社法 5 - 社債, 組織再編 I」, 第一法規, 2012, 317면.

50) 江頭憲治郎·中村直人, 前揭書, 349面; 參本 滋 編, 「會社法コンメンタール17 - 組織變更, 合併, 會社分割, 株式交換等(2)」, 商事法務, 2010, 378면[神作裕之 執筆部分].

51) 江頭憲治郎, 前揭書, 907면.

52) 노혁준, "기업구조조정과 자기주식의 쟁점 및 입법적 개선방안", 「법학연구」 제28권 제1호, 연세대학교 법학연구원, 2018, 125면; 노혁준·김병태, "회사의 분할", 「주식회사법대계 Ⅲ(한국상사법학회 편)」, 2019, 541면.

4. 주식 종류의 설계

(1) 회사분할 후 종류주식의 활용

비상장 중소기업의 경우 실제는 회사의 주주로서 현 경영자뿐만 아니라 이미 자식들이 참여하고 있는 경우도 있다. 이때 회사분할 후의 분할회사와 승계회사 또는 신설회사의 주주 구성은 분할 전과 변함이 없기 때문에 경영승계인과 비승계인이 서로 주식을 보유하는 복잡한 관계로 된다.

이러한 관계를 해결하는 수단으로 의결권의 배제에 관한 종류주식을 활용할 수 있다(상법 제344조의3 제1항). 의결권의 배제에 관한 종류주식은 모든 의안에 대하여 의결권이 없는 주식을 말하며, 의결권의 배제에 관한 종류주식의 발행한도는 발행주식총수의 4분의 1을 초과하지 못한다(동조 제2항). 경영승계를 하지 않은 자식이 보유하는 주식을 의결권의 배제에 관한 종류주식으로 변경함으로써 경영승계를 하는 자식에게 주식을 집중시킬 수 있다.

우리나라의 경우 일본 회사법처럼 발행회사가 일정한 사유가 생기는 경우 주주로부터 주식을 강제적으로 취득할 수 있는 취득조항부 종류주식[53]은 도입되지 않았다.[54] 현행 종류주식을 활용

53) 일본은 2005년 회사법 제정 이전의 제도인 '강제상환형 수의상환주식'(회사가 주주의 의사에 관계없이 주식을 이익으로 소각할 수 있는 주식; 2005년 개정 전 일본 상법 제222조 제1항 제4호)과 '강제전환조항부주식'(동 상법 제222조의8부터 제222조의10까지)을 2005년 회사법에서는 취득조항부주식이라는 하나의 제도로 통합하였다(江頭憲治郎, 前揭書, 154면).

54) Ⅲ.1.에서 언급한 사례에서는 甲이 보유하는 B주식회사 주식의 취득조항을 "甲에게 상속이 발생하는 경우", 乙이 보유하는 A주식회사 주식의 취득조항은 "乙에게 상속이 발생하는 경우"로 각각 정함으로써 회사가 강제적으로 매수할 수 있도록 하여 상속 주식의 분산을 방지할 수 있다.

하여 유사한 효과를 얻을 수 있는 제도로는 주식의 전환에 관한 종류주식 중 회사전환주식을 활용할 수 있다. 즉, 후계자(갑 또는 을)에게 상속이 개시되는 것을 조건으로 이들이 보유한 주식을 의결권의 배제에 관한 주식 또는 상환주식으로 전환할 수 있을 것이다.

기존 주식을 이처럼 종류주식으로 변경함에 있어서는 주주 전원의 동의가 필요하기 때문에 현 경영자가 건강할 때 대책을 강구해 두는 것이 바람직하다.[55)]

(2) 회사전환주식의 활용

가. 회사전환주식의 발행

회사전환주식이라 함은 주식의 전환에 관한 종류주식의 일종으로서 회사가 종류주식을 발행하는 때 정관에서 정한 일정한 사유가 발생하면 회사가 주주의 인수 주식을 다른 종류주식으로 전환할 수 있는 주식(제346조 제2항)을 말한다.[56)] 회사전환주식은 일정한 사유가 생기는 것을 조건으로 하여 발행회사가 주주의 인수 주식을 다른 종류주식으로 전환할 수 있는 종류주식이다. 발행회사가 전환할 권리를 가지는 콜옵션이 붙은 주식이라고 할 수 있다.[57)]

발행회사가 회사전환주식을 발행하려면 우선 주주총회 특별결의를 통하여 정관을 변경하여야 한다. 이 경우 회사는 정관에서 전환사유, 전환조건, 전환기간, 전환으로 인하여 발행할 주식의

---

55) 鈴木祥克, 前揭論文, 63-64면.

56) 이에 대해 주주전환주식이란 정관에서 정하는 바에 따라 주주가 인수한 주식을 다른 종류주식으로 전환을 청구할 수 있는 주식을 말하며 전환청구권부주식이라고도 한다.

57) 김순석, 「주식 및 자본금 제도」, 전남대학교출판부, 2015, 130면.

수와 내용을 정하여야 한다(제346조 제2항). 정관에서 전환주식의 발행근거가 정해지면 전환주식의 발행은 상법 제416조의 통상의 신주발행이므로 이사회의 결의만으로 발행할 수 있다. 정관에서 정한 전술한 내용은 등기를 요한다(제317조 제2항 제7호, 제347조). 이는 제3자가 회사전환주식의 내용을 알 수 있도록 하기 위한 것이다. 회사전환주식의 발행에 의해 다른 종류주주에게 손해를 미칠 우려가 있는 경우 그 종류주주총회의 특별결의를 요한다(제435조 제1항).[58)]

기존의 보통주식 및 종류주식의 일부에 대해서만 전환조항을 붙이는 것은 허용되지 않는다. 기존의 '모든' 주식에 전환조항을 붙이기 위해서는 주주총회 특별결의에 추가하여 주주 전원의 동의를 요한다. 또한 기존의 종류주식에 전환조항을 붙이기 위해서는 정관변경을 위한 주주총회의 특별결의 이외에 기존 종류주주 전원의 동의를 요한다. 이것은 발행회사가 일정한 조건을 만족하면 회사전환주식을 강제적으로 매입할 수 있기 때문이다.[59)][60)]

나. 회사전환주식의 전환조건

회사전환주식의 경우 회사의 전환권은 정관에서 정한 '일정한 사유가 발생할 때' 행사할 수 있으므로 전환주식의 발행과 전환조건 등을 정관에서 정해야 한다.[61)] 회사전환주식을 발행하는 경우 전환사유에 관하여 상법은 아무런 규정을 두고 있지 않은데, 전환사유를 어느 정도로 구체적으로 정관에 규정해야 하는지 문

58) 김순석, 전게논문 I , 258면.
59) 今川嘉文, 「事業承繼法の理論と實際」, 信山社, 89-90면.
60) 김순석, 전게논문 I , 258면.
61) 임재연, 「회사법 I (개정7판)」, 박영사, 2020, 412면.

제된다. 상법 제346조 제2항에 따르면 정관에서 정한 '일정한 사유'가 발생하는 경우 회사가 주주의 인수 주식을 다른 주식으로 전환할 수 있다. 이 때 회사는 전환조건, 전환기간, 전환으로 인하여 발행할 주식의 수와 내용을 정하여야 한다.

전환사유로서 '일정한 사유'에 확정성(자의적이지 않을 것), 객관성 및 명확성이 인정되면 적법하다고 할 수 있다. 그러나 구체적으로 어떠한 경우에 이러한 기준이 충족되는 지를 결정하는 것은 쉽지 않으며, 이를 엄격히 하면 상품설계의 폭이 현저하게 좁아지게 된다. 이렇게 제한적으로 운영할 경우 실무상의 합리적인 수요가 충족되지 않기 때문에 발생하는 기회비용이 높아진다는 점도 고려하여야 한다. 이처럼 법이 강제적으로 종류주식 상품설계의 폭을 한정하는 것은 폐해가 있으므로 바람직하지 않다. 불확정성의 평가라는 점에서는 전환가액, 전환비율 등 전환조건을 발행회사가 발행 후에 임의로 정하는 것만 금지되면, 시장에 의한 합리적인 가격형성이나 (상장하지 않은 전환주식에 있어서도) 투자자의 자기책임에 맡기는 것은 타당하다.[62]

실제로는 전환사유가 문제되는 경우는 해제조건의 성취에 의해 보통주식으로 전환하는 경우이다. 종류주식의 발행자는 해제조건을 탄력적으로 부과함으로써 보다 유연하고 기동성이 풍부한 종류주식의 종결방법을 선호하게 된다. 다음의 해제조건은 일반적으로 그 유효성이 인정되고 있다. 즉, ① 보통주식에 대한 배당액이 일정기간 계속하여 일정한 수준에 달하는 경우, ② 보통주

62) 大杉謙一, "優先株の實務的問題(Ⅱ)," 「商事法務」 No. 1443 (1996), 21-22면; 김순석, "종류주식의 다양화와 자금조달의 유연성에 관한 법적 쟁점 분석", 「상사법연구」 제27권 제2호, 한국상사법학회, 2008(이하 "전게논문Ⅱ"라 한다), 41면.

식의 주가가 우선주식 발행 시에 비하여 일정한 비율 이상 상승한 경우, ③ 잔존하는 종류주식의 수가 일정한 수 이하로 감소하는 경우(그 원인으로서는 전환권행사소각 등을 상정) 등이다.[63] 상장회사 표준정관에 따르면 무의결권 배당우선 전환주식을 발행하는 경우 전환사유로서 i) 보통주식의 주가가 전환주식의 주가를 상회하는 경우, ii) 전환주식의 유통주식 비율이 일정한 비율 미만인 경우, iii) 특정인이 일정한 비율 이상 주식을 취득하는 경우 등을 예시하고 있다(상장회사 표준정관 제8조의4, 2018.11.28. 개정).

결국 남용 가능성이 큰 전환조건을 제외하고 원칙적으로 어떠한 전환조건의 정함도 유효한 것으로 하면서, 구체적인 폐해가 생긴 경우에만 개별적인 해석으로 대응할 수밖에 없을 것이다.[64] 회사분할을 활용하여 경영승계를 하는 과정에서 회사전환주식을 이용하는 경우, 전환사유로는 "특정인이 일정한 비율 이상의 주식을 취득하는 경우" 등으로 정하면 될 것으로 보인다.[65]

다. 회사전환주식의 활용 방법

중소기업의 경영권을 승계하는데 있어서 회사전환주식을 활용하는 방법으로는 다음의 세 가지의 유형을 고려할 수 있을 것이다.[66][67]

---

63) 吉川 純, "エクイティ・ファイナンスの新展開(8)－多様化をめぐる法的論点(その2)," 「商事法務」 第1555号, 2000, 44면; 김순석, 전게논문Ⅱ, 41면 주) 78.

64) 太田 洋·小野美恵, "トラッキング·ストック," 「ファイナンス法大全(上)」 (西村總合法律事務所 編), 商事法務, 2003, 427面; 大杉謙一, 前揭論文, 21-22면; 김순석, 전게논문Ⅱ, 41면.

65) 김순석, "종류주식", 「주식회사법대계 I (제3판)」, 한국상사법학회 편, 2019, 558-560면.

66) 이하 내용은 今川嘉文, 前揭書, 88-89면에서 소개된 일본의 취득조항부

첫째, 후계자가 보유하는 의결권제한주식에 전환조항을 붙여 보통주식으로 전환하는 방법이다. 회사전환주식은 전환대상 주식을 다른 종류의 주식으로 전환할 수 있다. 그러므로 의결권제한주식에 전환조항을 붙여서 교부한 후 나중에 이를 보통주식으로 전환시킬 수 있다. 예컨대, 복수의 후계자 후보자에게 '의결권제한'이 붙은 회사전환주식을 발행시점과 전환조건을 약간 달리하여 각각 교부한다. 후계자가 확정된 경우 발행회사가 주식을 취득하여 후계자가 가지는 의결권제한주식을 보통주식으로 전환한다. 이렇게 함으로써 후계자에게만 의결권을 집중시킬 수 있다.

둘째, 후계자 이외의 자가 가지는 주식을 의결권제한주식으로 전환하는 방법이다. 즉, 보통주식에 전환조항을 붙이고, 후계자 후보자에게 교부한다. 후계자가 정해진 경우 발행회사가 이 주식을 취득하여, 후계자 이외의 자가 가지는 보통주식을 의결권제한주식으로 전환한다. 다만 이 방법은 보통주주 전원의 동의가 필요하다.

셋째, 후계자 이외의 자에게 회사전환주식을 상속시키는 방법이다. 후계자 이외의 자에게 회사전환주식을 상속시킴으로써 발행회사는 일정한 범위에서 당해 주식을 매입할 수 있고, 후계자에게만 의결권을 집중시킬 수 있다.

주식을 활용한 경영권 승계방안을 참고로 하고, 이를 우리 상법상 '주식의 전환에 관한 종류주식'에 적용하여 수정·보완한 것이다.

67) 김순석, 전게논문 I, 259면.

5. 회사분할과 채권자보호

(1) 회사분할시 채권자보호의 필요성 및 보호수준

합병과 비교할 때 회사분할의 경우 채권자 보호의 필요성이 더 크다. 그 이유는 회사분할은 1개 회사의 법인격이 둘로 분리되는 것이므로, 악용될 경우 우량자산이 책임재산의 범위를 벗어남으로써 선의의 채권자가 피해를 볼 수 있기 때문이다.[68] 또한 채권자의 의사와 무관하게 분할합병계약서나 분할합병계획서가 정하는 바에 따라 분할 대상 재산이 승계회사에 이전되고 그 결과 채무자의 책임재산이 변경되므로 변제가능성에 대한 위험수준이 높아진다.[69] 합병의 경우 소멸회사 재산의 전부가 존속회사에 포괄적으로 승계되고, 소멸회사의 자산이나 채무를 선별적으로 인수할 수 없지만, 분할의 경우 상대방 없이 분할회사가 단독으로 절차를 주도하면서 이전하는 자산이나 부채를 비교적 자유롭게 정할 수 있는 점도 그 요인이다.[70] 또한 회사분할은 수익성이 없는 부문을 분리하고 나머지 부문을 생존시키는 수단으로 이용되는 경우가 많고 그 필요성도 높지만, 수익성이 없는 부문에 할당된 채권자는 불이익을 입을 위험성이 높다. 다각적인 영업을 영위하던 회사가 분할되면 각 영업부문 간의 상호 위험회피 기능이 상실되어 회사채권자의 위험이 증가한다.[71]

68) 노혁준, "회사분할관련 최근 판례들의 비판적 검토", 「상사판례연구」 제25집 제2권, 2012, 81-82면.

69) 권기범, 「현대회사법론(제7판)」, 삼영사, 2017(이하 "현대회사법론"이라 한다), 198면; 윤용준, "분할시 채권자보호의 실무상 쟁점", 「BFL」 제49호, 서울대학교 금융법센터, 2011, 6면.

70) 정준혁, "합병 및 분할 관련 채권자보호제도 개정 제안", 「저스티스」 제174호, 한국법학원, 2019, 211면.

이처럼 회사분할을 할 때 채권자를 보호할 필요성이 높지만, 채권자 보호를 너무 강화하면 기업의 탄력적인 구조조정이 어렵게 된다. 따라서 분할당사회사와 채권자의 이해관계를 조정하기 위하여 채권자보호의 수준과 방법을 적절하게 유지하는 것이 중요하다. 주요국의 입법례는 분할당사회사의 연대책임과 채권자의 이의제출권의 보장을 주요 수단으로 하는 점에서는 유사하지만 그 세부적인 내용에 차이가 있다.[72] 예컨대, EU 분할지침이나 일본 회사법은 연대책임을 분할회사로부터 승계한 순재산액으로 한정하며, 독일 기업재편법은 연대책임의 시한을 원칙적으로 분할 후 5년으로 한정한다(동법 제133조 제3항).[73] 우리나라는 분할당사회사의 연대책임에 관하여 책임을 부담하는 재산의 한도나 기간에 대하여 제한을 두고 있지 않아 채권자 보호수단이 너무 강하다는 비판을 받고 있다.[74]

(2) 분할유형별 채권자보호

회사분할은 i) 승계회사가 분할회사의 영업부문을 승계하는 분할합병과 승계하지 않는 단순분할로 구분되며, ii) 분할대가를 교부받는 주체에 따라 분할회사에 교부되는 물적분할과 분할회사의 주주에게 교부되는 인적분할로 구분된다. 이러한 두 가지의 유형을 결합하면 ① 단순분할 + 인적분할(상법 제530조의2 제1항),

---

71) 江頭憲治郎, 前揭書, 917면.

72) 윤용준, 전게논문, 6면; 권기범, 기업구조조정법, 460-464면.

73) 권기범, 현대회사법론, 201면.

74) 권기범, 기업구조조정법, 455면; 이영철, "회사분할시 채권자보호의 적정성과 정합성 등에 관한 고찰", 「비교사법」 제22권 제1호, 한국비교사법학회, 2015, 461-462면.

② 단순분할 + 물적분할(제530조의12), ③ 분할합병 + 인적분할(제530조의2 제2항), ④ 분할합병 + 물적분할 등 네 가지 조합이 가능하다. ④의 유형이 상법상 허용되는지에 대해서는 논란이 있다.[75)]

첫째, 회사분할시 채권자보호에 관해 우리나라는 인적분할 형태를 취하는 단순분할의 경우 분할당사회사가 분할 전 회사채무에 대하여 연대책임을 부담하지만(상법 제530조의9 제1항), 채권자는 분할에 이의를 제기할 수 없는 것이 원칙이다. 그러나 예외적으로 분할당사회사가 연대책임을 배제하는 경우에는 책임주체에 변동이 생기므로 채권자에게 이의제출권을 보장한다. 즉, 단순분할신설회사가 분할계획서에 분할회사의 채무 중에서 분할계획서에서 승계하기로 정한 채무에 대한 책임만을 부담할 것을 정해 주주총회 특별결의에 의한 승인을 받고 일정한 채권자 보호절차를 취하면 분할당사회사의 연대책임은 배제된다(상법 제530조의9 제2항 및 제4항, 제527조의5, 제232조 제2항 및 제3항).[76)]

그 이외에 분할회사의 주주에게 분할교부금을 지급하면(제530조의5 제1항 제5호) 회사채권자를 위한 담보재산이 감소하므로 채권자보호가 필요하다는 견해도 제기된다. 상법은 단순분할의 경우 신설회사의 책임을 제한할 경우 외에는 채권자보호를 위한 규정을 두고 있지 않은데, 이는 분할교부금을 지급하는 경우를 고려하지 않고 있기 때문이다. 채권자의 불이익을 방치할 수 없으므로 단순분할을 계기로 분할교부금을 지급하는 경우에는 자본감소에 준하는 것으로 보고 상법 제439조의 채권자보호절차를

75) 노혁준, "회사 분할시의 채권자 보호", 「BFL」 제38호, 서울대학교 금융법센터, 2009(이하 "전게논문 I "이라 한다), 21면.

76) 윤용준, 전게논문, 7면.

유추적용해야 한다는 것이다.[77]

일본 회사법은 인적분할의 개념을 주식 등을 대가로 하는 물적 분할에서 그 대가를 잉여금 배당으로 분배하는 경우로 정리하여(일본 회사법 제758조 제8호), 분할계획에서 잉여금의 배당을 정한 경우에는 모든 채권자에 대하여 채권자보호절차가 필요하다고 규정하고 있다(일본 회사법 제789조 제1항 제2호). 대가가 없는 회사분할은 잉여금의 배당이 없어 인적분할의 정의에 해당하지 않으므로 물적분할과 마찬가지로 취급하여 잔존채권자에 대하여 채권자보호절차가 필요하지 않다고 해석된다.[78]

둘째, 인적분할 형태를 취하는 분할합병의 경우에는 양당사회사의 채권자가 책임재산을 공유하게 되므로 채권자에 대해서는 담보재산과 책임주체에 관해 중대한 변화가 발생한다. 이에 따라 상법은 분할합병을 할 때 채권자에게 연대책임(상법 제530조의9 제1항) 이외에 채권자 보호절차라는 이중의 보호장치를 제공하고 있다(제530조의11 제2항, 제527조의5). 상법 제530조의11 제2항에 따르면 승계회사는 마치 흡수합병의 존속회사처럼 취급되므로 연대책임 배제절차를 취하는지 여부를 불문하고 제527조의5에 의한 채권자 보호절차를 이행해야 한다. 또한 분할합병의 분할회사도 마찬가지로 채권자 보호절차를 취해야 한다.[79]

셋째, 단순분할 형태를 취하는 물적분할의 경우 회사분할시 분

77) 이철송, 전게서, 1152면.

78) 大江橋法律事務所 編, 「實務解說平成26年會社法改正」, 商事法務, 2014, 171면; 金子登志雄, 「親子兄弟會社の組織再編の實務(第2版)」, 中央經濟社, 2014, 203면.

79) 노혁준·김병태, "회사의 분할", 「주식회사법대계 Ⅲ(제3판)」, 한국상사법학회 편, 2019, 577면; 이철송, 전게서, 1152면.

할회사가 분할대가로 신설회사의 주식을 전부 취득하게 되므로 분할로 인한 책임재산의 변동은 크지 않다. 따라서 분할회사의 채권자에 대한 별도의 보호수단은 불필요하다.[80] 그러나 예외적으로 분할당사회사가 연대책임을 배제하는 경우에는 책임주체에 변동이 생기므로 채권자에게 이의제출권을 보장한다.

(3) 연대책임의 대상

상법 제530조의9 제1항은 '분할 또는 분할합병 전의 분할회사 채무'라고 규정하고 있는데 이는 분할 전에 성립한 분할회사의 채무로서 분할 후 분할회사에 잔존하는 채무 및 분할에 의하여 승계회사에 이전된 채무로 해석해야 한다.[81]

Ⅳ. 결 어

중소기업의 원활한 경영승계를 지원하기 위하여 회사분할을 활용하는 방안은 현 경영자가 하나의 기업 내에 2개 이상의 영업부문을 경영하고 있고 후계자가 복수인 경우에 적절한 경영승계의 방법이다.

현 경영자는 회사분할과 회사전환주식을 결합하여 주주 가운데 분할회사를 경영할 후계자를 제외한 주주를 분할회사로부터 배제할 수 있다. 즉, 분할회사가 회사전환주식을 발행한 다음 회사전환주식과 교환으로 분할회사의 후계자에게는 보통주식을 교

80) 노혁준, 전게논문 I, 22면.

81) 대법원 2010.8.29. 선고 2009다95769 판결; 대법원 2008.2.14. 선고 2007다73321 판결.

부하고, 그 이외의 주주에게는 분할대가로 받은 승계회사나 신설회사의 주식을 교부함으로써 분할회사와의 주주관계를 소멸시킬 수 있다. 분할회사의 기타 주주는 분할회사의 주주에서 승계회사나 신설회사의 주주로 법적 지위가 변경되어 분할회사와의 관계가 단절된다. 이를 통해 분할회사는 승계회사나 신설회사와 주주관계를 갖지 않게 되며, 회사분할에 의해 2개 회사는 완전히 독립된다. 분할회사의 주식을 대부분 보유한 자는 현 경영자이므로, 분할대가로 받은 승계회사 또는 신설회사의 주식도 경영자가 보유하게 된다. 경영자는 이러한 주식을 승계회사나 신설회사를 경영하게 될 다른 후계자에게 상속시킴으로서 경영승계를 완성할 수 있다.

경영승계를 목적으로 회사분할을 추진하는 경우 가장 중요한 문제는 분할하는 사업단위를 정하는 것이다. 분할에 의해 각 영업실적이 명확하게 되고 향후 자립적인 경영이 가능하도록 해야 한다. 또한 회사분할의 대상이 영업단위로 분할해야 하는지 개별 재산단위로도 분할할 수 있는지 여부가 문제된다. 현실적으로 적격분할의 요건을 충족해야만 세제상의 혜택을 볼 수 있기 때문에 개별 재산만을 분할하는 경우는 거의 없을 것이지만, 세금을 부담하면서도 그 필요성이 있는 경우 이를 허용하는 것이 타당하다. 자기주식을 분할대상으로 인정하면 신주의 제3자배정에 관한 상법의 규정을 회피하는 결과를 초래하므로 입법적 보완이 필요하다.

경영승계를 위해 회사전환주식을 발행하는 경우 전환사유는 확정성, 객관성 및 명확성이 보장되어야 할 것이다. 전환사유가 문제되는 경우는 해제조건의 성취에 의해 보통주식으로 전환하는 때인데 남용 가능성이 큰 전환조건을 제외하고는 원칙적으로 유효한 것으로 취급하면서 폐해가 생긴 경우에만 개별적 해석에 의해 대응하는 것이 바람직하다.

회사분할을 할 때 채권자보호의 필요성은 높지만 이를 너무 강화하면 기업의 탄력적인 구조조정이 어렵게 된다. 따라서 분할당사회사와 채권자의 이해관계를 적절하게 조정하기 위한 채권자보호의 수준과 방법을 유지하는 것이 중요하다. 우리나라는 분할당사회사의 연대책임에 관하여 책임을 부담하는 재산의 한도나 기간에 대하여 제한을 두지 않음으로써 상대적으로 채권자보호가 너무 강하다는 비판이 제기되는데, 이에 대한 입법적 개선이 필요할 것이다.

제6장

합병을 활용한 경영승계

제6장

합병을 활용한 경영승계*

I. 서 설

주주가 분산되어 소유와 경영이 분리되어 있는 상장회사의 경우에는 누가 다음 경영자로 지명되어 그를 선임할지 여부는 주주총회에서 주주가 결정할 문제로서 특별히 경영승계를 의식하지는 않는다. 반면 중소기업에서는 대표자가 대주주인 경우가 많으며, 경영승계란 오너 경영자가 차세대 경영자에게 그 지위를 양도하는 형식을 취하기 때문에, 승계가 중요한 문제로 대두된다. 경영권이란 대표자의 경영수완이나 그 카리스마 등으로 나타날지라도 조직론적 관점에서는 회사의 중요한 경영방침을 결정하는 힘이며, 구체적으로는 주주총회에서 의결권, 즉 주주로서의 지

* 이 장은 "간이합병을 활용한 중소기업의 경영권 승계 및 합병유지청구권의 도입", 「기업법연구」 제34권 제2호(2020), 67~112면을 수정·보완한 것이다.

위라고 할 수 있다.

많은 중소기업에서 경영승계라 함은 개인적인 색채가 강한 경영이면서, 법인격을 취득하여 회사조직을 이용한 사업형태 즉, 개인과 법인이 혼재되어 있는 상황에서 다시 개인과 법인의 자산을 준별한 후에 어떻게 회사의 체제를 붕괴시키지 않고, 다음 세대를 담당할 개인에게 승계시킬 것인가의 문제이다. 구체적으로는 회사지배의 원천인 주식이나 회사관계 자산을 어떻게 집중시켜 후계자에게 승계시킬 것인가의 문제이다.[1)]

중소기업중앙회가 2019년에 설립한지 10년 이상 된 중소기업의 대표 및 가업승계 후보자 500명을 대상으로 한 실태조사에 따르면, 우리나라 중소기업의 경영자들은 경영승계의 대상으로 자녀에 대한 승계가 94.3%로 압도적인 우위를 차지하고 있으며, 친족승계(3.1%), 전문경영인 승계(1.6%), 임직원 승계(1.0%)에 대해서는 매우 소극적인 경향을 보이고 있다. 경영승계의 방식으로는 '일부 사전증여 후 사후 상속'이 51.0%로 가장 선호되며, 사전 증여가 28.1%, 사후 상속이 13.5%를 차지하고 있다. 또한 현재 경영승계의 진행 단계에 대해서는 '승계자가 입사 후 경영수업을 진행 중'이라는 응답이 60.9%로 가장 높았으며, '후계자의 대표자 취임'(19.8%), '후계자에 대한 지분승계 완료'(7.3%), '후계자에 대한 대표자 취임 및 지분승계 완료'(6.3%) 등의 순서로 나타났다.[2)]

산업화의 역사가 우리나라보다 앞선 주요 선진국들은 중소기업의 경영승계를 원활하게 하는 것이 국민경제의 안정과 성장,

---

1) 青木莊太郎·池田浩一郎·鈴木貴泰 編, 「組織再編·事業承繼[第2版]」, ぎょうせい, 2017, 193面.

2) 중소기업중앙회, 「중소기업 가업승계 실태조사 보고서」, 2019, 19-21면.

고용유지 및 중소기업의 경쟁력 제고를 위해 매우 중요하다는 것을 인식하고 이를 정책에 반영하고 있다. 즉, 상속 및 증여에 관한 세제를 개선하는 한편,3) 민법상 유류분 제도에 대한 특례를 규정하는 등 다각적으로 대응하고 있다. 또한 회사분할,4) 합병, 주식교환 및 주식이전 등 기업구조조정수단을 활용하기도 하며, 종업원지주제나 신탁을 이용하는 방안5)도 제시된다. 그 이외에도 회사법상 종류주식이나 자기주식을 활용하거나,6) 세법상 상속주식에 대한 평가제도를 보완하는 등 다양한 방안을 모색하고 있다.7)

제6장에서는 기업구조조정 수단을 활용한 중소기업의 경영승계 방법 중 합병을 활용하는 방안을 논의한다. 특히 합병을 추진하는 과정에서 소멸회사의 소수주주를 축출하기 위하여 활용하는 교부금합병, 간이합병에 대해 검토한다. 또한 간이합병을 추진

3) 황남석, "중소기업승계에 관한 세법상 문제와 개선방안", 「기업법연구」 제29권 제4호(한국기업법학회, 2015), 35-76면.

4) 회사분할을 활용한 경영승계에 대해서는 김순석, "기업구조조정 수단을 활용한 중소기업의 경영권 승계 방안에 관한 연구 — 회사분할의 활용을 중심으로 —", 「기업법연구」 제34권 제1호(한국기업법학회, 2020), 129-157면 참조.

5) 신탁을 활용하는 방안에 대해서는 김상훈, "유언대용신탁을 활용한 기업승계", 「기업법연구」 제29권 제4호(한국기업법학회, 2015), 9-32면; 김순석, "신탁을 활용한 중소기업의 경영권 승계 방안에 관한 연구 — 유언대용신탁 및 수익자연속신탁을 중심으로 —", 「법학논총」 제36권 제4호(전남대학교 법학연구소, 2016), 371-406면; 김순석, "사업신탁을 활용한 중소기업의 경영권 승계 방안", 「법학논총」 제38권 제2호(전남대학교 법학연구소, 2018) 101-138면 참조.

6) 종류주식을 활용하는 방안에 대해서는 김순석, "중소기업의 경영권 승계 원활화를 위한 회사법제의 개선방안 — 종류주식의 활용을 중심으로 —", 「비교사법」 제20권 제1호(한국비교사법학회, 2013)(이하 "전게논문 I"이라 한다), 239-272면 참조.

7) 김순석, 전게논문 I, 242면.

하는 경우에 문제되는 소수주주의 보호를 위한 합병유지청구권 제도의 도입 필요성에 대해서도 논의한다.

Ⅱ. 중소기업 경영승계에서 합병의 활용

1. 합병을 활용한 중소기업 경영승계의 법적 구조

중소기업의 경영승계에 활용할 수 있는 기업구조조정 수단으로는 합병, 회사분할, 주식의 포괄적 교환 및 이전 등을 들 수 있다. 여기에서는 합병 방식을 활용한 중소기업의 경영승계에 한정하여 논의한다.

합병방식을 활용하여 경영승계를 하기 위해서는 우선 경영승계를 하게 될 회사(매수회사, 존속회사)가 승계대상인 중소기업(대상회사, 소멸회사)의 오너로부터 3분의 2 이상의 주식을 취득한다. 그 후 당사회사의 대표자 간에 흡수합병계약을 체결한 다음 각 회사의 주주총회 특별결의를 거쳐 합병을 승인한다. 채권자 이의절차나 주식매수청구 절차 등 합병절차를 진행한다. 합병 후 존속회사를 후계자에게 승계시키기 위하여 대상회사(소멸회사)의 잔존소수주주를 축출하는 방식으로 합병을 추진한다. 소멸회사의 잔존주주에 대해 합병대가로 존속회사의 주식이 아니라 현금을 교부함으로써 축출한다(교부금합병, cash out merger). 이를 통해 대상회사 소수주주의 간섭을 받지 않고 존속회사는 안정적으로 회사를 경영할 수 있다. 주식매수를 통해 대상회사를 매수하고 흡수합병을 하더라도 대상회사의 경영자 등이 가지는 영업용자산(개인자산)은 승계되지 않으므로, 경영상 그 자산이 필요로 한 경우

는 별도로 경영자와 교섭을 통해 취득할 필요가 있다.[8)]

2. 중소기업의 경영승계에 활용할 수 있는 합병의 유형 및 절차

합병을 활용한 중소기업의 경영승계는 승계회사가 대상회사를 지배할 목적으로 그 주식을 취득한 후에 합병을 이용하여 경영승계를 마무리하는 방법이다. '승계인'이나 '후계자'가 직접 대상회사의 지배주식(의결권의 다수를 지배하는 주식)이나 영업용자산을 취득하여 기업을 승계하는 것이 아니라, 승계'회사'가 M&A거래에 의해 대상회사의 주식을 매수한 후에 대상회사와 합병하는 방법이다. 일반적으로 승계회사를 존속회사로 하는 흡수합병을 하게 되어 대상회사는 합병에 의해 소멸된다.

이 방식은 승계회사가 M&A 거래에 의해 대상기업을 매수할 때 활용되는데, 가족 내 승계나 기업 내 승계(MBO, Employee Buyout : EBO)의 경우에도 별도의 회사(인수회사)를 이용함으로써 합병방식의 경영승계를 할 수 있다. 가족 내 승계를 하거나 다른 임원 또는 종업원이 승계인인 경우에는 인수회사로서 기존의 회사를 이용하여 대상회사를 흡수합병하게 된다. 주식매수 후에 흡수합병을 하는 것은 경영의 효율 이외에 대가의 유연성이 인정되므로 대상회사에 잔존하고 있는 소수주주를 축출하기 위한 것이다.

합병을 위한 절차로서 승계회사는 대상회사의 오너 경영자 등으로부터 주주총회에서 특별결의를 성립시킬 수 있는 수의 주식

8) 新谷勝, 「新しい事業承継と企業再生の法務 — 事業承継の圓滑化·事業再生ADR —」, (株)税務經理協會, 2010, 156면.

(의결권 있는 주식의 3분의 2 이상)을 취득한다. 이를 통해 대상회사를 자회사화 하게 되며, 대상회사를 흡수하여 하나의 회사로 만들기 위하여 합병하게 된다. 존속회사(매수회사)와 소멸회사(대상회사)의 대표기관 사이에 합병조건이나 합병방식 등 법정사항을 정한 합병계약을 체결하고, 그것에 근거하여 합병계약서를 작성한다(제523조). 합병효력발생일은 합병계약에서 정해진다. 그리고 소정의 효력발생일의 전일까지 각 당사회사(존속회사·소멸회사)에 있어서 주주총회의 특별결의에 따라 합병계약서의 승인을 얻을 필요가 있다(제522조, 제434조). 합병으로 인하여 어느 종류의 주주에게 손해를 미치게 되는 때에는 별도로 종류주주총회의 결의를 요한다(제436조). 소멸회사와 존속회사 모두 채권자보호 절차를 밟아야 한다(제527조의5).

이 때 존속회사인 승계회사가 소멸회사의 오너 경영자로부터 의결권 있는 주식의 3분의 2를 초과하여 90% 이상을 취득한 때에는 간이합병의 요건을 충족하여 소멸회사의 주주총회 승인은 이사회의 승인으로 갈음할 수 있다(제527조의2 제1항). 또한 존속회사의 경우에도 합병으로 인해 존속회사가 소멸회사의 주주에게 발행하는 신주가 존속회사의 발행주식총수의 100분의 10을 초과하지 않고 합병교부금이 존속회사 순자산액의 100분의 5를 초과하지 않는 경우에는 소규모합병의 요건을 충족하여 존속회사의 주주총회의 승인도 이사회의 승인으로 갈음할 수 있다(제527조의3). 다만 소규모합병을 하는 때는 합병이 존속회사에 미치는 영향이 경미하다고 보아 반대주주의 주식매수청구권이 인정되지 않는다(527조의3 제5항, 제522조의3).

경영승계를 하기 위하여 중소기업을 흡수합병하는 경우 승계회사는 대상회사의 오너 경영자로부터 주식의 대부분을 취득하게 되므로 간이합병으로 할 수 있는 경우가 많을 것이다.[9] 합병승인을 위한 주주총회에서 합병에 반대한 대상회사의 주주는 주식매수청구권을 행사할 수 있다(제522조의3 제1항). 간이합병의 경우 소수주주의 보호를 위하여 주주총회의 승인결의가 필요하지 않음에도 불구하고 주식매수청구권은 인정된다(제522조의3 제2항).

대상회사 주식의 대부분은 경영자나 그 가족이 보유하고 있으므로 용이하게 매수회사에 양도되지만, 경영자가 기업을 매각한다는 방침에 반대하거나 또는 합병비율에 불만을 가진 잔존 소수주주가 존재할 수 있다. 합병에 반대하는 잔존 소수주주는 소멸회사(자기가 주주인 회사) 등에 대하여 주식매수청구권을 행사할 수 있다. 이 경우 공정한 가격으로 매수해야 한다.

흡수합병을 할 때 잔존 소수주주가 주식매수청구권을 행사하지 않을 경우에 존속회사는 소멸회사의 잔존 소수주주에 대해서도 존속회사의 주식을 교부하여야 한다. 그러나 중소기업을 경영승계하기 위하여 합병하는 때 존속회사는 소멸회사의 잔존 소수주주를 받아들이는 것을 선호하지 않는 사례가 많을 것이다. 2011년 개정상법에서 합병대가가 유연화 되어 소멸회사의 주주에게 존속회사의 주식을 교부하지 않고 금전이나 그 밖의 재산을 교부할 수 있게 되었다(교부금합병, 제523조 제4호). 따라서 소멸회사(대상회사)의 잔존 소수주주에게 존속회사의 주식 대신에 금전을 교부하여 이를 축출(cash out)함으로써 잔존 소수주주나 경영승계인이 아닌 주주를 배제하여, 잔존 소수주주의 간섭을 배제하고

9) 新谷勝, 前掲書, 156면.

경영을 안정시킬 수 있게 된다.[10)]

특히 교부금합병은 지배주주의 소수주식 매도청구를 위한 요건(95% 지분보유)이나 간이합병 요건(90% 지분보유)을 충족하지 못하더라도(제360조의24 제1항 참조) 소수주주를 축출할 수 있기 때문에 축출의 적용범위가 확대 되었다. 주식매수청구권의 경우 반대주주는 자발적으로 거래를 선택한 것임에 비하여, 소수주주 축출의 경우 당사자의 의사에 반하여 거래가 강제되고, 특히 지배주주가 그 시기를 선택할 수 있다는 점에서 공정한 가액으로 보상이 이루어지는 것이 더욱 중요하며, 공정성의 판단기준도 더 엄격하게 설정되어야 한다.[11)]

이하에서는 중소기업의 경영승계를 위하여 활용할 수 있는 교부금합병, 간이합병에 대해 논의하고 소멸회사의 소수주주 보호를 위해 필요한 합병유지청구권의 도입에 대해 검토한다.

Ⅲ. 교부금합병

상법상 소수주주의 축출방식으로는 교부금합병, 간이합병, 지배주주의 매도청구, 주식병합 등을 거론할 수 있다. 교부금합병의 경우 합병시 존속회사는 소멸회사의 주주에게 신주를 발행하거나 자기주식을 이전하는 대신 합병대가의 전부 또는 일부로서 금전이나 그 밖의 재산을 제공할 수 있다(제523조 제4호). 합병승인주주총회에서 특별결의(제522조 제3항, 제434조) 요건인 출석한 주

10) 新谷勝, 前揭書, 158면.

11) 송옥렬, 「상법강의[제10판]」, 홍문사, 2020, 1240면.

주 의결권의 3분의 2 이상의 수와 발행주식총수의 3분의 1 이상의 수로써 결의하여야 하므로 이론상 주주의 1/3까지를 축출할 수 있다. 한편 지배주주가 소멸회사의 주식을 90% 이상 확보한 때에는 간이합병 절차를 활용할 수 있을 것이다(제527조의2 제1항). 또한 95% 이상의 주식을 확보하는 경우에는 합병절차를 거치지 않고도 지배주주가 나머지 소수주주를 축출할 수 있다(제360조의24 제1항). 주식을 병합하여 1주당 액면금액을 높임으로써 소수주주가 병합 이후 교부받는 주식이 1주 미만인 단주가 되게 하여 소수주주를 축출하는 방안도 논의된다.[12] 그러나 주식병합의 경우 주식매수청구권이 인정되지 않고 엄격한 소수주주 축출제도를 탈법적으로 회피하는 것으로 위법하다고 본다.[13] 여기서는 합병과정에서 소수주주 축출이 이루어지는 교부금합병과 간이합병만을 검토한다.

중소기업이 발전하여 회사의 내부유보가 축적되고 보유 자산이 증대하게 되면 소수주주를 배제하고 순수하게 오너 경영자에 의한 지배 체제를 확립하기를 원하는 경우가 자주 등장한다. 이러한 경우나 경영승계를 하면서 잔존 소수주주를 배제하고자 하는 경우에도 교부금합병을 활용하여 합법적으로 소수주주를 축출할 수 있다.[14]

교부금합병이라 함은 합병대가의 전부 또는 일부로서 금전이나 그 밖의 재산을 제공하는 것을 말한다(제523조 제4호). 교부금

12) 이동건·유명현·이승진, "상법상 소수주주 축출 방안과 관련한 법률상·실무상 쟁점 – 지배주주의 매도청구권, 교부금합병, 주식병합을 중심으로 –", 「법조」 제672권(2012), 252면.

13) 이동건·유명현·이승진, 전게논문, 283면.

14) 平野敦士 外 編, 「新しい事業承継對策と實務手續」, 清文社, 2008, 264면.

합병은 기업의 경영합리화를 위한 기업조직의 확장 또는 변경을 용이하게 하기 위하여 2011년 개정상법에서 도입되었다.[15] 흡수합병을 하는 경우 합병대가의 유연화를 도모하여 합병소멸회사의 주주에 대하여 합병소멸회사의 주식 이외의 자산 교부가 인정되어 합병대가로서 금전만을 교부할 수 있게 되었다.[16]

교부금합병의 경우 채권자보호절차를 거쳐야 한다는 부담은 있지만, 지배주주의 매도청구권과 달리 상법 규정상 '경영상 목적'을 요구하고 있지 아니하고, 합병의 효력은 합병등기로써 발생하므로, 합병교부금에 대하여 다툼이 있다고 하더라도 소수주주의 지위를 일단 박탈할 수 있다는 장점이 있다.[17] 또한 교부금합병은 지배주주가 정관변경을 위한 특별결의 요건만 충족하면 가능하고, 주식가격을 산정할 때 지배주주가 주도권을 가지므로 소수주주를 축출하는데 있어서 지배주주의 매도청구 제도보다 더 유리하다.[18]

교부금합병은 미국법상 현금합병(cash-out merger)을 모방한 제도로서 합병을 통해 소멸회사의 원하지 않는 주주를 축출할 수 있다. 교부금합병은 주주 보호의 관점에서는 부정적인 효과가 크

---

15) 법무부, 「상법 회사편 해설」, 2012, 414면; 서완석, "상법상의 소수주주 축출제도 - 소수주식 강제매수제도와 교부금 합병제도를 중심으로-", 「상사법연구」 제30권 제2호(상사법학회, 2011), 414면.

16) 2015년 개정상법은 신설합병에 대해서도 흡수합병처럼 주식발행에 갈음하여 금전이나 그 밖의 재산을 제공할 수 있도록 하였다(제524조 제4호). 신설합병의 경우 회사가 설립되어야 하므로 신주발행이 필요하게 되어 합병대가의 전부를 금전 기타의 재산으로 제공할 수 있는 흡수합병과는 차이가 있다.

17) 이동건·유명현·이승진, 전게논문, 272면.

18) 권기범, "상법개정안상의 교부금합병에 대하여", 「경희법학」 제42권 제2호(경희대학교 법학연구소, 2007), 148면.

므로 대륙법계 국가에서는 합병교부금에 한도를 설정하는 것이 일반적이다.[19)]

중소기업의 경영승계를 추진하는 과정에서 교부금합병을 통해 소수주주를 축출하기 위해서는 우선 오너 경영자가 대상회사에 대한 자신의 지분을 출자하여 매수회사를 설립한 후, 매수회사가 대상회사를 흡수합병한 다음 대상회사를 해산한다. 일반적인 해산과는 달리 청산절차를 거치지 않으며, 존속회사의 합병등기에 의해 합병의 효력이 발생한다(제528조 제1항). 교부금합병을 하는 경우 합병계약서에 따라 흡수합병소멸회사의 주주에게 금전이 교부된다. 금전이 교부되면 흡수합병소멸회사의 주주는 주주로서의 권리를 상실한다. 흡수합병소멸회사의 주주 가운데 배제하고 싶은 자가 있을 경우 합병을 계기로 그 주주를 축출할 수 있다. 합병에 의해 존속회사는 흡수합병소멸회사의 권리의무를 승계한다.[20)]

교부금합병은 합병대가를 유연화 함으로써 기업구조조정을 촉진하는 장점은 있지만, 반면 소멸회사의 소수주주의 이익을 침해할 우려가 있기 때문에 소수주주의 보호가 중요한 문제로 된다.[21)] 교부금합병을 하면 지배주주의 매도청구제도의 지배주주 요건인 95%의 지분보유를 충족하지 않더라도(제360조의24 제1항) 소수주주를 축출할 수 있어서 소수주주의 축출제도의 적용범위가 확대되었다. 소수주주는 공정한 가액으로 보상이 이루어져야

---

19) 이철송, 「회사법강의[제28판]」, 박영사, 2020, 1101-1102면. 예컨대, EU 회사법지침 제89조 제1항, 독일 주식법 제54조 제4항 및 기업재편법 제68조 제3항 등에 따르면 합병교부금은 합병대가의 10%를 초과할 수 없다.

20) 平野敦士 外 編, 前揭書, 265면.

21) 최준선, "기업구조조정 수단으로서의 소수주주의 축출과 소수주주의 보호 문제", 「법조」 제676권(2013), 46면.

하지만 공정한 가액의 판단기준과 산정에 어려움이 제기된다.[22)]

Ⅳ. 간이합병

1. 의의

합병할 회사의 일방이 합병 후 존속하는 경우에 i) 합병으로 인하여 소멸하는 회사의 총주주의 동의가 있거나 ii) 소멸회사 발행주식총수의 100분의 90 이상을 존속회사가 소유하고 있는 때에는 소멸회사의 주주총회의 승인은 이를 이사회의 승인으로 갈음할 수 있는데(제527조의2 제1항), 이를 간이합병이라 한다.[23)]

간이합병으로 인하여 소멸하는 회사는 합병계약서를 작성한 날부터 2주 내에 주주총회의 승인을 얻지 아니하고 합병을 한다는 뜻을 공고하거나 주주에게 통지하여야 한다. 다만, 총주주의 동의가 있는 때에는 그러하지 아니하다(제527조의2 제2항). 간이합병 절차는 흡수합병을 할 때 소멸회사에 대해서만 적용되고 존속회사에는 적용되지 않으며, 신설합병을 할 때는 간이합병이 허용되지 않는다.[24)]

22) 송옥렬, 전게서, 1139-1340면.

23) 2016년 제정된 「기업 활력 제고를 위한 특별법」은 사업재편계획의 승인을 받은 기업이 사업재편계획에 따라 합병을 하는 경우 신속한 사업재편을 할 수 있도록 제527조의2 제1항의 "발행주식총수의 100분의 90 이상"을 "발행주식총수의 100분의 80 이상"으로 완화하였다(동법 제17조).

24) 반면 신설합병의 경우에도 총주주의 동의가 있거나 90% 이상의 자회사와 모회사가 신설합병을 하는 경우 이를 흡수합병과 달리 취급할 합리적인 근거가 없다고 보고, 간이합병에 관한 제527조의2를 신설합병에 유추적용하는 견해도 제기된다(권기범, 「기업구조조정법[제5판]」, 삼영사, 2019, 266면).

간이합병 제도는 미국 회사법상 short-form merger를 도입한 것이다.[25] 간이합병 제도는 1995년 개정상법에서 처음 도입되어, 총주주의 동의가 있거나 100% 모자회사 관계가 있는 경우에만 허용되었으나, 1998년 개정상법에서 그 요건을 90%로 하향 조정하였다. 간이합병 제도를 인정한 취지는 존속회사가 소멸회사에 대하여 소멸회사의 합병승인 주주총회 결의정족수보다 높은 비율의 의결권을 이미 소유하고 있는 때에 시간과 비용의 절감을 위하여 소멸회사의 합병승인 주주총회 결의를 이사회결의로 대체하기 위한 것이다.[26]

2. 소멸회사 총주주의 범위 및 총주주 동의의 대상

소멸회사의 총주주의 범위에 대해서는 i) 소멸회사 주주총회 결의의 생략을 인정하는 간이합병 제도의 취지상 의결권 있는 주주이면 족하다는 견해와, ii) 규정의 문언 및 종류주주총회의 필요성에 관한 불필요한 논란을 방지하는 차원에서 소멸회사의 모든 주주로 보는 견해[27]가 대립하는데, 후자가 타당하다고 본다.

소멸회사의 총주주의 동의 대상이 무엇인지가 문제된다. 이에 대해 동의 대상을 i) 주주총회 승인 없이 이사회 결의만으로 합병을 실행하는 것 자체로 보는 견해[28]와 ii) 법정사항이 기재된

25) 이철송, 전게서, 1111면.

26) 정동윤 편, 「주석 상법 [회사(Ⅴ)][제5판]」, 한국사법행정학회, 2014, 377면(정찬형 집필부분).

27) 한국상사법학회 편, 「주식회사법대계Ⅲ[제3판]」, 2019, 475면(김병태·노혁준 집필부분); 동지, 권기범, 전게서, 250면; 정동윤 편, 전게서, 378면(정찬형 집필부분).

28) 박철홍, “약식조직재편의 쟁점”, 「BFL」 제76호(서울대학교 금융법센터,

합병계약서로 보는 견해[29]가 대립한다. ⅰ)의 견해는 간이합병제도의 취지가 주주총회 개최 등의 번잡한 절차를 단순화하여 시간과 비용을 절약하는데 있는 것이라면 총주주의 동의는 이사회에게 합병에 대한 전권을 위임하는 것으로 보는 것이 간이합병을 규정한 취지에 부합한다고 한다.[30]

ⅱ)의 견해는 상법이 합병계약의 승인을 주주총회 특별결의 사항으로 규정하여 주주들의 의사결정권을 중시하고 있는 점 및 합병등기를 위해 제출해야 하는 총주주의 동의를 증명하는 서면의 구체적 내용에 관하여 확립된 기준이 없는 상황에서 발생할 수 있는 불확실성 등을 근거로 한다.[31]

생각건대 ⅰ)의 견해는 소멸회사의 주주들이 이사회에게 합병조건에 대한 결정권을 포괄적으로 위임하는 결과가 되어 예외적으로 간이합병을 인정하고 있는 상법 취지에 반한다는 점에서 ⅱ)의 견해가 타당하다고 본다.[32]

3. 소멸회사 발행주식총수의 의미

소멸회사의 발행주식총수가 무엇을 의미하는지에 대해서도 견해가 나뉜다. ⅰ) 소멸회사가 발행한 의결권 있는 주식만을 의미한다는 견해이다. 존속회사가 소멸회사의 의결권 있는 주식의

2016), 45면.

29) 권기범, 전게서, 249면; 임재연, 「회사법Ⅱ[개정4판]」, 박영사, 2017, 635면; 한국상사법학회 편, 전게서, 475면(김병태·노혁준 집필부분); 정동윤 편, 전게서, 378면(정찬형 집필부분).

30) 박철홍, 전게논문, 45면.

31) 한국상사법학회 편, 전게서, 476면(김병태·노혁준 집필부분).

32) 권기범, 전게서, 249면.

100분의 90 이상을 확보하면 소멸회사의 주주총회 특별결의에 아무런 문제가 없고, 소멸회사의 의결권 있는 주식 이외의 주식을 보유한 주주들은 종류주주총회나 주식매수청구권에 의해 보호될 수 있으므로 의결권 있는 주식만을 의미한다는 것이다.[33) ii) 의결권이 없거나 제한되는 종류주식 및 소멸회사가 갖고 있는 자기주식은 포함되지 않는다고 보는 견해도 제기된다.[34)] iii) 소멸회사가 발행한 모든 주식에서 자기주식만을 제외하는 견해이다.[35)] 비교법적으로 볼 때 독일기업재편법 제62조 제1항 제2문은 자기주식을 제외하고 있으며, 미국 개정모범회사법 제11.05조 제(a)항도 의결권 있는 사외주식[36)]의 90% 이상으로 규정하고 있어서 자기주식을 제외하고 있다.[37)] iv) 소멸회사가 발행한 모든 주식을 의미한다는 견해이다. 이 견해는 상법 제527조의2는 발행주식총수라고 명시하고 있으며, 의결권이 없거나 제한되는 주식도 자기주식을 처분하거나 무의결권 우선주식에 대한 배당이 이루어지 않을 경우 의결권이 부활하는 경우도 있으므로 i)의 견해에 따르면 90% 요건의 충족시점에 따라 간이합병 가능 여부가 달라질 수 있으므로 소멸회사가 발행한 모든 주식을 의미하는 것으로 해석한다.[38)]

33) 한국상사법학회 편, 전게서, 476-477면(김병태·노혁준 집필부분).

34) 정동윤 편, 전게서, 379면(정찬형 집필부분).

35) 권기범, 전게서, 251면.

36) 사외주식이라 함은 발행주식(issued stock) 중 발행회사가 보유하고 있는 자기주식(treasury stock : 금고주)을 제외한 주식을 말하며, 이익배당청구권이나 의결권 등 주주로서 권리를 사외주식의 주주가 행사한다(김순석, "미국의 배당규제와 자기주식 제도", 「비교사법」 제13권 제2호(한국비교사법학회, 2006), 263면 주) 41).

37) 권기범, 전게서, 251면.

사견으로는 외국의 입법례처럼 소멸회사가 발행한 모든 주식 가운데 자기주식을 제외하는 iii)의 견해가 타당하다고 본다.

4. 90% 이상 주식소유 요건의 존속기간

상법에 주식소유의 존속기간에 관한 명시적인 규정을 두지 않음에 따라 네 가지 해석이 가능하다. ⅰ) 상법 제527조의2 제2항이 소멸회사로 하여금 합병계약서를 작성한 날로부터 2주 내에 간이합병 사실을 공고하거나 주주에게 통지하도록 명시하고 있는 점에 비추어 이러한 공고나 통지 시점으로부터 합병등기를 할 때까지 이 요건을 충족해야 한다는 견해이다.[39] ii) 90% 달성이 가능하지만 약간 부족한 때에도 조건부로 간이합병계약을 체결하고 주주들에게 이 사실을 통지하는 것이 금지되는 것은 아니며 또한 간이합병이 성사되려면 존속회사 주주총회의 합병승인결의를 거쳐야 하므로, 존속회사의 합병승인 주주총회 회일부터 합병등기를 할 때까지 충족해야 한다고 해석하는 것이 당사회사에 유리하다는 견해이다.[40] 그 이외에 iii) 합병계약을 체결할 때부터 합병등기를 할 때까지 존재하여야 한다거나, iv) 합병의 성립시기인 합병등기를 할 때까지 충족하면 된다고 해석할 수 있지만 이러한 견해는 보이지 않는다. 합병절차의 불확실성을 제거한다는 관점에서 ⅰ)의 견해가 타당하다고 본다.[41]

우리 상법상 간이합병은 모회사가 90% 이상 소유하고 있는 자

---

38) 박철홍, 전게논문, 47-48면.

39) 정동윤 편, 전게서, 379면(정찬형 집필부분).

40) 권기범, 전게서, 252면; 동지, 임재연, 전게서, 635면.

41) 박철홍, 전게논문, 48면.

회사를 흡수합병하는 upstream merger의 경우에만 가능하고 그 반대의 경우는 불가능하다.[42]

5. 종류주주총회 관련

소멸회사가 종류주식을 발행한 경우 합병계약의 승인을 위한 이사회의 합병승인 결의가 주주총회는 물론 종류주주총회의 합병승인 결의까지 대체할 수 있는지 여부가 문제된다. 종류주주총회의 취지에 비추어 볼 때 총주주의 동의나 종류주주의 전원 동의가 없는 한 종류주주총회를 생략할 수 없을 것이다.[43] 주주총회의 합병결의와 종류주주총회의 합병결의는 그 보호대상 주주를 달리하므로 생략할 수 없다고 보아야 한다.[44]

비교법적으로 볼 때도 미국 개정모범회사법의 공식 주석도 간이합병이 종류주주총회 결의까지 면제하는 것은 아니며, 그 필요 여부는 해당 기준에 의하여 별도로 판단하도록 하고 있다.[45] EU 회사법지침[46] 제110조는 100% 자회사와 간이합병을 할 때 정식 합병에 관한 상당한 규정들의 적용을 배제하고 있지만, 종류주주총회 승인결의에 관한 제93조 제2항은 그 대상에서 제외되어 있

42) 권기범, 전게서, 253면; 정동윤 편, 전게서, 379면(정찬형 집필부분).

43) 권기범, 전게서, 263면; 박철홍, 전게논문, 49면; 정동윤 편, 전게서, 383면(정찬형 집필부분); 한국상사법학회 편, 전게서, 477면(김병태·노혁주 집필부분).

44) 권기범, 전게서, 263면; 임재연, 전게서, 634면.

45) RMBCA §11.04. Official Comment 1.

46) Directive (EU) 2017/1132 of the European Parliament and of the Council of 14 June 2017 relating to certain aspects of company law (codification), O.J. L 169/46, 30.6.2017. 이 지침은 종래의 회사법 관련 6개의 지침을 통합한 것이다.

다. 일본의 경우 해석론은 이사회결의로 종류주주총회 결의를 대체할 수 없다는 견해가 다수이다.[47]

6. 간이합병 절차

간이합병을 하는 경우에는 소멸회사의 주주총회 승인을 이사회 승인으로 갈음할 수 있으므로(제527조의2 제1항), 소멸회사의 주주총회를 생략할 수 있다. 따라서 간이합병을 하더라도 소멸회사의 주주총회에 관련된 절차를 제외하고는 일반적인 합병절차를 따르게 된다. 명문의 예외규정이 없는 한 상법 등 관계 법령상의 합병절차와 관련하여 이해관계자 보호 등을 위해 마련된 규정들은 그대로 적용된다. 예컨대, 채권자 이의절차(제527조의5 제2항), 합병에 관한 서류의 사후공시(제527조의6) 등이다.[48] 그러나 주주총회 승인이 이사회의 승인으로 갈음되므로 주주총회 결의의 존재를 전제로 하는 주주총회의 소집통지 및 공고, 서면투표 및 전자투표나 위임장 권유 등은 적용되지 않을 것이다.[49] 자본금 총액이 10억원 미만인 회사는 이사의 수를 1명 또는 2명으로 할 수 있는데, 이 경우 이사회가 존재하지 않으므로 간이합병을 할 수 없다(제383조 제1항 및 제5항).

일반적인 합병에 적용되는 규정 중 간이합병의 경우에 적용이 배제되는 조항에 대하여 EU 회사법지침(제110조)이나 독일의 기업재편법(제5조 제2항, 제8조 제3항, 제9조 제2항 및 제3항)처럼 구체적인 규정[50]을 두는 것이 바람직하다. 일본 회사법에서는 간이합

47) 권기범, 전게서, 263면.

48) 한국상사법학회 편, 전게서, 478면(김병태·노혁준 집필부분).

49) 권기범, 전게서, 265면.

병의 경우 이를 위한 고유한 절차는 필요 없으며, 합병절차(합병계약의 체결, 사전공시, 채권자이의절차, 주권제출절차, 주주에 대한 통지 및 공고, 주식매수청구권, 합병의 효력발생일, 사후공시 등)는 소멸회사의 주주총회 합병승인결의가 필요하지 않다는 것을 제외하면 통상의 경우와 마찬가지이다.[51]

간이합병으로 인하여 소멸하는 회사는 합병계약서를 작성한 날부터 2주내에 주주총회의 승인을 얻지 아니하고 합병을 한다는 뜻을 공고하거나 주주에게 통지하여야 한다. 다만, 총주주의 동의가 있는 때에는 그러하지 아니하다(제527조의2 제2항). 10% 미만의 주식을 가진 소멸회사의 소수주주들은 이러한 공고나 통지가 없으면 간이합병의 사실을 알 기회가 없으므로 주식매수청구권(제522조의3 제2항)을 행사할 수 없게 된다. 따라서 이러한 통지나 공고는 소멸회사 소수주주의 주식매수청구권 행사를 위해 중요한 의미를 갖게 된다.[52] 여기서 '작성한 날'이라 함은 소멸회사가 내부에서 단순히 사실행위로서 합병계약서를 작성한 날이 아니라, 당사회사의 대표이사 간에 합병계약에 따라 합병계약이 체결된 날을 말한다.[53]

소규모합병의 경우 합병계약서에 주주총회의 승인을 얻지 않고 합병을 한다는 뜻을 기재하여야 하지만(제527조의3 제2항), 간이합병의 경우에는 이러한 규정은 없고 공고나 통지로 대신하고 있다(제527조의2 제2항). 간이합병의 경우에도 합병계약서에 그 뜻

50) 권기범, 전게서, 264면.

51) 大隅建一郎·金井宏·小林量, 「新會社法概說[第2版]」, 有斐閣, 2010, 473면.

52) 정동윤 편, 전게서, 380면(정찬형 집필부분).

53) 권기범, 전게서, 253면; 박철홍, 전게논문, 51면; 정동윤 편, 전게서, 380면(정찬형 집필부분).

을 기재하도록 규정하는 것이 타당하다고 본다.[54] 간이합병을 할 때 모회사가 존속회사로서 소규모합병의 요건을 충족하는 경우[55]에는 소멸회사와 존속회사의 주주총회를 모두 생략하고 이를 이사회의 합병결의로 대체할 수 있다.

7. 주식매수청구권의 부여

정식합병을 활용하여 중소기업의 경영승계를 추진하는 경우 대상회사에 합병에 반대하는 소수주주가 있을 경우 주식매수청구권이 인정된다.[56] 주주총회에서 다수결에 의해 합병이 승인될 경우 반대주주는 투하자본을 회수하여 경제적 구제를 도모하기 위해 소유하고 있는 주식을 공정한 가격으로 매수하여 줄 것을 회사에 청구할 수 있다. 합병을 하는데 주주총회(종류주주총회 포함)의 결의가 필요한 경우에 의결권을 가진 주주뿐만 아니라 의결권이 없거나 제한되는 주주도 주식매수청구권을 행사할 수 있다(제522조의3 제1항).

중소기업의 경영승계 국면에서는 오너 경영자가 매수회사에 대상회사의 지분을 출자한 다음 대상회사를 흡수합병하게 된다. 합병을 추진하는 과정에서 대상회사인 소멸회사의 소수주주는 합병에 반대하는 경우 주식매수청구권을 행사할 수 있다. 오늘날

54) 권기범, 전게서, 260면.

55) 예컨대, 모회사가 합병대가로 발행한 합병신주가 발행주식총수의 100분의 10 이내이고 합병교부금 등 금전지급액이 순자산의 100분의 5 이내인 경우이다.

56) 상법 및 자본시장법상 인정되는 주식매수청구권에 대해서는 김순석, “주식매수청구권 제도의 재검토”, 「기업법연구」 제32권 제1호(한국기업법학회, 2018)(이하 “전게논문Ⅱ”라 한다), 162-164면 참조.

주식매수청구권의 주요 기능은 이익충돌이 있는 불공정한 거래로부터 소수주주를 보호하는데 있다.[57]

간이합병의 경우 소멸회사의 주주총회 승인은 이사회결의로 대체되어 주주총회 결의를 생략할 수 있지만, 소멸회사의 소수주주 보호를 위하여 주식매수청구권이 인정된다(제522조의3 제2항, 제527조의2 제2항).[58] 이 때 소수주주가 주식매수청구권을 행사할 수 있는 기회를 제공하기 위하여, 소멸회사는 합병계약서를 작성한 날부터 2주 내에 주주총회의 승인을 얻지 아니하고 합병을 한다는 뜻을 공고하거나 주주에게 통지하여야 한다. 다만 총주주의 동의가 있는 때에는 공고나 통지는 불필요하다(제527조의2 제2항). 간이합병의 공고 또는 통지를 한 날부터 2주 내에 회사에 대하여 서면으로 합병에 반대하는 의사를 통지한 주주는 그 기간이 경과한 날부터 20일 이내에 주식의 종류와 수를 기재한 서면으로 회사에 대하여 자기가 소유하고 있는 주식의 매수를 청구할 수 있다(제522조의3 제2항).

이처럼 상법은 간이합병의 경우 소멸회사의 반대주주에게 주식매수청구권을 인정하고 있는 이유는 10% 이하의 소멸회사 소수주주들을 보호할 필요성이 정식합병보다 높기 때문이다.[59] 미국의 개정모범회사법(RMBCA §13.02(a)(1)(ⅱ))이나 일본 회사법(제785조)도 마찬가지이다. 그러나 소멸회사의 총주주가 동의한 간이

57) Berry M. Wertheimer, "Shareholders' Appraisal Remedy and How Courts Determine Fair Value", 47 Duke L.J. 613, 711-712 (1998).

58) 주주총회가 개최되지 않지만 소수주주 보호를 위해 주식매수청구권이 인정되는 경우는 간이합병 이외에도 간이분할합병(제530조의11 제2항), 간이주식교환(제360조의5 제2항) 등이 있다.

59) 권기범, 전게서, 262면.

합병의 경우에는 주식매수청구권은 인정되지 않는다. 일본회사법은 이를 명문화하고 있다(동법 제785조 및 제806조 제1항 제1호).

한편 모회사가 자회사의 지배주주 또는 단독주주로서 자회사 주식의 90% 이상을 소유하고 있는 경우 모회사는 자회사에서 주식매수청구권을 행사할 수 없다.[60] 이를 인정하게 되면 한편으로는 합병에 찬성하면서 다른 한편으로는 반대하여 주식매수청구권을 행사하는 모순을 허용하게 되어 신의칙에 반하기 때문이다.[61] 일본의 경우에도 당초 소멸회사의 모든 주주에게 주식매수청구권을 인정하였으나(2014년 개정 전 일본회사법 제785조 제2항 제2호), 2014년 개정 회사법은 그 중 특별지배회사를 제외하였다(2014년 개정 일본회사법 제785조 제2항 제2호 괄호). 즉, 간이조직재편의 요건을 만족하는 경우에 주주총회 결의에 의한 승인을 요하지 않는 것은 특별지배회사가 조직재편의 상대방인 경우에 만일 주주총회를 개최하더라도 특별지배회사가 찬성함으로써 그 조직재편이 소멸회사의 총회에서 승인될 것이 명확하기 때문이다. 이러한 측면에서 특별지배회사에 주식매수청구를 인정해야 할 합리적인 이유는 없다는 것이다.[62]

간이합병을 추진할 때 존속회사에서 소규모합병 요건이 충족되면 주주총회 특별결의 대신 이사회 결의로 합병절차를 진행할 수 있고, 반대주주의 주식매수청구권이 인정되지 않는다(제527조의3 제5항).[63]

---

60) 권기범, 전게서, 262면; 정동윤 편, 전게서, 382-383면(정찬형 집필부분).

61) 권기범, 전게서, 262면.

62) 坂本三郎 編, 前揭書, 204면.

63) 소규모합병에 대해 합병대가가 비록 소액일지라도 존속회사가 대규모 부실회사를 인수하여 거대한 금액의 채무를 부담하는 등 존속회사의 영업

8. 미국의 간이합병 제도

자회사의 의결권 보유 사외주식의 90% 이상을 가진 모회사가 자회사를 합병하거나 자회사 간에 합병을 하거나 또는 모회사를 자회사에 합병시키는 경우, 정관에서 달리 정하지 않는 한 자회사의 이사회나 주주의 승인 없이 합병할 수 있다. 자회사 주주의 승인이 요구되지 않는 경우 모회사는 합병의 효력발생 후 10일 이내에 자회사의 주주에게 합병의 효력발생을 통지하여야 한다. 그 이외의 사항은 합병에 관한 규정에 따른다(RMBCA 제11.05조).

모자회사간의 합병은 통상적인 법정합병(statutory merger)보다 절차가 단순하기 때문에 간이합병(short-form merger)이라 칭한다. 오늘날 90% 보유를 기준으로 한 간이합병은 대부분의 주회사법이 채택하고 있다.[64]

자회사 주주의 승인이 요구되지 않는 이유는 모회사가 자회사 의결권의 90% 이상을 소유하는 경우 자회사 주주의 승인은 필연적인 결론이며, 소수 주식만이 외부 주주에 의해 보유되고 있는 때에 기업구조조정을 단순화하기 위한 것이다. 자회사 이사회의 승인이 요구되지 않는 이유는 모회사가 자회사 의결권의 90% 이상을 소유한 경우 자회사의 이사는 모회사로부터 독립적일 수 없으며 이에 따라 자회사 이사회의 승인도 필연적 결론이기 때문이다.[65]

및 재무구조에 중대한 영향을 미칠 수 있으므로 반대주주의 보호를 위해 주식매수청구권을 인정해야 한다는 입법론이 제기된다(이철송, 전게서, 1115면).

64) Cal. Corp. Code § 1110(b); Del. Code Ann. tit. 8, § 253; N.Y. Bus. Corp. Law § 905.

65) American Bar Association, 「Model Business Corporation Act Annotated」, 4th ed., vol. 3, 2013, pp.11-74.

그러나 RMBCA 제11.05조는 모회사 주주의 승인을 면제하지는 않는다. 제11.04(g)조에 따르면 간이합병에서 자회사가 모회사에 합병되는 경우(upstream merger)에는 일반적으로 모회사 주주총회 승인은 필요하지 않다. 왜냐하면 간이합병을 하는 때는 모회사 정관이 영향을 받지 않고 또한 일반적으로 합병대가로 20% 이상의 주식을 발행하지 않기 때문이다. 즉, 모회사가 이미 90% 이상의 주식을 소유하고 있기 때문에 자회사의 주주에게 모회사 주주의 이익에 영향을 줄 정도의 합병교부금이나 주식이 제공되지 않으며, 모회사 영업의 성격에도 중대한 변화를 초래하지 않는다.[66] 그러나 모회사가 자회사로 합병되는 경우(downstream merger)에는 모회사 주주의 승인이 필요하다.[67]

간이합병의 중요한 효과 중의 하나는 모회사가 자회사를 합병하는 경우 자회사 주주의 주식매수청구권은 인정되지만, 존속하는 모회사 주주의 주식매수청구권은 인정되지 않는다는 점이다.[68] 그러나 모회사가 자회사로 합병되는 때는 모회사 주주의 결의가 필요하다.[69] 자회사 주주는 합병에 반대할 기회는 없지만 모회사 이사회의 합병승인의 통지를 받은 이후 주식매수청구권 행사 의사를 통지함으로써 동 청구권을 행사할 수 있다.[70]

간이합병은 축출거래나 폐쇄회사로 변경하는 거래에서 마지막 단계라고 할 수 있으며, 소수주주의 보호가 불충분하다는 일부의

66) Franklin A. Gevurtz, Corporation Law 2nd ed., West, 2010, p.678.

67) American Bar Association, op. cit., pp.11-73～11-74.

68) Del. Code Ann. tit. 8, § 253(d); RMBCA § 13.02(a)(1)(ⅱ).

69) Cal. Corp. Code § 1110; Del. Code Ann. tit. 8, §253.

70) James D. Cox & Thomas D. Hazen, Cox & Hazen on Corporation, 2nd. ed., vol. Ⅲ, 2003, p.1340.

비판이 있다.[71] 반면 90% 이상을 보유한 주주가 자회사 주주의 승인을 얻기 위한 형식적인 절차를 피할 수 있으며, 소수주주의 권리가 박탈되기는 하지만 주식매수청구를 통해 탈퇴할 권리를 가진다고 한다.[72] 소유주식에 대한 합병교부금을 받도록 강요되는 소수주주는 연방세법에 따라 당해 거래의 손익을 인식하여 자본소득세를 적용받기 때문에 상당한 경제적 손실을 입을 수 있다.[73] 더욱이 소수주주 축출로 인해 소수주주의 경영자 감시기능이 약화되고 주주권 침해에 대항할 능력도 약화된다.[74]

간이합병에서 축출거래가 유효하기 위해서는 주요목적기준과 '완전한 공정성 기준'(entire fairness test)[75]을 충족해야 하는 것으로 인식되었다. 그러나 주요목적기준은 모회사가 소수주주를 축출하는데 있어서 주주총회 개최비용의 회피, 관계회사 간 거래에서의 이익충돌의 회피 및 공동목적 추구 등을 이유로 쉽게 충족된다.[76] 완전한 공정성 기준은 모자회사 간에 지배주주가 양 당사회사에 모두 관련되어 있는 경우 적용된다.[77] 그러나 델라웨어주

71) Comment, The Short Merger Statute, 32 U. Chi. L. Rev. 596 (1965).

72) Teschner v. Chicage Title & Trust Co., 322 N.E.2d 54 (Ill. 1974).

73) I.R.C. § 1101; 26 U.S.C. § 1001 (2000).

74) James D. Cox & Thomas D. Hazen, op. cit., p.1341.

75) 완전한 공정성 기준은 가격의 공정성(fair price)과 절차적 공정성(fair dealing)으로 구성된다. 절차적 공정성은 거래시기, 거래가 이루어진 계기, 거래의 구조, 협상방식, 이사에 대한 공시, 이사 및 주주의 승인 획득 방법에 관한 문제를 포함한다. 가격의 공정성은 자산, 시장가치, 수입, 장래전망 및 주식의 본질적 가치에 영향을 미치는 여타 요소를 포함하여 합병의 경제적, 재무적 대가에 관련된다(Weinberger v. UOP, Inc., 457 A.2d 701, 711 (Del. 1983)).

76) Cross v. Communications Channels, Inc., 456 N.Y.S.2d 971 (Sup. Ct. 1982).

77) Orman v. Cullman, 794 A.2d 5, 21 n.36 (Del. Ch. 2002).

회사법 제253조의 간이합병 거래에 해당하는 경우에는 완전한 공정성 기준을 요구하지 않지만, 완전한 공시의무는 요구한다.[78] 델라웨어주 법원은 간이합병을 할 때 사기나 위법성이 없는 경우 주식매수청구권이 간이합병에 반대하는 소수주주에게 제공되는 유일한 구제책이라고 본다.[79] 결국 합병대가를 수령할 것인지 주식매수청구를 할 것인지를 결정해야 하는 소수주주에게 필요한 정보를 공시할 의무만 남게 된다.[80]

이처럼 모회사가 자회사를 합병하는 간이합병의 경우 모회사의 이사회결의만 있으면 합병이 가능하며, 모회사나 자회사의 주주 결의나, 많은 경우 자회사 이사회 결의도 요구되지 않으며, 모회사 주주의 주식매수청구권도 부정된다. RMBCA 제11.05조는 오늘날 합병보다는 현금축출에 관한 규정으로 기능하고 있다. 모회사가 자회사의 소수주주들에게는 언제든지 주식을 매도하도록 강요할 수 있는데 반해 소수주주들은 모회사에게 주식매수를 청

---

78) Glassman v. Unocal Exploration Corp., 777 A.2d 242, 247-248 (Del. 2001); Edward P. Welch, Andrew J. Turezyn & Robert S. Saunders, Folks on the Delaware General Corporation Law 5th ed., vol. Ⅱ, 2008, § 253.4. 델라웨어주 법원은 Siliconix 판결에서 강요나 공시 위반이 없는 경우 완전한 공정성 기준은 공개매수에 대해 적용되지 않는다고 판시하였다(In re Siliconix Inc. Shareholders Litigation, 2001 WL 716787 (June 21, 2001) at *6). 1개월 후 내린 Glassman 판결에서는 간이합병에 대해서도 동 기준의 적용을 배제하였다. 이 두 판결을 통해 지배주주는 공개매수 후 간이합병을 함으로써 완전한 공정성 기준의 적용을 피할 수 있게 되었다(Guhan Subramanian, "Post-Siliconix Freeze-outs: Theory and Evidence", 36 J. Legal Stud. 1, 3-4 (2007)).

79) Glassman v. Unocal Exploration Corp., 777 A.2d 242, 248 (Del. 2001); Stauffer v. Standard Brands Incorporated, 187 A.2d 78, 80 (Del. 1962)

80) James D. Cox & Thomas D. Hazen, op. cit., pp. 1341-1342; Edward P. Welch, Andrew J. Turezyn & Robert S. Saunders, op. cit., § 253.6.

구할 수 없는 일방적인 현금축출 조항이라는 비판을 받는다.[81)]

2013년 델라웨어주회사법 제251(h)조가 제정되기 이전에는 상장회사를 합병하기 위해서는 법정합병(statutory merger)을 하거나 2단계 공개매수(two-step tender offer)를 활용하였다. 2단계 공개매수에서는 1단계 공개매수 후에 90% 이상의 지분을 확보한 경우에는 2단계에서 간이합병(short-form merger)을 하고,[82)] 그렇지 못한 경우에는 정식합병(long-form merger)을 하였다. 그러나 1단계에서 90% 이상의 지분을 확보하기 위해서는 막대한 자금이 필요하였으며, 그렇지 못한 경우에는 2단계에서 위임장설명서를 준비하고 주주총회 승인을 받아야 하는 정식합병 절차를 거쳐야 함에 따라 시간과 비용면에서 비효율적이라는 문제가 제기되었다.[83)]

2013년 제정된 델라웨어주회사법 제251(h)조는 상장회사 또는 주주가 2,000명 이상인 대상회사를 합병하는데 있어서 공개매수 후에 바로 2단계 합병이 이루어지고, 인수자가 대상회사의 주주총회의 승인을 받는데 필요한 주식 수의 비율(과반수)을 보유하는 경우 다음의 전제 조건을 충족하면 대상회사의 주주총회 승인을 얻을 필요가 없도록 규정하고 있다. 즉, ⅰ) 1단계 공개매수 이후 바로 합병이 이루어지고, ⅱ) 당해 공개매수는 대상회사의 모든

---

81) Melvin A. Eisenberg & James D. Cox, Corporations and Other Business Organizations, 10th ed., 2011, pp.1192-1193.

82) 2001년 Siliconix 판결 후 4년간을 대상으로 한 실증적 연구에 의하면, 이러한 2단계합병 통한 소수주주의 축출이 정상적인 합병을 통한 축출보다 합병대가가 훨씬 낮게 지급되는 것으로 나타났다(Guhan Subramanian, op. cit., p.24).

83) Carl Sanchez, Elizabeth Razzano & Laura McGurty, "Tender Offers: Past, Present and Future — the Evolution of Section 251(h)", May 2014, p.1, <https://www.paulhastings.com/docs/default-source/PDFs/stay-current-251h-tender-offers.pdf> (2020.6.1. 방문).

사외주식을 대상으로 제안되어야 한다. 단, 인수자 또는 인수자의 전체 사외주식을 직간접적으로 보유한 자, 그리고 이들이 직간접적으로 보유한 완전자회사 등이 보유한 주식은 제외한다. iii) 합병 당사자가 계약상 제251(h)조의 활용을 선택하여야 한다.

제251(h)조는 2013년 제정 시에는 합병 당사자 일방이 이해관계자인 경우 사용이 금지되었으나, 2014년 개정에서 이러한 제한을 철폐하였다.[84] 이해관계자란 대상회사 의결권주식의 15% 이상을 보유한 자를 포함한다(제253조). 또한 제262조는 합병대가가 상장주식인 경우 주식매수청구권을 인정하지 않았으나, 제251(h)조에 의한 간이합병에 대해서는 주식매수청구권을 인정하는 것으로 개정되었다.[85]

제251(h)조가 공개매수 이후 2단계 합병을 추진하면서 대상회사의 주식을 과반수 이상만 취득하면 90%에 달하지 못하더라도 인수회사가 대상회사의 주주총회 승인 없이 합병을 할 수 있도록 허용함에 따라 인수회사의 부담이 획기적으로 감소되었다. 즉, 인수회사가 공개매수 후에 2단계합병에서 90% 이상의 주식을 취득하지 못하고 과반수 이상만 취득하더라도 주주총회 승인 없이 합병을 하도록 허용함으로써 간이합병의 효과를 누리도록 허용한

84) 동 조항은 운영하면서 발생하는 문제점들에 대한 실무계의 건의를 반영하여 이후에도 계속 개정되고 있다. 자세한 내용은 Kim, Sung Jin, "Study on Short-Form Merger Without Approval of General Meeting of Shareholders", 외법논집 제42권 제2호(한국외국어대학교 법학연구소, 2018), 405-409면) 참조.

85) Edward P. Welch, Allison L. Land, Cliff C. Gardner & Christopher M. DiVirgilio, "Legislative Solutions to Practitioner Problems: Important Amendment to the Delaware General Corporation Law", 17 No.7 M&A Law. 1 (2013).

것이다.

이에 따라 인수회사의 자금부담이 경감됨에 따라 더 많은 회사가 인수제의를 할 수 있게 되어 대상회사로서도 가격조건이 유리한 제안을 수용할 기회가 높아졌다. 매수한도를 90%에서 과반수로 낮춤에 따라 양 당사자가 2단계 합병을 신속하게 종결하게 되어 대상회사의 주주도 신속하게 합병대가를 수령할 수 있게 된다.[86)]

9. 일본의 간이합병 제도

(1) 일본 간이합병 제도의 내용

일본 회사법은 지배관계에 있는 회사 간에 합병 등의 조직재편행위를 하는 경우에 피지배회사의 주주총회 결의를 요하지 않는 간이 조직재편행위를 인정하고 있다. 회사 간에 지배관계가 있는 경우라 함은 피지배회사의 총주주 의결권의 9할(피지배회사의 정관에서 가중하는 것은 가능) 이상을 다른 회사(특별지배회사) 및 그 다른 회사가 발행주식총수의 전부를 보유하는 주식회사 기타 이에 준하는 것으로 회사법규칙 제136조에서 정한 법인이 가지고 있는 경우를 말한다(제468조 제1항).[87)]

86) Carl Sanchez, Elizabeth Razzano & Laura Mcgurty, op. cit., p.2.

87) 회사법상 간이조직재편이 인정되는 조직재편행위는 흡수형의 재편만이며, 신설형 조직재편이나 조직변경에는 인정되지 않는다. 이는 신설재편의 경우 당사회사가 단독으로 또는 다른 당사회사와 공동으로 새로운 회사의 설립행위를 한다는 성질을 가진 것이며, 흡수형 재편처럼 당사회사가 쌍무적인 채권채무관계를 부담하는 것은 아니라는 점과, 조직변경에 대해서는 1개 회사에서만 이루어지는 행위인 점 등에 기인한다(相澤哲·細川充, "組織再編行爲", 「立案擔當者による新·會社法の解說(相澤哲 編)」, 商事法務, 2006, 198면).

흡수합병의 당사회사 일방이 다른 당사회사(피지배회사) 총주주 의결권의 10분의 9(피지배회사의 정관에서 이를 상회하는 비율을 정하는 것은 가능) 이상을 가지는 때(특별지배회사(제468조 제1항))는 절차를 간소화하기 위해 피지배회사가 소멸회사로 되는 경우(제784조 제1항)[88]이든 존속회사로 되는 경우(제796조 제1항)[89]이든 피지배회사의 합병승인 주주총회결의를 요하지 않는다. 간이합병의 요건을 충족하더라도 종류주주총회는 생략할 수 없다(제322조 제1항 제7호, 제783조 제3항, 제795조 제4항 제1호).[90]

그러나 이러한 간이합병의 요건이 충족되더라도 예외적으로 ① 소멸회사인 피지배회사가 공개회사(동법 제2조 제5호)이면서 종류주식발행회사가 아닌 경우, 합병대가로서 소멸회사의 주주에게 존속회사의 양도제한주식 등(회사법 제783조 제3항, 회사법규칙 제186조)[91]을 교부한 때(회사법 제784조 제1항 단서)[92] 또는 ② 존속회

---

88) 2005년 제정 회사법은 제784조 제1항의 간이조직재편 제도에 관한 규정 및 동조 제2항 간이조직재편에 있어서 금지청구권에 관한 규정을 신설하였으며, 제784조 제2항은 2014년 개정회사법에서는 제784조의2로 변경되었다. 간이합병 제도는 미국의 short-form merger 제도를 모방한 것이다(參本 滋 編, 「會社法コンメンタ-ル17 - 組織變更, 合併, 會社分割, 株式交換等(2)」, 商事法務, 2010, 77면[柴田和史 執筆部分]).

89) 이때는 피지배회사가 존속회사로 하고 특별지배회사를 소멸회사로 하는 흡수합병 즉 역합병이 이루어지는 경우이다.

90) 江頭憲治郎, 「株式會社法[第7版]」, 有斐閣, 2017, 880면.

91) 양도제한주식 등에는 양도제한주식 기타 존속회사 등의 취득조항부주식 또는 취득조항부신주예약권(어느 것도 취득대가가 양도제한주식인 것에 한함)이 포함된다(회사법규칙 제186조).

92) 공개회사인 소멸회사의 주주에게 양도제한주식 등이 교부된 경우에는 그 주주총회의 특수결의를 요하는데(회사법 제309조 제3항 제2호), 총주주 의결권의 10분의 9 요건으로 특수결의 요건이 충족되었다고 할 수 없기 때문이다(江頭憲治郎, 前揭書, 881면).

사인 피지배회사가 비공개회사인 경우 소멸회사의 주주에게 합병대가로서 교부하는 전부 또는 일부가 존속회사의 양도제한주식인 때(회사법 제796조 제1항 단서)에는 간이합병 절차에 따를 수 없으며 주주총회결의가 요구된다.[93)]

①의 경우 제784조 제1항 단서에서 소멸회사가 공개회사이면서 또한 종류주식발행회사가 아니라는 것은 소멸회사가 1종류의 주식만을 발행하고 그 주식에 대해 양도제한이 없다는 것을 의미한다. 따라서 소멸회사의 주식은 전부 양도제한이 없는 주식이라고 할 수 있다. 이러한 주식을 보유한 주주에게 합병대가의 전부 또는 일부로서 양도제한주식 등을 교부하는 것은 소멸회사의 주주가 가진 주식에 대해 새롭게 양도제한을 하는 것과 유사한 상황으로 된다. 이러한 경우는 원래 제309조 제3항 제2호에 해당하여 주주총회 결의는 특별결의보다 더 엄중한 특수결의[94)]가 필요하다. 특수결의의 성립에 대해서는 의결권 비율뿐만 아니라 주주의 두수도 요건으로 된다. 따라서 특수결의의 경우에는 특별지배회사라는 의결권의 수만을 고려한 기준으로는 결의요건을 충족할 수 없기 때문에,[95)] 원칙으로 돌아가 주주총회의 승인결의가 필요하다.[96)] 합병대가로서 환가하기 어려운 양도제한주식을 교부

---

93) 江頭憲治郎, 前揭書, 880면.

94) 일본의 주주총회(종류주식 발행회사의 주주총회 제외) 결의에서 특수결의 요건은 주주총회에서 의결권을 행사할 수 있는 '주주'의 반수 이상(이를 상회하는 비율을 정하는 경우 그 비율 이상)이고, 또한 의결권을 행사할 수 있는 주주 '의결권'의 3분의 2 이상(이를 상회하는 비율을 정하는 경우 그 비율 이상)에 해당하는 다수이다(제309조 제3항).

95) 江頭憲治郎, 前揭書, 881면.

96) 參本 滋 編, 前揭書, 79-80면[柴田和史 執筆部分]. 예컨대, 甲회사가 그 주식의 91%를 A가 소유하고 나머지 9%를 3명의 주주가 보유하고 있는

하기 때문에 소멸회사의 주주총회 특수결의가 필요하도록 규정한 것이다.[97]

②의 경우 비공개회사가 모집주식을 모집하는 데에는 주주총회 결의가 필요한 것(제199조 제2항)과 균형을 맞추기 위한 것이다.[98]

(2) 일본의 간이조직재편과 소수주주 및 종류주주의 보호

간이조직재편을 하는 경우 피지배회사의 주주총회가 개최되지 않기 때문에 피지배회사의 소수주주로서는 주주총회결의 취소의 소를 제기하는 등 조직재편행위의 효력을 다툴 기회가 현저하게 감소하게 된다. 이에 따라 일본 회사법은 간이조직재편의 경우에 다음과 같은 소수주주나 종류주주의 이익을 보호하기 위한 조치를 강구하고 있다.

가. 간이조직재편행위가 인정되지 않는 예외 설정

지배회사가 피지배회사의 90% 이상의 주식을 보유하고 있는 경우에 있어서도 일정한 경우에는 원칙적으로 간이조직재편을 할 수 없다(일본회사법 제784조 제1항 단서, 제796조 제1항 단서).[99]

공개회사인 경우 주식에 양도제한 조건을 부과하기 위해서는 '총주주'의 반수 이상의 찬성이 필요하므로(제309조 제3항 제1호) 9%를 보유한 주주 중 1명이 찬성해야만 된다. 그러나 이때 간이합병이 허용되면 91%를 보유한 A는 주식양도제한 조건을 부과한 乙회사를 설립한 다음 거기에 자신이 보유한 주식을 양도한 후 甲회사를 소멸회사로 하는 간이합병을 하면, 나머지 3명의 찬성이 없더라도 A 1인만으로 甲회사를 주식양도제한 회사로 하는 것과 동일한 결과를 가져오게 된다. 이러한 탈법행위를 방지하기 위한 것이 제784조 제1항 단서의 취지이다(今井宏·菊地伸, 「會社の合併」, 商事法務, 2005, 292면).

97) 關西法律特許事務所·成和共同法律事務所, 「詳解 新會社法の理論と實務」, (株)民事法研究會, 2006, 723면.

98) 江頭憲治郎, 前揭書, 879면; 相澤哲·細川充, 前揭論文, 196면.

마찬가지 이유로 간이조직재편에 의해 주주총회 결의를 필요로 하지 않는 경우에도 조직재편행위에 의해 양도성이 낮은 대가를 교부받은 소멸회사 등의 주주를 보호할 필요성이나 존속회사 등의 양도제한주식의 주주를 보호할 필요성에 비추어 요구되는 종류주주총회의 결의 또는 어떤 종류 주주 전원의 동의를 생략할 수 없다(동법 제783조 제3항·제4항, 제795조 제4항). 거부권부종류주식을 발행하고 있는 경우에 종류주주총회의 결의(동법 제323조)나 조직재편행위에 의해 어떤 종류주식의 주주에게 손해를 미칠 우려가 있는 경우에 있어서 종류주주총회의 결의(동법 제322조)에 대해서도 마찬가지이다.[100]

나. 금지청구의 인정

간이합병의 요건에 대해서는 소규모합병의 경우와는 달리 일정한 의결권의 수를 가진 주주에 의한 합병반대의 통지 제도가 존재하지 않는다. 그래서 소수주주의 이익을 보호하기 위하여 2005년 회사법은 간이합병에 한정하여 금지청구 제도를 도입하였다(2014년 개정 전 회사법 제784조 제2항, 제796조 제2항). 2014년 개정 회사법은 간이합병에만 허용되던 금지청구 제도를 소규모합병을 제외한 조직재편 전체로 확대하였다.[101]

10. 우리나라 간이합병 제도의 개선방안

우리나라 상법은 합병대가로 양도제한주식을 교부하는 데에

99) 전술한 Ⅳ.8.가. 참조.

100) 相澤哲·細川充, 前揭論文, 199면.

101) 일본의 합병금지청구 제도에 대해서는 후술하는 Ⅴ.3. 참조.

관한 규정을 두지 않고 있어서 법률관계를 명확하게 하기 위해 입법적 보완이 필요하다. 존속회사가 소멸회사의 주식을 90% 이상 취득하더라도 소멸회사인 피지배회사가 공개회사이면서 종류주식 발행회사가 아닌 경우 즉, 소멸회사가 공개회사이면서 1종류의 주식만을 발행하고 그 주식에 양도제한이 없는 때, 합병대가로 소멸회사의 주주에게 양도제한주식을 교부한 경우는 간이합병 절차에 의하지 않고 주주총회에서 합병승인결의가 요구된다는 규정을 둘 필요가 있다(일본회사법 제309조 제3항 제2호 참조). 만일 이러한 경우에 간이합병 절차를 따르게 되면 소멸회사의 주주총회 결의 없이 소멸회사의 주식에 대해 새롭게 양도제한을 하는 것과 같은 결과가 되며, 소멸회사의 주주는 환가가 어려운 양도제한주식을 교부받게 된다. 이때 소멸회사의 주주총회 승인은 상법상 사후적인 정관변경에 의해 양도제한 규정을 도입하는 경우에 준하여 통상적인 정관변경요건으로 족하다고 해석하는 견해가 있다.[102] 그러나 공개회사의 보통주식을 가진 주주가 사후에 주주총회 특별결의와 주식매수청구권 부여를 조건으로 양도제한주식을 교부받는다는 것은 소수주주를 보호하는 데에 너무 미흡하다. 이러한 경우는 총주주 동의는 아니더라도 결의요건을 강화시킬 필요가 있을 것이다.

소멸회사가 종류주식 발행회사인 경우에 합병대가의 전부 또는 일부가 양도제한주식인 때에는, 흡수합병은 주주총회 특별결의 이외에 당해 양도제한주식을 교부받은 종류주식 주주의 종류주주총회의 결의가 없으면 그 효력이 발생하지 않도록 규정할 필

102) 권기범, 전게서, 147면.

요가 있다(일본회사법 제783조 제3항, 제324조 제3항 제2호 참조). 이때에는 양도제한주식을 교부받은 특정한 종류주식의 주주에게 손해를 미칠 우려가 있기 때문이다(제434조). 합병에 반대하여 주식매수청구권을 행사한 때에는 차익실현에 따른 양도소득세 부담이 발생할 수 있다.

간이합병의 경우 소규모합병처럼 합병계약서에 주주총회의 승인을 얻지 않고 합병을 한다는 뜻을 기재하여야 한다는 규정(제527조의3 제2항)을 두지 않고, 합병한다는 뜻의 공고나 주주에 대한 통지만을 규정하고 있다(제527조의2 제2항). 합병계약서 기재를 소규모회사와 달리할 이유가 없으므로 간이합병의 경우에도 합병계약서에 주주총회의 승인을 얻지 않고 합병을 한다는 뜻을 기재하도록 규정하는 것이 타당하다고 본다.[103)]

간이합병 절차를 추진하는 경우 소수주주 보호절차가 더 중요하다. 간이합병에 반대하는 주주는 주식매수청구권을 행사하거나 합병무효의 소를 제기할 수 있지만, 소수주주 보호에 미흡한 것은 사실이다. 합병대가가 유연화 됨에 따라 소수주주를 축출할 수 있는 수단은 다양해진 반면 소수주주 보호를 위한 수단은 미흡한 실정이다. 이에 따라 미국, 일본 등에서 도입된 사전적인 합병의 유지청구 제도를 간이합병의 경우 가장 우선적으로 도입할 필요가 있다.[104)]

103) 권기범, 전게서, 260면.

104) 유지청구 제도의 도입에 관한 논의는 후술하는 Ⅴ. 참조.

Ⅴ. 합병유지청구 제도의 도입

1. 합병유지청구 제도의 도입 필요성

우리나라 상법상 유지청구권은 이사의 위법행위 유지청구권(제402조)과 신주발행유지청구권(제424조)이 인정되고 있다. 그러나 상법은 조직재편에 대한 사전구제 제도로서 유지청구제도를 두지 않고 있다. 이에 따라 불공정한 대가로 합병이 추진될 때 이러한 유지청구권을 피보전권리로 하여 가처분을 구할 수 있는지 여부가 문제된다. 이사의 위법행위 유지청구권의 경우 합병대가로 주식이 교부되면 회사에 회복할 수 없는 손해를 발생한다고 보기는 어렵기 때문에 제402조의 요건을 충족할 수 없을 것이다.[105] 한편 신주발행유지청구권의 경우 합병대가로 존속회사의 신주를 배정하게 되면 소멸회사는 발행주체가 아니므로 소멸회사의 주주에게는 피보전권리가 인정되지 않으며, 합병대가로 주식이 아니라 현금을 지급하면 존속회사의 주주에게도 피보전권리를 인정하기 어려울 것이다.[106]

이처럼 이사의 위법행위유지청구권과 신주발행유지청구권을 통해 불공정한 합병대가에 의한 합병을 사전에 금지시키기는 어려운 실정이다. 이에 따라 조직재편에 반대하는 소수주주는 사후적인 구제수단인 주식매수청구권이나 조직재편무효의 소 등에 의지할 수밖에 없게 된다.

조직재편 과정에서 이사와 주주의 판단 권한의 분배라는 관점

105) 권기범, 전게서, 343면; 서울민사지방법원 1987.9.9.자 87카37879 결정.
106) 김건식·노혁준·천경훈, 「회사법[제4판]」, 박영사, 2020, 785면.

에서 보면, 이사가 거래의 선택 및 매수조건을 둘러싼 교섭을 전직으로 담당하며, 주주는 이사가 마련한 매수조건을 수용할 것인지 여부만을 판단할 수밖에 없다. 이처럼 이사에게 회사의 조직재편 의사결정에 관한 강력한 권한이 부여되어 있다. 반면에 특히 지배종속관계에 있는 회사 간에 조직재편을 하는 경우 이사(또는 지배주주)와 주주 간에는 구조적인 이익충돌 문제가 생긴다. 예컨대, 지배주주가 종속회사의 소수주주를 축출하는 경우 등이다.[107] 이러한 이익충돌 문제가 있음에도 불구하고 이사에게 강력한 권한을 부여하는 것을 정당화하기 위해서는 이사(또는 지배주주)에 대한 적절한 통제가 필요하다. 따라서 현행 조직재편 과정에서 이사(또는 지배주주)에 대한 규율이 주주 보호의 관점에서 충분한 것인지가 문제된다.[108]

조직재편을 추진하면서 이사(또는 지배주주)와의 이익충돌을 억지하기 위한 수단으로서 조직재편무효의 소, 이사에 대한 손해배상책임의 추궁, 회사에 대한 주식매수청구권의 행사를 들 수 있다. 그러나 이러한 구제수단이 불공정한 조직재편의 억지 및 주주를 구제하는데 충분하게 기능하지 못하고 있다. 조직재편 무효의 소의 경우 합병의 효력발생 후에 그 효력을 부정하면 법률관계에 미치는 영향이 크기 때문에 무효사유를 한정적으로 해석하므로 불공정한 합병의 억지 및 주주 구제의 관점에서 실효성이

107) 지배주주는 매수자이면서 통상 매도자인 소멸회사의 이사회를 지배하고 있어서 지배종속회사 간 축출거래는 자기거래 성격을 갖는다(권기범, 전게논문, 147면 주) 12; Guhan Subramanian, op. cit., p.3.

108) 白井正和, “組織再編等に關する差止請求權の擴充 — 會社法の視点から”, 「會社事件手續法の現代的展開(川嶋四郎·中東正文 編)」, 日本評論社, 2013, 207-208면.

부족하다는 비판이 제기된다.109)

이사에 대한 손해배상청구를 통한 불공정한 합병의 억지 및 주주의 구제에 관해서는 이사의 임무해태를 판단하는 심사기준이 명확하지 않으며, 주주가 소송을 제기하는 데는 비용이 높고 손해액의 산정이 어렵다는 점 등이 비판된다.110)

주식매수청구권의 경우 이사에게 무엇인가 벌칙을 부과하는 것은 아니라는 점에서 조직재편 국면에서 이사의 이익충돌을 억지하는 기능이 기대되지 않으며, 권리행사를 위한 절차가 비법률가인 주주로서는 부담스러울 뿐만 아니라 조직재편 후 회사에 잔류하고자 하는 주주는 보호되지 않는다는 비판이 제기된다.111) 또한 주주총회 승인 결의 후에 대가가 부당한 사실이 명확해 지는 경우 주주총회에서 주주가 이를 알지 못하고 찬성표를 던진 때에는 주식매수청구권을 행사할 수 없다는 점, 법원으로서도 대가를 정확하게 산정하기 어렵다는 점이 문제로 된다.112)

또한 금지청구권을 통한 구제는 이사에 대한 손해배상청구나 주식매수청구에 비해서 입증책임이 경감되며, 법원이 개입함으로 인한 위축효과를 억제할 수 있다는 장점이 있다.113)

---

109) 齊藤眞紀, "不公正な合併に對する救濟として差止めの假處分", 「會社裁判にかかる理論の到達點(神作裕之 外 編)」, 商事法務, 2014, 100면; 太田洋·安井桂大, "組織再編等の差止請求制度とその論點", 「商事法務」 第1988号(2013), 16면.

110) 白井正和, 前揭論文, 209면; 齊藤眞紀, 前揭論文, 110-117면.

111) 임정하, "현물배당과 교부금합병을 통한 기업구조조정에 대한 소고", 「법학연구」 제48집(한국법학회, 2012), 394면; 白井正和, 前揭論文, 210면; 受川環大, 「組織再編の法理と立法 — 利害關係者の保護と救濟」, 中央經濟社, 2017, 275면.

112) 飯田秀總, "組織再編等の差止請求規定に對する不滿と期待, 「ビジネス法務」 2012年 12月号 77-78면.

현저하게 불공정한 합병대가로 합병절차가 진행되는 경우에 주주 등 이해관계자가 합병등기 전에 이를 금지시킬 수 있다면 사후적으로 합병을 무효로 하는 것보다 회사 법률관계를 훨씬 안정적으로 처리할 수 있을 것이다.[114] 사전적인 유지청구제도는 소수주주에게 적절한 정보를 제공하는 수단을 제공하고, 사후적인 구제책에 대한 수요도 감소시킬 수 있으므로 그 도입을 검토할 필요가 있다.[115]

2. 미국법상 예비적 금지명령제도(Preliminary Injunction)

(1) 요건

미국 델라웨어주에서는 모자회사 간 교부금합병에 대해 소수주주의 구제를 위하여 종래부터 형평법상 주주의 사전적인 유지청구제도가 인정되고 있다. 이러한 유지청구제도는 Weinberger 판결[116]을 전후하여 소수주주에 대한 다른 구제제도(제정법상 주식매수청구권 제도와 판례법상 손해배상제도)와 더불어 변화가 있었다.

주주는 신인의무 위반을 근거로 예비적 금지명령을 신청하는 사례가 많다. 예비적 금지명령이 인용되기 위해서는 i) 본안에서 승소할 합리적인 개연성이 있을 것(제1요건), ii) 예비적 금지

---

113) 白井正和, 前揭論文, 211-214면. 법원에 의해 유지청구가 인용되더라도 이사는 추후에 이를 보완하여 합병을 실현할 수 있기 때문에, 유지청구제도는 이사에 대한 손해배상이나 조직재편무효의 소와 비교해서 이사를 위축시키는 효과가 더 약하다.

114) 권기범, 전게서, 341면.

115) 손영화·고재종·양병찬, "주식매수청구권 행사에 관한 몇 가지 논점에 대한 고찰", 「법학연구」 제9집 제4호(인하대학교 법학연구소, 2016), 309면.

116) Weinberger v. UOP, Inc., 457 A.2d 701 (Del. Supr. 1983).

명령이 부정되면 긴급하고 회복 불가능한 손해의 위협이 있을 것(제2요건), iii) 형평의 관점에서 금지가 용인될 것(금지명령이 부정될 경우 원고가 입는 손해가 금지명령을 내릴 경우 피고가 입는 손해를 초월해야 한다)(제3요건) 등 세 가지 요건이 충족되어야 한다.[117]

가. 본안에서 승소할 합리적인 개연성이 있을 것

델라웨어주를 중심으로 한 미국법에서는 이사는 회사를 경영하고 재판상 행위를 할 권한을 가진다. 이러한 이사의 권한에 대하여 이사는 '회사'와 '주주'에 대해 선관주의의무(duty of care)와 충실의무(duty of loyalty)를 중요한 구성요소로 하는 신인의무(fiduciary duty)를 부담한다.[118]

일반적으로 신청인인 주주는 부당한 매각절차를 거치고 또한 부당한 매각대가로 합의한 것에 대한 신인의무 위반 및 이사가 위임장설명서에서 충분한 정보를 공시하지 않았거나 조직재편에 대한 주주제안을 받지 않았다는 사유에 근거하여 예비적 금지명령을 청구한다. 따라서 전술한 제1요건에서는 이사의 Revlon 의무[119] 위반의 유무나 정보공시의무 위반의 유무가 심사된다.

---

117) Revlon, Inc. v. MacAndrews & Forbes Holdings, Co., 506 A.2d 173, 179 (Del.Supr. 1986); Unitrin, Inc. v. American General Corp., 651 A.2d 1361, 1371 (Del.Supr. 1995); In re Siliconix Inc. S'holders Litig., No. Civ. A. 18700, 2001 WL 716787 (Del.Ch. 2001) at 6.

118) Mills Acquisition Co. v. Macmillian, Inc., 559 A.2d 1261, 1280 (Del. Supr. 1989).

119) Revlon 의무라 함은 회사의 매각과 같이 경영권의 변동이 필연적으로 수반되거나 임박한 상황에서 이사는 주주에게 합리적으로 가능한(reasonably available) 가장 높은 매도가격을 보장해야 할 경매인(auctioneer)으로서의 의무를 갖는 것을 말한다(Revlon, Inc. v. MacAndrews & Forbes Holdings, Co., 506 A.2d 173, 182(Del.Supr. 1986).

나. 예비적 금지명령이 부정되면 긴급하고 회복 불가능한 손해의 위협이 있을 것

조직재편 대가의 당·부당의 문제는 사후적인 구제수단인 주식매수청구권이나 손해배상청구권에 의해서 회복될 수 있기 때문에 회복할 수 없는 손해가 발생하였다고 주장할 수 없을 것이다. 실제로 예비적 금지명령이 인정되는 경우는 중요한 정보가 공시되지 않고 주주총회가 개최된 사례가 많다.

정보공시의무에 관해 델라웨어주에서는 이사의 선관주의의무 및 충실의무에 따라 이사회의 지배 아래 있는 모든 중요한 정보를 완전하고 공정하게 공시하여야 한다. 중요성의 입증책임은 원고인 주주가 부담하며, 합리적인 투자자의 관점에서 생략된 사실의 공시가 이용 가능한 정보 전체에 중대한 변화를 초래하는지에 대해 증명해야 한다.[120] 중요하지 않은 사실을 공시할 필요는 없지만, 이사가 부분적으로 공시를 하는 경우 그 부분에 대해서는 주주에게 정확하고 완전하며 공정한 정보를 제공할 의무가 있다.[121] Atheros Communications 판결에서는 대상회사의 공정의견서(fairness opinion)를 제출하였던 financial advisor에 대한 보수금액·성공보수의 비율을 공시하지 않고 또한 대상회사의 대표로 협상하였던 임원이 매수 후에 매수회사에 고용될 예정이었던 사실을 공시하지 않았다는 이유로 예비적 금지청구를 인정하였다.[122]

델라웨어주에서는 합병대가를 둘러싼 주주의 구제방법을 주식

120) Gantler v. Stephens, 965 A.2d 695, 710 (Del. 2009).

121) Arnold v. Soc'y for Sav. Bancorp., Inc., 650 A.2d 1270, 1280 (Del. 1994).

122) In re Atheros Communications, Inc. Shareholders Litigation, 2011 WL 864928 (March 4, 2011).

매수청구권에 한정하지 않는다. Weinberger 판결에서 델라웨어주 법원은 사기, 허위표시, 자기거래, 회사자산의 고의적 낭비 등을 제외하고 합병대가에 대한 주주의 유일한 구제수단은 주식매수청구권이라고 판시하였다.[123] 그러나 Rabkin 사건에서 법원은 그러한 견해를 변경하여 신인의무 위반에 대한 구제도 인정하였다.[124] 전술한 제2요건의 해석상 어려움에 관해서는 원고 주주로서는 정보공시가 불충분한 상태로 조직재편에 대한 의결권행사가 강요되는 것은 회복할 수 없는 손해이며 혹은 새롭게 매수자가 나타난 경우 어떤 매수가격이 제시될 것인지 예측이 곤란하여 손해액의 산정이 어렵기 때문에 회복할 수 없는 손해라고 주장하여 소수이지만 실제로 완전한 공정성 기준 또는 Revlon 기준에 위반한 것으로 금지가 인정된 사례도 있다. Solar Cells 판결에서는 합병 대상회사의 이사가 원고 주주가 출자한 회사의 이사에게 충분한 검토 기회를 주지 않은 채로 합병하고자 한 것이 신인의무 위반이라고 다투었다. 법원은 원고가 출자한 회사의 이사에게 공정한 거래 또는 공정한 가격을 제시하지 않았을 가능성이 있다고 하여 예비적 금지명령을 인정하였다.[125]

다. 형평의 관점에서 금지가 용인될 것

금지가 인정되지 않음으로써 상실되는 이익과 금지가 인정됨으로써 상실되는 이익에 대해 실질적인 비교형량이 이루어진다.

---

123) Weinberger v. UOP, Inc., 457 A.2d 701, 714 (Del. 1983).

124) Michael Phillips, Comment: Weinberger to Rabkin: Fine Tuning the Doctrine of Corporate Merger, 11 Del. J. Corp. L. 839, 858-859 (1986).

125) Solar Cell, Inc. v. True North Partners, LLC., No. Civ.A. 19477, 2002 WL 749163 (Del.Ch. Apr. 25, 2002) at *4-8.

예컨대, 보다 유리한 조건의 매수제안을 주주가 선택할 기회를 보장하는 것보다도 현재 제안되어 있는 프리미엄에 대한 매수제안이 철회되어 위약금까지 청구되는 경우, 금지에 의해서 상실되는 이익이 크다고 하여 금지가 인정되지 않았던 사례[126]나, 프리미엄부의 매수제안을 금지하는 경우 대상회사의 주주는 그 매수제안을 모두 상실할 우려가 있기 때문에 형평의 관점에서 금지를 인정하지 않는 사례[127]도 있다.

(2) 결정기준

금지를 판단하는데 있어서 금지에 의해 지킬 수 있는 이익[128]과 금지에 의해 상실하는 이익[129]에 대한 비용효과분석이 실질적으로 이루어지며,[130] 사안별로 사정을 종합적으로 고려해서 금지를 인정할 것인지 여부를 결정한다. 따라서 조직재편을 추진하는 이사가 공정한 거래절차를 거치지 않은 경우에 합병이 반드시 금지되는 것은 아니지만, 금지 리스크가 높아지는데 반하여 공정거래절차를 따르면 전술한 제1요건이 충족되지 않으므로 금지될 가능성이 낮아진다.[131]

---

126) In re Netsmart Technologies, Inc. Shareholders Litigation, 924 A.2d 171, 208 (2007).

127) In re Smurfit-Stone Container Corp. Shareholders Litigation, C.A. No. 6164-VCP, 2011 WL 2028076 (Del.Ch. May 24, 2011).

128) 전형적으로는 보다 유리한 조건의 매수제안을 주주가 지지할 수 있는 기회를 보장하거나, 정확한 정보에 근거하여 주주총회에서 결정할 기회를 보장하는 것이다.

129) 현재 제안되어 있는 프리미엄부 매수제안이 철회되어 경우에 따라서는 위약금까지 청구되는 불이익이다.

130) In re Netsmart Technologies, Inc. Shareholders Litigation, 924 A.2d 171, 208 (2007).

3. 일본의 조직재편(합병) 금지청구 제도

(1) 도입배경

간이조직재편에 있어서는 소규모조직재편과는 달리,[132] 소수주주에 의한 반대통지 제도(제796조 제4항)가 마련되어 있지 않고, 또한 소멸회사에서 흡수합병계약의 승인을 위한 주주총회가 개최되지 않기 때문에 주주는 설명을 요구하거나 의견을 진술할 기회도 없으며, 주주총회결의 취소의 소를 제기할 수도 없다. 합병의 효력이 발생한 후 합병무효의 소를 통해 합병의 효력을 부정하는 것은 현실적으로 쉽지 않다. 이에 따라 소수주주 보호가 불충분하다는 비판이 제기되었으며, 2005년 회사법은 그 해결방안의 일환으로 간이조직재편의 경우 피지배회사의 소수주주가 합병금지를 청구할 수 있는 제도를 도입하였다. 즉, 간이조직재편에 의해 주주총회의 결의가 필요하지 않게 되는 피지배회사의 주주는 간이조직재편이 법령 또는 정관에 위반하거나 또는 간이조직재편의 대가가 그 회사의 재산상황 기타 사정에 비추어 현저하게 부당하고, 또한 주주가 불이익을 입을 우려가 있는 때 주주는 조직재편의 금지를 청구할 수 있게 되었다(2014년 개정 전 회사법 제784조 제2항, 제796조 제2항).[133]

---

131) 飯田秀總, 「株式買取請求権の構造と買取價格算定の考慮要素」, 商事法務, 2013, 167면.

132) 일본의 약식조직재편은 우리나라의 간이조직재편에 해당하고, 일본의 간이조직재편은 우리나라의 소규모조직재편에 해당한다.

133) 江頭憲治郎·中村直人, 「論點体系 会社法 5 － 社債, 組織再編 I」, 第一法規, 2012, 447면. 사업의 전부 또는 중요한 일부의 양도, 다른 회사 사업의 전부의 양수, 사업 전부의 임대 등의 경우에 대해서는 금지청구 제도를 두고 있지 않다. 이것은 사업의 양도 등은 조직재편행위와는 다

그러나 2005년 회사법은 간이조직재편 이외의 일반적인 조직재편에 대해서는 주주의 금지청구에 관한 규정을 두지 않고 있었다. 또한 주주나 채권자가 조직재편의 효력을 다투는 수단으로서 회사법에서는 조직재편무효의 소가 규정되어 있지만(제828조), 조직재편의 효력이 발생한 후에 사후적으로 그 효력을 부정하는 것에 대해서는 법률관계가 불안정해지고 복잡해질 우려가 있다. 이에 따라 2014년 개정회사법은 소규모조직재편 이외의 일반적인 조직재편에 대해 주주의 금지청구권을 도입하였다.[134)]

(2) 금지청구의 사유

2014년 개정 회사법은 주주가 불이익을 받게 되는 조직재편에 대한 사전구제수단으로서 일반적인 조직재편의 금지청구에 관한 명문의 규정을 신설하고, 조직재편이 법령 또는 정관에 위반하여 당해 회사의 주주가 불이익을 받을 우려가 있는 때에는 주주는 조직재편의 금지를 청구할 수 있도록 규정하고 있다(제784조의2 제1호, 제796조의2 제1호, 제805조의2).[135)]

르며, 순수하게 거래행위이기 때문이다. 이에 불복하는 주주는 통상의 위법행위유지청구에 의해 보호된다(동법 제360조)(相澤哲·細川充, 前揭 論文, 199면).

134) 法務省民事局参事官室, 会社法制の見直しに関する中間試案の補足説明 第二部 第五, 2011.

135) 조직재편의 금지청구에 대해서는 간이조직재편의 금지청구도 포함하여 제784조의2 및 제796조의2로 통합하여 규정하고, 간이조직재편의 금지청구에 관한 2014년 개정 전 회사법 제784조 제2항 및 제796조 제2항을 삭제하였다. 2014년 개정 전 제784조 제2항 제1호 및 제796조 제2항 제1호에 규정되었던 금지사유(법령·정관위반)와 동일한 금지사유를 일반적인 조직재편과 간이조직재편에 공통적인 금지사유로 규정하고(제784조의2 제1호, 제796조의2 제1호), 또한 2014년 개정 전 제784조 제2항 제2호 및 제796조 제2항 제2호에 규정되었던 금지사유(조직재편의

또한 간이합병의 합병조건이 당사회사의 재산상황 기타 사정에 비추어 현저하게 부당하여 피지배회사의 주주가 불이익을 입을 우려가 있는 때에도 조직재편의 금지를 청구할 수 있다(제784조의2 제2호, 제796조의2 제2호).136)

다만 소규모조직재편의 요건을 충족하는 경우에 대해서는 소규모조직재편이 주주에 미치는 영향이 경미하여 주주총회 결의가 불필요한 점에 비추어 주주는 조직재편의 금지청구를 할 수 없는 것으로 규정하고 있다(제784조의2 단서, 제796조의2 단서, 제805조의2 단서).137)

그 이외에 전부취득조항부 종류주식의 취득 및 주식병합에 대해서도 조직재편의 경우와 같은 취지에서 금지청구에 관한 규정을 신설하고 있다(제171조의3, 제182조의3). 또한 2014년 신설된 특별지배주주에 대한 주식매도청구권 제도에 대해서도 매도주식등의 전부취득의 금지청구에 관한 규정을 두고 있다(제179조의7

대가가 현저하게 부당할 것)와 동일한 금지사유를 간이조직재편에 고유한 금지사유 규정하고 있다(제784조의2 제2호 및 제796조의2 제2호)(坂本三郎 編, 「立案擔當者による平成26年改正會社法の解說」, 商事法務, 2015, 205면 각주) 147).

136) 이 조항은 2005년 제정된 회사법 제784조 제2항 제1호에 규정되었던 것으로 2014년 개정 회사법 784조의2 제2호로 이동되었다. 한편 간이조직재편과 동일한 주주총회결의 생략형인 특별지배주주의 주식매도청구 제도도 법령·정관위반과 별개로 매도대가가 부당한 것을 금지사유(제179조의7)로 부가하고 있다. 이처럼 대가의 부당성을 금지사유로 인정하는 것은 간이조직재편과 특별지배주주의 주식매도청구뿐이다(高田晴仁, "株主による差止請求制度", 「法律時報」 第87卷 第3号(2015), 49면).

137) 일본의 소규모조직재편에서는 주식매수청구권이 부정되는 등(제785조 제1항 제2호, 제797조 제1항 단서) 주주의 권리보호가 대체로 무시되고 있다. 입법론적으로는 소규모조직재편의 금지청구를 일부러 제외할 이유가 없다는 비판이 제기된다(稻葉威雄, "平成26年会社法改正を考える", 「法律時報」 第86卷 第11号(2014), 74면).

제1항).[138)]

구체적으로는 사업공시에 허위가 있는 경우, 교부금의 금액이 현저하게 부당한 경우에 그 금지청구를 할 수 있다. 또한 전술한 회사법 제784조 제1항 단서(합병대가가 양도제한주식인 경우 등) 또는 제796조 제1항 단서에 의해 간이조직재편의 요건을 충족하지 않는 경우에도 회사법 제784조 제1항 본문 및 제796조 제1항 본문의 요건(특별지배회사인 경우 등)을 만족하면, 피지배회사의 주주가 조직재편행위의 금지를 청구할 수 있다. 양도성이 낮은 대가를 교부받기 때문에 간이합병이 인정되지 않는 경우에 있어서도 9할 이상의 주식을 보유한 지배주주가 당해 조직재편행위에 의해 소수주주의 이익을 해할 위험성이 높은 것에는 변함이 없기 때문이라는 것이 이유이다.[139)]

가. 합병의 법령·정관 위반(제784조의2 제1호, 제796조의2 제1호, 제805조의2)

주주가 일반적인 조직재편의 금지청구를 할 수 있는 것은 조직재편이 법령 또는 정관에 위반하고 또한 주주가 불이익을 입을 우려가 있는 때이다. 법령 또는 정관위반에 대해 2014년 개정 전 회사법에서는 간이조직재편의 금지사유인 '법령 또는 정관'의 위반(2014년 개정 전 회사법 제784조 제2항 제1호, 제796조 제2항 제1호)이라 함은 회사를 규범의 수범자로 하는 법령 또는 정관의 위반을 말하며, 이사의 선관주의의무나 충실의무를 포함하지 않는다고 해석되었다. 따라서 2014년 개정 회사법에서 신설하는 조직재

---

138) 坂本三郎 編, 前揭書, 205면.

139) 大隅建一郎·金井宏·小林量, 「新會社法概說[第2版]」, 有斐閣, 2010, 474-475면; 相澤哲·細川充, 前揭論文, 199면.

편의 금지청구에 관한 규정의 금지사유인 '법령 또는 정관'의 위반도 이사의 선관주의의무나 충실의무의 위반을 포함하지 않는다고 입법담당자는 해석한다.[140)]

또한 조직재편대가의 부당성은 입법경위나 조문구조에 비추어 법령위반에 포함되지 않는다는 것이 일본의 다수설이다. 그 근거로는 첫째, 조직재편의 대가가 부당하다는 것이 회사를 수범자로 하는 '법령 또는 정관'의 위반으로 되지는 않는다고 한다. 둘째, 2005년 제정 회사법에서는 간이조직재편에 대한 금지사유로서 법령 또는 정관의 위반과 조직재편의 대가가 부당한 경우가 각각 별개의 금지사유로 규정되어 있었다는 것이다(2014년 개정 전 회사법 제784조 제2항 제1호 및 제2호 참조).[141)]

따라서 이사의 선관주의의무·충실의무의 위반이나 조직재편의 대가가 부당하다고 하는 것은 금지청구의 요건인 '법령 또는 정관'의 위반에 포함되지 않는다고 해석된다.[142)] 법령·정관의 위반은 소규모조직재편을 제외하고 있기 때문에 결국 주주총회의 소집절차 등 형식적 절차 위반의 경우와 공시의무 위반의 경우가 많을 것으로 보인다.[143)]

---

140) 坂本三郎 編, 前揭書, 205면.

141) 坂本三郎 編, 前揭書, 205-206면. 그 이외에 실무상 조직재편의 금지청구는 가처분신청사건에서 다투어 지므로 법원이 단기간에 심리하여야 하는데, 대가의 부당성이라는 실체적 문제를 단기간에 심리하기 어렵다는 점도 근거로 거론되었다. 그러나 이에 대해서는 2005년 회사법에서 간이조직재편의 금지사유로서 대가의 부당성을 이미 열거하고 있었다는 점에서 형평이 맞지 않다고 지적된다(熊代拓馬, 前揭論文, 6면).

142) 坂本三郎 編, 前揭書, 206면; 法務省民事局参事官室, 会社法制の見直しに関する中間試案の補足説明 第二部 第五, 2011.

143) 弥永眞生 外, "會社法制の見直した關する中間試案をめぐって", 「立案擔當者による平成26年改正會社法の解說(坂本三郎編)」, 商事法務, 2015,

2014년 새롭게 도입된 일반적인 조직재편의 금지청구 제도는 2005년 회사법에서 처음 규정된 간이조직재편의 금지청구 제도를 참고로 하여 그 요건이 구축된 것으로 설명된다.144) 그러나 간이조직재편에서는 현저하게 부당한 가격으로 현금축출된 경우에 대해 구제를 위한 명문의 규정이 있었음에도 불구하고(2014년 개정 전 일본회사법 제784조 제2항 제2호, 개정회사법 제784조의2 제2호), 일반적인 조직재편의 금지청구 제도에는 그러한 명문의 규정을 두고 있지 않다(개정회사법 제784조의2 제1호). 즉, 간이조직재편에 대해서는 제784조의2 제1항과 제2항이 동시에 적용되지만, 일반적인 조직재편의 경우에는 동조 제2항은 적용되지 않고 제1항만이 적용되도록 개정되었다. 그 결과 일반적인 조직재편 금지청구 제도에서 가격의 부당성을 이유로 금지청구가 인정되는지 여부는 법령위반의 '법령'에 선관주의의무·충실의무가 포함되는지 여부의 해석에 달려있다는 주장이 제기된다.145) 또한 2005년 제정 회사법상 간이조직재편의 금지청구 제도에서 '법령'에 선관주의의무·충실의무가 포함되지 않은 것은 대가가 현저하게 부당한 경우에 대해 별도의 명문의 규정을 두고 있었기 때문이며(2014년 개정 전 일본회사법 제784조 제2항 제2호, 개정회사법 제784조의2 제2호), 조문 구조가 다른 2014년 개정 회사법상 일반적인 조직재편의 금지청구 제도에 대해 간이조직재편의 해석을 그대로 적용하는 데에 의문을 제기하는 견해도 있다.146)

36면.

144) 岩原紳作, "「會社法制の見直した關する要綱案」の解說[Ⅴ]", 「商事法務」 第1979号(2012), 8-9면.

145) 藤田眞樹, 前揭論文, 982, 986면.

146) 松中學, "子會社株式の讓渡·組織再編の差止め", 「論點詳解平成二六

그렇지만 만약 법령위반의 ‘법령’에 선관주의의무·충실의무가 포함된다고 해석하는 경우 미국처럼 이사의 주주에 대한 신인의무에 대한 논의가 성숙되어 있지 않는 상황에서 사법부에 과도한 부담을 주게 될 것이다. 즉, 법령에 선관주의의무·충실의무가 포함된다고 해석하는 경우 법원은 단순히 가격의 부당성만을 판단해야 할 뿐만 아니라 그 전제로 선관주의의무·충실의무가 누구를 위한 것인지, 어떠한 내용의 의무이며, 주주에게 최선의 이익까지를 보장한 것인가 라는 본래 입법부에서 제시하여야 할 회사법상의 근본적 판단을 구하는 것이지만, 이러한 판단을 단기간에 하는 것은 어렵다. 이는 사법부에 과도한 부담을 주는 것이므로 현저하게 부당한 가격으로 현금축출된 주주에 대한 구제를 명문의 규정으로 도입하는 것이 바람직하다.147)

합병의 법령위반이라 함은 회사가 합병에 적용되는 법령을 위반한 것이다. 구체적으로는 ① 합병계약의 내용이 위법하거나, ② 합병계약에 관한 서면의 불비치·부실기재, ③ 법정절차의 위반으로서 합병계약에 대한 주주총회의 승인의 부재, 주식매수청구 절차의 불이행, 채권자이의절차의 불이행 등이 거론된다.148) 그 이외에도 간이합병·소규모합병의 요건을 충족하지 않은 채로 동 절차를 적용한 경우, 소멸회사의 주주에 대한 주식배당이 위법인 경우, 공정거래법에 위반한 합병이 이루어진 경우, 합병의 인가를

年改正會社法(神田秀樹 編)」, 商事法務, 2015, 200-201면. ‘법령’에 이사의 선관주의의무·충실의무가 포함되지 않으면 조직재편에서 유지청구 제도가 이익충돌을 억제하는 기능은 현저하게 제한된다고 지적된다(白井正和, 前揭論文, 217면).

147) 藤田眞樹, 前揭論文, 984-985면.

148) 江頭憲治郎, 前揭書, 883면; 熊代拓馬, 前揭論文, 5면.

요하는 경우 동 인가가 없을 때 등이다.149)

합병의 정관위반의 구체적 사례로는 존속회사의 정관소정의 목적 범위 외의 사업을 영위하는 것으로 되는 합병, 피지배회사가 총주주 의결권의 10분의 9와는 다른 정관의 정함을 한 경우(제468조 제1항)에 당해 요건을 충족하지 않는 간이합병이 이루어진 경우 등이다.150)

나. 간이합병에 있어서 합병조건의 현저한 부당(제784조의2 제2호, 제796조의2 제2호)

간이합병의 합병조건이 당사회사의 재산상황 기타 사정에 비추어 현저하게 부당하여 피지배회사의 주주가 불이익을 입을 우려가 있는 때이다. 이러한 금지사유는 피지배회사에서 합병승인 결의가 이루어지는 제도가 있으면 특별이해관계주주(특별지배주주)의 의결권행사에 근거한 결의의 하자(제831조 제1항 제3호)를 이유로 합병금지가 인정될 것인데, 간이합병에는 당해 결의가 없기 때문에 당해 사유가 법령위반으로 되지 않으므로 피지배회사 소수주주의 보호조치로서 규정된 것이다.151) 현저하게 부당한 조건이라 함은 구체적으로 합병대가 및 그 배정에 관한 사항이 조직재편행위의 당사회사의 재산상황 기타 사정에 비추어 현저하게 부당한 경우를 말한다.152)

소멸회사의 재산상황은 통상은 계산서류 또는 임시계산서류에 입각할 것이지만, 그것에 한정되지는 않는다. 자산평가방법으로

149) 江頭憲治郎, 前揭書, 883면.

150) 江頭憲治郎, 前揭書, 883-884면.

151) 江頭憲治郎, 前揭書, 884-885면.

152) 相澤哲·細川充, 前揭論文, 199면.

서 재조달가치가 채택되어야 하는 경우나, 주식이나 개별 재산이 자본환원법에 의해 평가되어야 하는 경우도 있다. 또한 소멸회사의 주식에 시장가치가 인정되는 경우도 있으며, 신주예약권이나 신주예약권부사채의 평가에 대해서는 금융공학의 이론이 적용되어야 하는 경우도 있다.

따라서 소멸회사의 재산상황은 적절하지 않은 평가방법이 배제된 후에 종합적으로 판단해야 한다. 존속회사의 재산상황에 대해서도 마찬가지이다. 배정비율에 대해서는 시너지 효과도 고려되어야 한다.[153]

다. 불이익을 받을 우려

금지청구는 소멸회사 등의 주주가 불이익을 받을 우려가 있는 경우에 인정된다. '불이익을 받을 우려'라 함은 흡수합병을 수행하여 소멸회사의 주주가 흡수합병계약에서 정해진 합병대가를 교부받음에 따라 불이익을 받은 경우를 말하며 손해가 발생할 것을 요하지 아니한다. 소멸회사의 주주가 가지고 있었던 주식가치에 대하여 교부된 합병대가의 가치가 현저하게 낮은 경우가 전형적인 경우라고 할 수 있다.[154] 일반적인 조직재편에서 불이익요건은 개별적 구체적으로 주주가 '직접' 받은 불이익으로 이해되고 구체적인 사안에 따라 판단되어야 한다.[155] 조직재편의 금지청구권에서 '주주가 불이익을 받을 우려'는 금전으로 회복할 수 없거나 또는 금전으로 환가가 곤란한 불이익으로 해석해야 한다.[156]

---

153) 參本 滋 編, 前揭書, 82면[柴田和史 執筆部分].

154) 參本 滋 編, 前揭書, 83면[柴田和史 執筆部分].

155) 太田洋·安井桂大, "組織再編等の差止請求權とその論點", 「會社法改正要綱の論點と實務對應(落合誠一外 編)」, 商事法務, 2013, 179면.

법정절차의 불이행, 구체적으로는 주주총회의 승인절차, 주식·신주예약권의 매수청구절차, 채권자 이의절차, 조직재편계획에 관한 서면비치가 이루어지지 않은 경우에는 절차적 보장이 되지 않는 것으로 금전에 의해 회복할 수 없고 또한 금전으로 환가가 곤란한 불이익이 생길 우려가 있다고 할 수 있다. 정보공시의무 위반은 공시불이행정보·부실공시정보가 어느 정도로 주주의 의결권행사에 영향을 미쳤는가 등 손해의 산정이 극히 곤란한 문제이다. 예컨대, i) 주주총회 전에 공시불이행가 명확하게 된 경우에는 불충분·부정확한 정보에 근거하여 의결권행사가 이루어진 점에서, ii) 주주총회 후에 공시불이행이 명확해 진 경우에는 의결권행사가 왜곡된 점에 회복 불가능한 손해가 인정되기 때문에 금지사유에 해당한다고 해석된다. 결국 불이익 요건을 충족하는 것은 법정절차의 불이행과 이사가 정보공시의무를 위반한 경우라고 할 수 있다.[157]

(3) 금지청구 절차

청구의 상대방은 자신이 주주인 회사이다. 일반적으로 금지청구 절차는 모집주식의 발행금지청구 절차에 준한다. 합병의 효력발생 이전에 주주는 회사를 채무자로 하여 금지청구권을 피보전권리로 하는 합병금지가처분을 하는 것이 일반적이다. 금지가처분명령의 위반은 합병의 무효원인으로 된다.[158]

간이흡수합병의 실행과 금지청구권의 관계에 대해 다수설은

156) 熊代拓馬, 前揭論文, 28면.

157) 熊代拓馬, 前揭論文, 28-29면.

158) 江頭憲治郎, 前揭書, 885면.

흡수합병계약의 승인결의가 이루어지면 소수주주가 그 결의에 대해 결의취소의 소를 제기할 수 있는 사정이 있는 때에 당해 결의가 없으므로 결의취소의 소에 대신하여 소수주주의 보호조치로서 금지청구권이 인정된다고 설명되므로,[159] 소멸회사가 간이합병을 실행하는 것을 전제로 하여 소수파 주주에게 제784조의2 금지청구권이 인정된다고 해석한다.

반면에 회사법 제784조 제1항 단서(합병대가가 양도제한주식인 경우 등)의 규정에 의해 간이합병이 금지된 경우에도 제784조 제1항 본문의 요건을 충족하면 피지배회사의 주주가 조직재편행위의 금지를 청구할 수 있다는 견해도 제시된다. 그 근거로는 양도성이 낮은 대가를 교부받기 때문에 간이합병이 인정되지 않는 경우에 있어서도 9할 이상의 주식을 보유한 지배주주가 당해 간이흡수합병을 함으로써 소수주주의 이익을 침해할 위험성이 높은 데에는 변함이 없기 때문이라는 것이다.[160] 즉, 소멸회사에서 간이합병절차가 실행되지 않더라도 간이흡수합병의 요건이 충족되면 소멸회사의 주주에게 금지청구권이 인정된다는 것이다.[161]

4. 상법상 간이합병에 관한 유지청구권 제도의 도입 방안

(1) 조직재편과 유지청구권 제도의 도입에 관한 논의 검토

2011년 개정상법이 합병대가를 유연화 한 것은 기업경영의 효

159) 江頭憲治郎, 前掲書, 885면; 江頭憲治郎·門口正人 編, 前掲書, 75면[小川宏嗣 執筆部分].

160) 相澤哲·細川充, 前掲論文, 199면; 大隅建一郎·金井宏·小林量, 「新會社法概說[第2版]」, 有斐閣, 2010, 474-475면.

161) 參本 滋 編, 前掲書, 83면[柴田和史 執筆部分].

율성과 탄력성을 고려한 바람직한 방향이지만, 합병대가만 확대하였을 뿐 관련 법률문제에 대한 깊은 검토가 부족했다는 지적을 받는다. 합병대가별 결의요건의 가중 여하, 주주평등원칙과의 관계 및 이에 따른 소수파주주 축출 교부금합병의 성립 범위, 소수파주주 축출시 보호수단 등을 해석에 맡기는 것은 커다란 입법공백이라고 한다. 합병, 분할, 주식교환 및 주식이전, 영업양도 등 조직재편수단을 체계적으로 정비하면서 대가의 유연화 문제를 다루어야 한다는 것이다.[162)]

우리나라에서도 조직재편에 대한 유지청구 제도가 도입되어야 한다는 주장이 제기되어 왔다. 신주발행의 경우처럼 합병에 대한 유지청구권을 규정하여 이를 바탕으로 한 금지가처분 등을 통해 합병 실행 이전에 위법성을 다투도록 하는 것이 타당하다는 견해가 제기된다. 이 견해는 합병에 유지청구권 조항을 두고 이를 분할, 분할합병, 주식교환 등에 준용할 것을 주장한다. 유지청구권자의 범위에 대해서는 ⅰ) 각 소송의 무효의 소를 제기할 수 있는 원고적격자와 일치시키는 방안, ⅱ) 각 회사의 주주로 한정하는 방안을 제시한 후, ⅰ)에 대해서는 합병 등의 진행과정에서 아직 채권자 보호절차가 종결되지 않은 상태이기 때문에 합병 등을 승인하지 않은 채권자의 범위가 모호하고 결국 너무 광범위한 채권자에게 원고적격을 부여한다는 비판을 받을 수 있다고 한다.[163)]

또한 교부금합병에 관해서 그것이 법령 또는 정관에 위배되어

162) 권기범, "상법개정안상의 교부금합병에 대하여", 「경희법학」 제42권 제2호(경희대학교 법학연구소, 2007), 165-166면.

163) 노혁준, 「회사소송제도의 개선을 위한 연구」, 법무부 연구용역 과제보고서, 서울대학교 금융법센터, 2012, 103면.

절차적 불공정성이 분명하고 이로 인해 소수주주에게 회복할 수 없는 손해가 예상되는 경우 사전적으로 유지청구권을 행사할 수 있도록 입법하는 것이 바람직하다는 견해도 제기된다.[164)]

합병유지청구권을 제한적인 범위 내에서일지라도 시급하게 도입할 것을 주장하면서, 특히 주주총회의 합병승인결의가 이사회결의로 대체되는 간이합병시의 해산회사, 소규모합병시의 존속회사의 경우 주주총회에서 합병승인결의의 효력을 다툴 수 없기 때문에 합병유지제도를 도입할 필요성이 높다고 한다.[165)]

(2) 입법론

우리나라는 미국에서 발달된 조직재편에 관한 제도를 일본을 통해 도입하면서도 이들 국가에서 운영하고 있는 사전적인 유지청구제도에 관해서는 아무런 규정을 두지 않고 있다. 미국은 1975년 Todhunter 사건[166)]에서 델라웨어주 법원이 형평법상의 권리로서 합병에 대한 유지청구를 인용한 이래, 2001년 Andra 사건[167)]을 계기로 본격적으로 도입되었다. 일본의 경우에도 2005년

---

164) 황현영, “상법상 교부금합병과 삼각합병의 개선방안 연구”, 「상사판례연구」 제25집 제4권(한국상사판례학회, 2012), 255면. 그 이외에도 지배주주의 소수주주 축출거래에 대한 것으로서 지배주주에 대한 위법행위유지청구권 제도의 도입을 주장하거나(최준선, 전게논문, 72면), 소수주주의 축출이 소수주주를 기망하거나 주식의 저평가와 관련하여 소수주주에게 명백하게 해를 주는 재량권 남용에 해당하거나, 공시의무를 위반한 경우에는 유지청구권 제도를 도입해야 한다고 주장된다(송종준, “소수주주 강제퇴출법제의 국제적 신조유와 그 입법론적 수용 가능성 — 미국·영국·독일법의 비교분석을 중심으로 —”, 「증권법연구」 제6권 제1호(한국증권법학회, 2005), 33-34면).

165) 권기범, 전게서, 344면.

166) Pennsylvania Mutual Fund, Inc. v. Todhunter International, Inc., Del. Ch. LEXIS 229 (1975).

회사법을 제정할 때 간이조직재편에 한하여 유지청구권을 도입하였다(2014년 개정 전 일본회사법 제784조 제2항, 제796조 제2항). 그러나 조직재편무효의 소가 법률관계를 불안정하게 하고 소수주주를 보호하는데 실효성이 없다는 지적이 제기됨에 따라, 2014년 회사법 개정에서는 이를 소규모조직재편을 제외한 모든 조직재편으로 확대 적용하였다(2014년 개정 일본회사법 제784조의2, 제796조의2, 제805조의2).

우리나라의 경우 이사나 지배주주의 충실의무가 인정되지 않는 실정이므로 조직재편에 반대하는 소수주주의 보호를 위하여 사전적인 유지청구제도의 도입이 절실함에도 불구하고 이를 도입하지 않은 것은 소수주주 보호에 있어서 중대한 입법적 흠결이다. 조직재편에 관한 유지청구제도를 도입하는 경우 일본회사법상 제도를 우리나라에서 적용하는 것이 보다 현실적인 대안으로 본다.

즉, 사전적인 조직재편의 유지청구제도를 ⅰ) 회사의 조직재편이 법령 또는 정관을 위반하고 주주가 불이익을 입을 우려가 있는 경우에는 모든 통상적인 조직재편 전체에 대하여 인정하고, ⅱ) 조직재편의 대가나 배정에 관한 사항이 회사의 재산상황 기타 사정에 비추어 현저하게 부당하고 주주가 불이익을 입을 우려가 있는 때에는 간이조직재편에만 인정하는 형태로 입법할 필요가 있을 것이다. 여기서 간이조직재편이란 조직재편 중 주주총회결의를 거치지 않음에도 반대주주의 주식매수청구권이 인정되는 간이합병(제527조의2 제2항, 제522조의3 제2항), 간이분할합병(제530

167) Andra v. Blount, No. 17,154 (Del. Ch. Mar. 29, 2000), 26 Del. J. Corp. L. 215 (2001).

조의11 제2항), 간이주식교환(제360조의9 제2항, 제360조의5 제2항) 등을 말한다.[168)]

그 이외에도 지배주주의 매도청구권(제360조의24), 주식병합(제440조 내지 제443조) 등의 경우에도 사전적인 유지청구제도를 도입할 필요가 있을 것이다.

Ⅵ. 결 어

합병방식을 활용하여 중소기업의 경영권을 승계하기 위한 절차를 추진하기 위해 우선 경영승계를 하게 될 매수회사가 승계대상인 중소기업의 오너 경영자로부터 3분의 2 이상의 주식을 취득한다. 그 후 당사회사의 대표자 간에 흡수합병계약을 체결한 다음 각 회사의 주주총회 특별결의를 거쳐 합병을 승인한다. 합병 후 존속회사를 후계자에게 승계시키기 위하여 대상회사의 잔존 소수주주를 축출하는 방식으로 합병을 추진한다. 2011년 개정상법에서 합병대가가 유연화 되어 소멸회사의 주주에게 존속회사의 주식을 교부하지 않고 금전이나 그 밖의 재산을 교부할 수 있게 되었다(교부금합병, 제523조 제4호). 따라서 소멸회사의 잔존 소수주주에게 존속회사의 주식 대신에 금전을 교부하여 이를 축출(cash out)함으로써 잔존 소수주주나 경영승계인이 아닌 주주를 배제하여, 잔존 소수주주의 간섭을 배제하고 경영을 안정시킬 수 있게 된다.

교부금합병은 합병대가를 유연화 함으로써 기업구조조정을 촉

168) 김순석, 전게논문Ⅱ, 189면.

진하는 장점은 있지만, 반면 소멸회사의 소수주주의 이익을 침해할 우려가 있기 때문에 소수주주의 보호가 중요한 문제로 된다. 교부금합병을 하면 지배주주 매도청구제도의 지배주주 요건인 95%의 지분보유를 충족하지 않더라도(제360조의24 제1항) 소수주주를 축출할 수 있으므로 소수주주 축출제도의 적용범위가 확대되었다. 소수주주는 공정한 가액으로 보상이 이루어져야 하지만 공정한 가액의 판단기준과 산정에 어려움이 제기된다.

합병과정에서 존속회사가 소멸회사의 오너 경영자로부터 의결권 있는 주식의 3분의 2를 초과하여 90% 이상을 취득한 때에는 간이합병의 요건을 충족하여 소멸회사의 주주총회 승인은 이사회의 승인으로 갈음할 수 있다(제527조의2 제1항).

존속회사가 소멸회사의 주식을 90% 이상 취득하더라도 소멸회사인 피지배회사가 공개회사이면서 종류주식 발행회사가 아닌 경우 즉, 소멸회사가 공개회사이면서 1종류의 주식만을 발행하고 그 주식에 양도제한이 없는 때에는, 합병대가로 소멸회사의 주주에게 양도제한주식을 교부한 경우는 간이합병 절차에 의하지 않고 주주총회에서 합병승인결의가 요구된다는 규정을 둘 필요가 있다. 만일 이러한 경우에 간이합병 절차를 따르게 되면 소멸회사의 주주총회 결의 없이 소멸회사의 주식에 대해 새롭게 양도제한을 하는 것과 같은 결과가 되며, 소멸회사의 주주는 환가가 어려운 양도제한주식을 교부받게 된다.

소멸회사가 종류주식 발행회사인 경우에 합병대가의 전부 또는 일부가 양도제한주식인 때에는, 흡수합병은 주주총회 특별결의 이외에 당해 양도제한주식을 교부받은 종류주식 주주의 종류주주총회의 결의가 없으면 그 효력이 발생하지 않도록 규정할 필요가 있다. 이때에는 양도제한주식을 교부받은 특정한 종류주식의 주주에게 손해를 미칠 우려가 있기 때문이다.

간이합병 절차를 추진하는 경우 소수주주 보호절차가 더 중요하다. 우리나라의 경우 이사나 지배주주의 충실의무가 인정되지 않는 실정이므로 조직재편에 반대하는 소수주주의 보호를 위하여 사전적인 유지청구제도의 도입이 절실하다.

사전적인 조직재편의 유지청구제도를 i) 회사의 조직재편이 법령 또는 정관을 위반하고 주주가 불이익을 입을 우려가 있는 경우에는 모든 통상적인 조직재편 전체에 대하여 인정하고, ii) 조직재편의 대가나 배정에 관한 사항이 회사의 재산상황 기타 사정에 비추어 현저하게 부당하고 주주가 불이익을 입을 우려가 있는 때에는 간이조직재편에만 인정하는 형태로 입법할 필요가 있을 것이다.

그 이외에도 지배주주의 매도청구권(제360조의24), 주식병합(제440조 내지 제443조) 등의 경우에도 사전적인 유지청구제도를 도입할 필요가 있을 것이다.

제7장

결 론

제7장

결　론

중소기업의 원활한 경영권 승계를 위한 법제의 검토에는 다양한 주제에 관한 논의가 필요하다. 이 책자에서는 종류주식을 활용하는 방안, 유언대용신탁, 수익자연속신탁 및 사업신탁을 활용하는 방안, 회사분할과 합병을 활용하는 방안 등을 중심으로 고찰하였다.

제2장에서는 종류주식을 활용하여 경영권을 승계하는 방안에 대하여 현행 제도의 문제점과 개선방안을 검토하고, 새롭게 도입되어야 할 제도를 논의하였다. 우선 의결권의 배제·제한에 관한 종류주식을 활용하여 중소기업의 경영권 승계에 활용하는 방안을 유형별로 검토하였다. 또한 주식의 상환에 관한 종류주식에 관해서도 회사상환주식을 중심으로 경영권 승계에 관련된 법적 쟁점과 보완과제를 제시하였다. 주식의 전환에 관한 종류주식을 활용하는 방안으로는 주로 회사전환주식을 중심으로 발행방법과 활용방안을 검토하였다. 그 이외에도 상법에서 아직 도입하지 않

은 거부권부종류주식과 상속인 등에 대한 매도청구 제도를 논의하고 이를 경영권 승계에 활용하는 방안을 분석하였다.

제3장에서는 유언대용신탁과 수익자연속신탁을 중소기업의 경영권 승계에 활용하는 방안을 검토하였다. 우선 유언대용신탁의 경우 주식의 의결권(원본수익권)과 경제적 지분(수익수익권)을 분리하는 것이 허용되는지 여부가 문제된다. 승계대상회사의 주주는 수탁자이고, 수탁자가 주주로서 의결권을 행사하고 배당을 받기 때문에 회사법상의 문제는 발생하지 않는다. 또한 후계자가 갖게 되는 것도 의결권이 아니라 '의결권행사의 지시권'이고 이러한 지시에 의해 주주인 수탁자가 의결권을 행사하게 되므로 의결권이 분리되어 양도되는 것도 아니다. 따라서 법적 형식 측면에서는 신탁의 수익권을 원본수익권과 수익수익권으로 분할하여 신탁을 설정하는 것은 현행 회사법 아래에서도 가능하다.

신탁계약에서 위탁자나 수익자의 의결권행사지시에 따라 수탁자가 의결권을 행사하기로 정한 경우 그 효력이 문제된다. 충실의무에 관한 신탁법 제33조는 임의규정이고, 수익자의 지시에 따라 의결권을 행사하는 것이 충실의무 위반은 아니며, 유언대용신탁의 위탁자는 수익자변경권(동법 제59조 제1항)을 갖는다는 점에서 위탁자의 지시에 따라 의결권을 행사할 수 있다고 본다.

자본시장법상 신탁업자가 수탁자인 경우 동법 제112조 제1항에 따라 위탁자나 수익자에게 의결행사지시권을 부여하는 것은 무효로 보아야 한다. 이에 따라 동법 제112조를 개정하여 주식신탁을 활용하여 중소기업이 경영승계를 하는 경우에는 위탁자나 수익자에게 의결권행사지시권을 인정할 필요가 있을 것이다. 또한 신탁업자가 신탁재산에 속하는 동일 법인이 발행한 주식 총수의 100분의 15를 초과하여 취득한 경우에는 의결권을 행사할 수 없도록 한 조항이나(동법 제112조 제3항), 공정거래법상 상호출자제한기업집단에 속하는 신탁업자에 적용되는 그림자투표(동법 제112조 제5항)에 대해서도 예외규정이 필요하다.

수익자연속신탁에서 대상으로 되는 것은 소유권이 아니라 수익권이고, 수익권에 존속기간을 정하는 것은 법률상 가능하기 때문에, 수익자연속신탁에 존속기간을 설정할 필요가 있다. 이 경우 신탁기간은 일본 신탁법 제91조와 유사하게 "신탁설정시로부터 30년이 경과한 때에 실제로 남아있는 수익자가 신탁의 정함에 따라 수익권을 취득한 경우 그 수익자가 사망하는 때까지, 또는 그 수익권이 소멸하는 기간까지"로 규정함으로써 존속기간을 약 100년 정도를 설정하여 운영하고, 추후 조정해 나가는 것이 바람직할 것이다.

유류분과 관련해서는 신탁설정으로 신탁재산의 소유권이 수탁자에게 이전되어 상속개시 시에 피상속인에게 재산으로 남아있지 않으므로 유언대용신탁의 신탁재산은 상속개시 시에 피상속인의 재산에 포함되지 않는다고 보는 견해가 타당하다고 본다. 유류분 반환의 대상은 원물을 원칙으로 하고 그것이 어려운 경우 가액반환을 인정해야 할 것이다. 유류분청구의 상대방은 수탁자 및 수익자로 보는 것이 타당하다.

제4장에서는 사업신탁을 중소기업의 경영승계에 활용하는 데 있어서 제기되는 법적 쟁점을 검토하였다. 사업신탁을 활용하는 경우 우선 신탁계약의 내용이 신탁의 실질을 구비해야 할 것이다. 즉, 신탁재산이 수탁자에게 이전되어야 하고, 수탁자가 신탁목적에 따라 신탁재산을 관리·처분할 권한 및 의무를 부담하여야

한다. 또한 수익자가 다수인 경우 수익자의 의사결정방법에 대해서도 미리 정해 두는 것이 바람직하다.

신설회사가 사업신탁의 수탁자로서 부담하는 충실의무와 후계자가 신설회사의 대표이사로서 회사법상 부담하는 충실의무 간의 이익충돌이 발생할 우려가 있는데, 이에 대비한 방안을 강구하여야 한다. 신설회사의 정관에 신탁의 인수를 열거하여 이익충돌의 발생 가능성을 공시하고 주주의 사전승인을 받아두는 것이 바람직할 것이다. 또한 수익자가 수탁자를 적절하게 감독할 수 없는 경우에는 신탁관리인을 선임하여 활용하여야 한다. 수탁자의 해임사유에 대해서는 해임사유를 한정적으로 열거하여 사업신탁의 안정성을 확보해야 한다. 사업신탁의 설정에 반대하는 승계대상회사의 주주가 있을 경우 반대주주에 대하여 주식매수청구권을 보장하여야 할 것이다. 공동상속인이 있을 때 발생하는 유류분 반환청구에 대해서도 적절한 대응이 필요하다.

민사신탁의 법률관계를 중심으로 한 신탁법에 근거하여 사업신탁을 설정할 경우 잠재적인 법적 불확실성을 피할 수 없으므로 이러한 문제점을 근본적으로 해결하기 위해서는 사업신탁에 관한 특별법의 제정을 검토할 필요가 있을 것이다.

제5장에서는 회사분할을 활용한 중소기업의 경영승계 방안을 검토하였다. 경영승계를 목적으로 회사분할을 추진하는 경우 가장 중요한 문제는 분할하는 사업단위를 정하는 것이다. 분할에 의해 각 영업실적이 명확하게 되고 향후 자립적인 경영이 가능하도록 해야 한다. 또한 회사분할의 대상이 영업단위로 분할해야 하는지 개별 재산단위로도 분할할 수 있는지 여부가 문제된다. 현실적으로 적격분할의 요건을 충족해야만 세제상의 혜택을 볼

수 있기 때문에 개별 재산만을 분할하는 경우는 거의 없을 것이지만, 세금을 부담하면서도 그 필요성이 있는 경우 이를 허용하는 것이 타당하다. 자기주식을 분할대상으로 인정하면 신주의 제3자배정에 관한 상법의 규정을 회피하는 결과를 초래하므로 입법적 보완이 필요하다.

회사분할을 할 때 채권자보호의 필요성은 높지만 이를 너무 강화하면 기업의 탄력적인 구조조정이 어렵게 된다. 따라서 분할당사회사와 채권자의 이해관계를 적절하게 조정하기 위한 채권자보호의 수준과 방법을 유지하는 것이 중요하다. 우리나라는 분할당사회사의 연대책임에 관하여 책임을 부담하는 재산의 한도나 기간에 대하여 제한을 두지 않음으로써 상대적으로 채권자보호가 너무 강하다는 비판이 제기되는데, 이에 대한 입법적 개선이 필요할 것이다.

제6장에서는 합병을 활용한 중소기업의 경영승계 방안을 논의하였다. 교부금합병을 하면 지배주주 매도청구제도의 지배주주 요건인 95%의 지분보유를 충족하지 않더라도(제360조의24 제1항) 소수주주를 축출할 수 있으므로 소수주주 축출제도의 적용범위가 확대되었다. 소수주주는 공정한 가액으로 보상이 이루어져야 하지만 공정한 가액의 판단기준과 산정에 어려움이 제기된다.

합병과정에서 존속회사가 소멸회사의 오너 경영자로부터 의결권 있는 주식의 3분의 2를 초과하여 90% 이상을 취득한 때에는 간이합병의 요건을 충족하여 소멸회사의 주주총회 승인은 이사회의 승인으로 갈음할 수 있다(제527조의2 제1항).

존속회사가 소멸회사의 주식을 90% 이상 취득하더라도 소멸회사가 공개회사이면서 1종류의 주식만을 발행하고 그 주식에 양도제한이 없는 경우에 합병대가로 양도제한주식을 교부한 때에는, 간이합병 절차에 의하지 않고 주주총회에서 합병승인결의가 요구된다는 규정을 둘 필요가 있다. 만일 이때 간이합병 절차를 따르게 되면 소멸회사의 주주총회 결의 없이 소멸회사의 주식에 대해 새롭게 양도제한을 하는 것과 같은 결과가 된다. 또한 소멸회사의 주주는 환가가 어려운 양도제한주식을 교부받게 된다.

소멸회사가 종류주식 발행회사인 경우에 합병대가의 전부 또는 일부가 양도제한주식인 때에는, 흡수합병은 주주총회 특별결의 이외에 당해 양도제한주식을 교부받은 종류주식 주주의 종류주주총회의 결의가 없으면 그 효력이 발생하지 않도록 규정할 필요가 있다. 이때에는 양도제한주식을 교부받은 특정한 종류주식의 주주에게 손해를 미칠 우려가 있기 때문이다.

한편 조직재편에 반대하는 소수주주의 보호를 위하여 사전적인 유지청구제도의 도입이 절실하다. 사전적인 조직재편의 유지청구제도를 i) 회사의 조직재편이 법령 또는 정관을 위반하고 주주가 불이익을 입을 우려가 있는 경우에는 모든 통상적인 조직재편 전체에 대하여 인정하고, ii) 조직재편의 대가나 배정에 관한 사항이 회사의 재산상황 기타 사정에 비추어 현저하게 부당하고 주주가 불이익을 입을 우려가 있는 때에는 간이조직재편에만 인정하는 형태로 입법할 필요가 있을 것이다.

그 이외에도 지배주주의 매도청구권(제360조의24), 주식병합(제440조 내지 제443조) 등의 경우에도 사전적인 유지청구제도를 도입할 필요가 있을 것이다.

부 록

참고문헌

찾아보기

참고문헌

제2장 종류주식을 활용한 경영승계

권종호, "방어수단으로서 종류주식 - 2006년 개정안과 2008년 개정안을 중심으로 -", 「상사법연구」 제27권 제2호(2008).

______, "적대적 M&A방어수단의 도입 필요성 - 2008년 경영권방어법제 개선위원회의 입법초안을 중심으로 -", 「상사판례연구」 제22집 제4권(2009).

______, "중소기업의 원활한 사업승계를 위한 방안 - 2011년 개정상법 및 개정신탁법을 중심으로 -", 「비교사법」 제18권 제4호(2011).

김순석, "종류주식의 다양화와 자금조달의 유연성에 관한 법적 쟁점 분석", 「상사법연구」 제27권 제2호(2008).

______, "주식제도의 개선 - 종류주식을 중심으로 - ", 「상사법연구」 제28권 제3호(2009).

______, "황금주(Golden Shares) 제도에 관한 연구", 「비교사법」 제16권 제1호(2009).

박철영, "종류주식의 활용과 법적 과제 - 의결권제한주식을 중심으로 -", 「기업법연구」 제25권 제4호(2011).

송옥렬, 「상법강의[제10판]」, 홍문사, 2020.

송종준, "방어적 주식제도의 국제적 입법동향과 도입 과제 - 2006년 회사법 개정안을 중심으로 -", 「경영법률」 제17집 제2호(2007).

이철송, 「회사법강의[제28판]」, 박영사, 2020.

정동윤, 「상법(상)[제6판]」, 법문사, 2011.

정수용·김광복, "개정상법상 종류주식의 다양화", 「BFL」 제51호(2012).

정찬형, 「상법강의(상)[제22판]」, 박영사, 2019.

조병선·조봉현, "가족기업 승계 지원정책의 현황과 발전방안", 「중소기업연구」 제33권 제3호(2011).
최기원, 「신회사법론[제14대정판]」, 박영사, 2012.
최수정, “개정신탁법상의 재산승계제도 – 유언대용신탁과 수익자연속신탁을 중심으로 –”, 「법학논총」 제31집 제2호(전남대학교 법학연구소, 2011).
최준선, 「2011년 개정상법 회사편 해설」, 한국상장회사협의회, 2011.
______, 「회사법[제15판]」, 삼영사, 2020.
최준선·김순석, 「회사법 개정방향에 관한 연구」, 한국상장회사협의회, 2004.
한국증권법학회, 「적대적 M&A 방어수단 관련연구」, 2008.
한원규·이제원, “상환주식과 전환주식의 법적 성질”, 「증권법연구」 제3권 제1호(2002).
홍성철·신상철·조봉현, 「중소기업 가업승계 제도적 기반조성에 관한 연구」, 중소기업연구원, 2011

江頭憲治郎, 「株式会社法[第4版]」, 有斐閣, 2011.
今川嘉文, 「事業承継法の理論と實際」, 信山社, 2009.
稲葉威雄, 「會社法の解明」, 中央經濟社, 2010.
事業承継協議会·事業承継関連会社法制等検討委員会, “事業承継関連会社法制等検討委員会 中間報告”, 2006.
松尾建一, 「逐條解說 會社法(酒卷俊雄/龍田節 編) 第2卷 杜式·1」, 中央經濟社, 2008.
新谷勝, 「新しい事業承繼と企業再生の法務 – 事業承繼の圓滑化·事業再生AD –」, (株)稅務經理協會, 2010.
前田庸, 「會社法入門[第12版]」, 有斐閣, 2009.
太田洋·小野美恵, “トラッキング·ストック”, 「ファイナンス法大全(上)」 (西 村總合法律事務所 編), 商事法務, 2003.
平野敦士·藤本純也·板倉はるみ·杉田和哉 編, 「新しい事業承繼對策と實務手續」, 清文社, 2008.
荒井邦彦·大村健 編, 「新株予約權·種類株式實務 – 法務·會計·稅務·

登記 - [改訂版]」, 第一法規, 2009.

Sebastian V. Grassi, Jr. & Julius H. Giarmarco, "The Five Levels of Practical Succession Planning for the Family-Owned Business", 23 No.2 PRACTXL 39 (2009)

제3장 유언대용신탁 및 수익자연속신탁을 활용한 경영승계

곽윤직, 「상속법[개정판]」, 박영사, 2004.

광장신탁법연구회, 「주석신탁법[제2판]」, 박영사, 2016.

권종호, "중소기업의 원활한 사업승계를 위한 방안 - 2011년 개정상법 및 개정신탁법을 중심으로 -", 「비교사법」, 제18권 제4호, 한국비교사법학회, 2011.

김건식·정순섭, 「자본시장법[제3판]」, 두성사, 2013.

김능환, "유류분반환청구", 「상속법의 제문제」, 재판자료 제78집, 법원행정처, 1998.

김상훈, "유언대용신탁을 활용한 가업승계", 「기업연구」 제29권 제4호, 한국기업법학회, 2015.

김주수, 「주석민법 상속(2)」, 한국사법행정학회, 2005.

김주수·김상용, 「친족상속법[제12판]」, 2015.

김형석, "유류분의 반환과 부당이득", 「민사판례연구 29」, 박영사, 2007.

노혁준·김지평, 「주식신탁의 활용방안 연구(법무부 용역보고서)」, 서울대학교 금융법센터, 2015.

박병호, 「가족법」, 방송통신대, 1999.

법무부, 「신탁법 해설」, 2012.

新井誠(안성포 역), 「信託法(第3版)」, 전남대학교출판부, 2011.

윤진수, 「친족상법법강의」, 박영사, 2016.

윤진수, "유류분반환청구권의 성질과 양수인에 대한 유류분반환청구 - 대법원 2015.11.12. 선고 2010다104768 판결 -", 「법학논총」 제36권 제2호, 전남대학교 법학연구소, 2016.
이근영, "신탁법상 재산승계제도와 상속", 「법학논총」 제32집 제3호, 전남대학교 법학연구소, 2012.
이근영, "수익자연속신탁에 관한 고찰", 「재산법연구」 제27권 제3호, 한국재산법학회, 2011.
임채웅, "유언신탁 및 유언대용신탁의 연구", 「인권과 정의」 제397호, 2009.
정소민, "신탁제도를 통한 재산승계 – 유언대용신탁과 수익자연속신탁을 중심으로 –", BFL 제62호, 서울대학교 금융법센터, 2013.
조병선·조봉현, "가족기업 승계 지원정책의 현황과 발전방안", 「중소기업연구」 제33권 제3호, 2011.
중소기업청, 2016년 중소기업관련통계, 2016.
중소기업청·중소기업중앙회, 「가업승계 A에서 Z까지」, 2015.
최수정, "개정신탁법상 재산승계제도 – 유언대용신탁과 수익자연속신탁을 중심으로 –", 「법학논총」 제31집 제2호, 전남대학교 법학연구소, 2011.
최수정, 「신탁을 통한 고령자의 보호와 지원」, 집문당, 2010.
최수정, 「일본 신신탁법」, 진원사, 2007.
최준규, "유류분과 신탁", 「사법」 제34호, 사법발전재단, 2015.
최현태, "복지형신탁 도입을 통한 민사신탁의 활성화 – 수익자연속신탁을 중심으로 –", 「재산법연구」 제27권 제1호, 2010.
한국증권법학회, 「개정판 자본시장법 [주석서 I]」, 박영사, 2015.

道垣內弘人, "誰が殺したクックロビン(さみしがりやの信託法·第8回)", 「法學教室」 第339号, 2008.
飯田富雄, "遺言信託に關する考察(その三) – 遺言信託の效力について(5), (6)", 「信託」 第19号, 1954, 11면 및 「信託」 第20号, 1954.
白井正和, "信託を用いた株式の議決権と経済的な持分の分離", 「信託法研究」 第39号, 2014.
法務省民事局参事官室, "信託法改正要綱試案 補足説明", 2005.

寺本昌廣, 「逐條解説 新しい信託法」, 商事法務, 2007.
四宮和夫, 「信託法[新版]」, 有斐閣, 1989.
山田裕子, "事業承繼目的の株式信託について", 「信託法研究」 第38号, 2013.
三枝健治, "遺言信託における遺留分減殺請求", 「早稲田法學」 第87巻 第1号, 2011.
西希代子, "遺言代用信託の理論的檢討 — 民法と信託法からのアプローチ", 「信託フォーラム」, Vol. 2, 2014.
西希代子, "民法の空洞化?：財産承継方法としての信託と相続法", 「信託法研究」 第36号, 2011.
成田寛, "遺言代用信託", 「金融·商事判例」 No. 1261, 2007.
水野紀子, "信託と相續法の相克", 「變革期における信託法」, 東北信託法研究會 編, トラスト60研究叢書, 2006.
須田力哉, "指図を伴う信託事務處理に關する法的考察－不動産信託を例として －", 「信託法研究」 第34号, 2009.
信託を活用した中小企業の事業承繼圓滑化に關する研究會, "中間整理 ～ 信託を活用した中小企業の事業承繼の圓滑化に向けて ～", 2008年 9月.
永石一郎·赤沼康弘·高野各司 編, 「信託の實務 Q&A」, 青林書院, 2010.
井上聰, "最近の新しい信託取引の動向について", 「信託」 第242号, 2010.
中田直茂, "指図権と信託", 信託法制の展望, 新井誠·神田秀樹·木南敦 編, 日本評論社, 2011.
中田直茂, "指図者を利用した場合の受託者責任(上)", 「金融法務事情」 第1859号, 2009.
川淳一, "受益者死亡を理由とする受益者連續型遺贈", 「遺言自由の原則と遺言の解釋(野村豊弘·床谷文雄 編)」, 商社法務, 2008.
荒井邦彦·大村健 編, 「新株予約權·種類株式實務 － 法務·會計·税務·登記 － [改訂版]」, 第一法規, 2009.
横山美夏, "信託から、所有について考える", 「信託法研究」 第36号, 2011.

American Law Institute, Restatement of the Law - Trusts, 3rd ed., vol. 2, 2003, § 44.

Jesse Dukeminier, Robert H. Sitkoff & James Lindgren, Wills, Trusts, and Estates, 8th ed., Wolters Kluwer, 2009.

Sebastian V. Grassi, Jr. & Julius H. Giarmarco, "The Five Levels of Practical Succession Planning for the Family-Owned Business", 23 No. 2 PRACTXL 39, 2009.

제4장 사업신탁을 활용한 경영승계

광장신탁법연구회, 「주석 신탁법[제2판]」, 박영사, 2016.

김순석, "신탁을 활용한 중소기업의 경영권 승계 방안에 관한 연구 - 유언대용신탁 및 수익자 연속신탁의 활용을 중심으로 -", 「법학논총」 제36권 제4호(전남대학교 법학연구소, 2016).

______, "주식매수청구권 제도의 재검토", 「기업법연구」 제32권 제1호(한국기업법학회, 2018).

김태진, "기업형태로서의 신탁 - 사업신탁, 수익증권발행신탁 및 유한책임신탁을 중심으로 -", 「법학논총」 제31권 제2호(전남대학교 법학연구소, 2011).

노혁준, "사업신탁의 가능성과 그 한계 - 시리즈 신탁을 중심으로 -", 「법학논총」 제34권 제2호(전남대학교 법학연구소, 2014).

______, "주식회사와 신탁에 관한 비교법적 고찰 - 재산분리 기능을 중심으로 -", 「증권법연구」 제14권 제2호(한국증권법학회, 2013).

법무부, 「신탁법해설」, 2012.

新井誠(안성포 역), 「信託法(第3版)」, 전남대학교출판부, 2011.

안성포, "개정신탁법상 신탁관리인제도의 문제점과 정립방향", 「법학논총」 제34권 제1호(전남대학교 법학연구소, 2014).

______, "기업유형으로서 상사신탁의 법적 쟁점", 「상사법연구」 제32

권 제2호(한국상사법학회, 2013).
______, “사업신탁의 도입을 위한 입법론적 검토”, 「인권과 정의」 제398호(대한변호사협회, 2009).
오영표, “신탁을 활용한 자금 조달에 관한 법적 연구 – 자기신탁을 중심으로 –”, 성균관대학교 대학원 법학박사논문, 2013.
유혜인, “미국과 싱가포르의 사업신탁법제에 대한 개관 및 우리나라에의 시사점”, 비교사법 제22권 제3호(한국비교사법학회, 2015).
______, “사업신탁에 관한 소고 – 입법론과 활용방안을 중심으로 –”, 서울대학교대학원 법학석사논문, 2014.
______, “사업신탁에 관한 입법론적 고찰”, 「상사법연구」 제34권 제1호(한국상사법학회, 2015).
윤진수, 「친족상속법강의」, 박영사, 2016.
이중기, 「신탁법」, 삼우사, 2007.
이철송, 「상법총칙·상행위[제14판]」, 박영사, 2016.
임채웅, “수동신탁 및 수탁자의 권한제한에 관한 연구”, 「법조」 제614호(법조협회, 2007).
최수정, 「신탁법」, 박영사, 2016.
______, 「신탁을 통한 고령자의 보호와 지원」, 집문당, 2010.
최영준, “기업형태로서의 신탁에 관한 연구 – 유한책임신탁과 사업신탁을 중심으로 –”, 고려대학교 대학원 법학박사논문, 2014.
최준규, “유류분과 신탁”, 「사법」 제34호(사법발전재단, 2015).

工藤聡一, 「ビジネス·トラスト法の研究」, 信山社, 2007.
今川嘉文, 「事業承継法の理論と實務」, 信山社, 2009.
道垣内弘人, “信託の設定または信託の存在認定”, 「信託取人と民法法理」(道垣内弘人·大村敦志·滝沢昌彦 編), 有斐閣, 2003.
四宮和夫, 「信託法[新版]」, 有斐閣, 1995.
________, “信託法における信託違反受託者の賠償責任の性質”, 「信託の研究」(有斐閣, 1965).
寺本昌広, 「逐条解説 新しい信託法[補訂版]」, 商事法務, 2008.

西希代子, "民法の空洞化?：財産承継方法としての信託と相続法", 「信託法研究」 第36号(2011).

新谷勝, 「新しい事業承継と企業再生の法務 － 事業承継の円滑化・事業再生ADR －」, 税務經理協会, 2010.

神作裕之, "事業信託として自己信託の可能性", 「事業信託の展望」, 公益財団法人トラスト60, 2011.

新井誠, "改正信託法と事業信託", 「筑波ロー・ジャーナル」 第2号, 2007.

安藤朝規, "事業信託による事業承繼", 「信託法制の展望」(新井誠・神田秀樹・木南 敦 編), 日本評論社, 2011.

田中和明, 「新信託法と信託實務」, 清文社, 2007.

井上聡 編, 「新しい信託30講」, 弘文堂, 2007.

早坂文高, "事業信託について", 「事業信託の展望」, 公益財団法人トラスト60, 2011.

______, "事業型商事信託 － '事業信託'の導入", 「金融・商事判例」 No. 1261(2007).

横山美夏, "信託から、所有について考える", 「信託法研究」 第36号(2011).

Robert C. Brown, "Contractual Limitation of Liability by the So-Called Massachusetts Trust, Under the Indiana Law", 3 Ind. L.J. 318 (1928).

Herbert B. Chermside, Jr., Annotation, Modern Status of the Massachusetts or Business Trust, 88 A.L.R.3d 704 (1992).

James D. Cox & Thomas Lee Hazen, 1 Treatise on the Law of Corporations § 1:15 (3d), 2017.

Jesse Dukeminier, Robert H. Sitkoff & James Lindgren, Wills, Trusts, and Estates, 8th ed., Wolters Kluwer, 2009.

Harry G. Henn & John R. Alexander, Laws of Corporations and Other Business Enterprises, 3rd ed., West, 1983.

Hecht v. Malley, 265 U.S. 144 (1934).

Ira P. Hidelbrand, "Liability of the Trustees Property and Shareholders of Massachusetts Trust", 2 Tex. L. Rev. 139 (1923-1924).

_____________, The Massachusetts Trust, 1 Texas L. Rev. 127 (1923).

Frank J. Kanne, Jr., Comment, "Business Trust: Remedies of Creditors Against the Trust Estate or Capital Used in the Business", 27 Calf. L. Rev. 432 (1939).

John H. Langbein, "The Secret Life of the Trust: The Trust as an Instrument of Commerce", 107 Yale L.J. 165 (1997).

Calvert Magruder, The Position of Shareholders in Business Trusts, 23 Colum. L. Rev. 423 (1923).

Wheeler A. Rosenbalm, Comment, "The Massachusetts Trust", 31 Tenn. L. Rev. 471(1964).

Robert S. Stevens, Limited Liability in Business Trusts, 7 Cornell L. Q. 116 (1921-1922).

F. Lloyd Symmonds, "Business Trusts", 15 Marq. L. Rev. 211 (1931).

Frederick A. Thulin, "A Survey of Business Trust", 16 Ill. L. Rev. 370 (1922).

Edward H. Warren, Corporate Advantages Without Incorporation, Baker, Voorhis & Co., 1929.

Allen H. White, "Trustee's Avoidance of Personal Liability on Contracts", 3 Temp. L.Q. 117 (1929).

제5장 회사분할을 활용한 경영승계

강현구, "상장회사의 분할의 대상에 관한 연구 – 개별 자산만의 회사분할이 가능한지 여부를 중심으로", 「증권법연구」 제11권 제3호, 한국증권법학회, 2010.

권기범, 「기업구조조정법(제5판)」, 삼영사, 2019.

______, 「현대회사법론(제7판)」, 삼영사, 2017.

김건식·노혁준·천경훈, 「회사법(제4판)」, 박영사, 2020.

김동수·이상우·이준엽, "회사분할세제의 변화와 실무상 쟁점", 「BFL」 제76호, 2016.

김동수·이준엽, "법인세법상 합병 및 분할 세제의 최근 쟁점", 「BFL」 제73호, 2015.

김성호, "주식회사의 분할에 관한 연구 – 비교법적 고찰을 중심으로 –", 고려대학교 법학박사학위논문, 1999.

______, "회사분할에 대한 EC 회사법 제6지침에 관한 연구 – 독일, 프랑스와의 비교를 중심으로 –", 「경영법률」 제10권 제1집, 한국경영법률학회, 2000.

김순석, "중소기업의 경영권 승계 원활화를 위한 회사법제의 개선방안 – 종류주식의 활용을 중심으로 –", 「비교사법」 제20권 제1호, 한국비교사법학회, 2013.

______, 「주식 및 자본금 제도」, 전남대학교출판부, 2015.

______, "신탁을 활용한 중소기업의 경영권 승계 방안에 관한 연구 – 유언대용신탁 및 수익자연속신탁을 중심으로 –", 「법학논총」 제36권 제4호, 전남대학교 법학연구소, 2016.

______, "사업신탁을 활용한 중소기업의 경영권 승계 방안", 「법학논총」 제38권 제2호, 전남대학교 법학연구소, 2018.

______, "종류주식", 「주식회사법대계 I (제3판)」, 한국상사법학회, 2019.

노혁준, "회사 분할시의 채권자 보호", 「BFL」 제38호, 서울대학교 금융법센터, 2009.

______, "회사분할관련 최근 판례들의 비판적 검토", 「상사판례연구」 제25집 제2권, 2012.

______, "회사분할의 법률 문제 개관", 「회사분할의 제문제」, 소화, 2013.

______, "기업구조조정과 자기주식의 쟁점 및 입법적 개선방안", 「법학연구」 제28권 제1호, 연세대학교 법학연구원, 2018.

노혁준·김병태, "회사의 분할", 「주식회사법대계 Ⅲ(제3판)」, 한국상사법학회 편, 2019.
박태현, “분할의 유형에 따른 법적 쟁점”, 「BFL」 제38호, 2009.
송옥렬, 「상법강의(제8판)」, 홍문사, 2018.
윤성조·김효민, “회사분할과 분할계획서의 기재사항”, 「회사분할의 제문제」, 소화, 2013.
윤용준, “분할시 채권자보호의 실무상 쟁점”, 「BFL」 제49호, 서울대학교 금융법센터, 2011.
이 강·서의경, “기업의 가업상속에 대한 세법상 새로운 접근”, 「기업법연구」 제31권 제3호, 한국기업법학회, 2017.
이영철, “회사분할시 채권자보호의 적정성과 정합성 등에 관한 고찰”, 「비교사법」 제22권 제1호, 한국비교사법학회, 2015.
이철송, 「회사법강의(제28판)」, 박영사, 2020.
임재연, 「회사법 Ⅰ, Ⅱ(개정7판)」, 박영사, 2020.
정준혁, “합병 및 분할 관련 채권자보호제도 개정 제안”, 「저스티스」 제174호, 한국법학원, 2019.
정찬형, 「상법강의(상)(제22판)」, 박영사, 2019.
중소기업중앙회, 「중소기업 가업승계 실태조사 보고서」, 2018.
최준선, 「회사법(제15판)」, 삼영사, 2020.
황남석, “미국 회사법상의 회사분할제도에 관한 연구”, 「증권법연구」 제12권 제3호, 한국증권법학회, 2011.
______, “회사분할과 자기주식”, 「조세법연구」 제21집 제1호, 한국세법학회, 2015.
______, “중소기업승계에 관한 세법상 문제와 개선방안”, 「기업법연구」 제29권 제4호, 한국기업법학회, 2015.

江頭憲治郎, 「株式會社法(第7版)」, 有斐閣, 2017.
江頭憲治郎·門口正人 編, 「會社法大系4 －組織再編·會社訴訟·會社非訟·解散·淸算」, 青林書院, 2008.
江頭憲治郎·中村直人, 「論點体系 会社法 5 － 社債, 組織再編 Ⅰ」, 第一法規, 2012.

髙田 剛, “事業承継における組織再編の活用”, 「ビジネス法務」, 2017. 1.
高井章光, “M&Aを利用する場合の法的問題”, 「銀行法務21」, No. 804, 2016.
金子登志雄, 「親子兄弟會社の組織再編の實務(第2版)」, 中央經濟社, 2014.
今川嘉文, 「事業承繼法の理論と實際」, 信山社, 2009.
吉川 純, “エクイティ・ファイナンスの新展開(8)－多様化をめぐる法的論点(その2),” 「商事法務」 第1555号, 2000.
大江橋法律事務所 編, 「實務解說平成26年會社法改正」, 商事法務, 2014.
大杉謙一, “優先株の實務的問題(Ⅱ),” 「商事法務」 No. 1443, 1996.
木俣貴光 編, 「持株會社·グループ組織再編·M&Aを活用した事業承繼スキーム－後繼者·稅務·株式評價から考える」, 中央經濟社, 2016.
參本 滋 編, 「會社法コンメンタール17 － 組織變更, 合併, 會社分割, 株式交換等(2)」, 商事法務, 2010.
相澤哲·細川充, “組織再編行爲(上)”, 「商事法務」 第1752号, 2005.
新谷勝, 「新しい事業承繼と企業再生の法務－ 事業承繼の圓滑化·事業再生ADR －」, (株)稅務經理協會, 2010.
鈴木祥克, “会社を分割して2人の後継者にそれぞれ承継させる”, 「税経通信」 第69巻 第1号, 2014, 税務経理協会.
太田 洋·小野美恵, “トラッキング·ストック,” 「ファイナンス法大全(上)」 (西村總合法律事務所 編), 商事法務, 2003.
丸山秀平·坂田純一 編, 「事業承繼特例法と事業承繼の法務·稅務」, 三協法規出判, 2009.

Reinier Kraakman, et al., The Anatomy of Corporate Law, 2nd ed., 2009.
Dustin G. Willey and Michael V. Bourland, Tax Free Division - Family Business Succession Planning, ALI-CLE Course Materials Nov. 3-4, 2016.

제6장 합병을 활용한 경영승계

권기범, "상법개정안상의 교부금합병에 대하여", 「경희법학」 제42권 제2호(경희대학교 법학연구소, 2007).

______, 「기업구조조정법[제5판]」, 삼영사, 2019.

김건식·노혁준·천경훈, 「회사법[제4판]」, 박영사, 2020.

김상훈, "유언대용신탁을 활용한 기업승계", 「기업법연구」 제29권 제4호(한국기업법학회, 2015).

김순석, "기업구조조정 수단을 활용한 중소기업의 경영권 승계 방안에 관한 연구 – 회사분할의 활용을 중심으로 –", 「기업법연구」 제34권 제1호(한국기업법학회, 2020).

______, "사업신탁을 활용한 중소기업의 경영권 승계 방안", 「법학논총」 제38권 제2호(전남대학교 법학연구소, 2018).

______, "주식매수청구권 제도의 재검토", 「기업법연구」 제32권 제1호(한국기업법학회, 2018).

______, "신탁을 활용한 중소기업의 경영권 승계 방안에 관한 연구 – 유언대용신탁 및 수익자연속신탁을 중심으로 –", 「법학논총」 제36권 제4호(전남대학교 법학연구소, 2016).

______, "중소기업의 경영권 승계 원활화를 위한 회사법제의 개선방안 – 종류주식의활용을 중심으로 –", 「비교사법」 제20권 제1호(한국비교사법학회, 2013).

______, "미국의 배당규제와 자기주식 제도", 「비교사법」 제13권 제2호(한국비교사법학회, 2006).

노혁준, 「회사소송제도의 개선을 위한 연구」, 법무부 연구용역 과제보고서, 서울대학교 금융법센터, 2012.

박철홍, "약식조직재편의 쟁점", 「BFL」 제76호(서울대학교 금융법센터, 2016).

서완석, "상법상의 소수주주 축출제도 – 소수주식 강제매수제도와 교부금 합병제도를 중심으로 – ", 「상사법연구」, 제30권 제2호(한국상사법학회, 2011).

송옥렬, 「상법강의[제10판]」, 홍문사, 2020.
이철송, 「회사법강의[제28판]」, 박영사, 2020.
임재연, 「회사법Ⅱ[개정7판]」, 박영사, 2020.
임정하, "현물배당과 교부금합병을 통한 기업구조조정에 대한 소고", 「법학연구」 제48집(한국법학회, 2012).
정동윤 편, 「주석 상법 [회사(Ⅴ)][제5판]」, 한국사법행정학회, 2014.
중소기업중앙회, 「중소기업 가업승계 실태조사 보고서」, 2019.
최준선, "기업구조조정 수단으로서의 소수주주의 축출과 소수주주의 보호문제", 「법조」 제676권(2013).
한국상사법학회 편, 「주식회사법대계Ⅲ[제3판]」, 법문사, 2019.
황남석, "중소기업승계에 관한 세법상 문제와 개선방안", 「기업법연구」 제29권 제4호(한국기업법학회, 2015).
황현영, "상법상 교부금합병과 삼각합병의 개선방안 연구", 「상사판례연구」 제25집 제4권(한국상사판례학회, 2012).

江頭憲治郎, 「株式會社法[第7版]」, 有斐閣, 2017.
江頭憲治郎·中村直人, 「論點体系　会社法 5 － 社債, 組織再編Ⅰ」, 第一法規, 2012.
高田晴仁, "株主による差止請求制度", 「法律時報」 第87卷 第3号(2015).
關西法律特許事務所·成和共同法律事務所, 「詳解 新會社法の理論と實務」, (株)民事法研究會, 2006.
今井宏·菊地伸, 「會社の合併」, 商事法務, 2005.
大隅建一郎·金井宏·小林量, 「新會社法概說[第2版]」, 有斐閣, 2010.
稻葉威雄, "平成26年会社法改正を考える", 「法律時報」 第86卷 第11号(2014).
弥永眞生 外, "會社法制の見直した關する中間試案をめぐって", 「立案擔當者による平成26年改正會社法の解說(坂本三郎 編)」, 商事法務, 2015.
飯田秀總, 「株式買取請求權の構造と買取價格算定の考慮要素」, 商事法務, 2013.

白井正和, “組織再編等に關する差止請求權の擴充 － 會社法の視点から”, 「會社事件手續法の現代的展開(川嶋四郎·中東正文 編)」, 日本評論社, 2013.

法務省民事局参事官室, 会社法制の見直しに関する中間試案の補足説明 第二部 第五, 2011.

參本 滋 編, 「會社法コンメンタ-ル17 － 組織變更, 合併, 會社分割, 株式交換等(2)」, 商事法務, 2010.

相澤哲·細川充, “組織再編行爲”, 「立案擔當者による新·會社法の解說(相澤哲 編)」, 商事法務, 2006.

松中學, “子會社株式の譲渡·組織再編の差止め”, 「論點詳解平成二六年改正會社法(神田秀樹編)」, 商事法務, 2015.

受川環大, 「組織再編の法理と立法 － 利害關係者の保護と救濟」, 中央經濟社, 2017.

新谷勝, 「新しい事業承繼と企業再生の法務 － 事業承繼の圓滑化·事業再生ADR －」, (株)税務經理協會, 2010.

岩原紳作, “「會社法制の見直した關する要綱案」の解說[Ⅴ]”, 「商事法務」 第1979号(2012).

熊代拓馬, “組織再編の差止請求權に關する試論”, 「六甲台論集」 第66巻 第1号(2019).

齊藤眞紀, “不公正な合併に對する救濟として差止めの假處分”, 「會社裁判にかかる理論の到達點(神作裕之 外 編)」, 商事法務, 2014.

青木莊太郎·池田浩一郎·鈴木貴泰 編, 「組織再編·事業承繼[第2版]」, ぎょうせい, 2017.

太田洋·安井桂大, “組織再編等の差止請求權とその論點”, 「會社法改正要綱の論點と實務對應(落合誠一外 編)」, 商事法務, 2013.

坂本三郎 編, 「立案擔當者による平成26年改正會社法の解說」, 商事法務, 2015.

平野敦士 外 編, 「新しい事業承繼對策と實務手續」, 淸文社, 2008.

American Bar Association, 「Model Business Corporation Act Annotated」, 4th ed., vol. 3, 2013.

Comment, The Short Merger Statute, 32 U. Chi. L. Rev. 596 (1965).

James D. Cox & Thomas D. Hazen, Cox & Hazen on Corporation, 2nd. ed., vol. Ⅲ, 2003.

Melvin A. Eisenberg & James D. Cox, Corporations and Other Business Organizations, 10th ed., 2011.

Kim, Sung Jin, "Study on Short-Form Merger Without Approval of General Meeting of Shareholders", 외법논집 제42권 제2호(한국외국어대학교 법학연구소, 2018).

Michael Phillips, Comment: Weinberger to Rabkin: Fine Tuning the Doctrine of Corporate Merger, 11 Del. J. Corp. L. 839 (1986).

Carl Sanchez, Elizabeth Razzano & Laura McGurty, "Tender Offers: Past, Present and Future – the Evolution of Section 251(h)", May 2014, <https://www.paulhastings.com/docs/default-source/PDFs/stay-current-251h-tender-offers.pdf> (2020. 6. 1. 방문).

Guhan Subramanian, "Post-Siliconix Freeze-outs: Theory and Evidence", 36 J. Legal Stud. 1 (2007).

Edward P. Welch, Allison L. Land, Cliff C. Gardner & Christopher M. DiVirgilio, "Legislative Solutions to Practitioner Problems: Important Amendment to the Delaware General Corporation Law", 17 No. 7 M&A Law. 1 (2013).

Edward P. Welch, Andrew J. Turezyn & Robert S. Saunders, Folks on the Delaware General Corporation Law 5th ed., vol. Ⅱ, 2008.

Berry M. Wertheimer, "Shareholders' Appraisal Remedy and How Courts Determine Fair Value", 47 Duke L.J. 613 (1998).

Arnold v. Soc'y for Sav. Bancorp., Inc., 650 A.2d 1270 (Del. 1994).

In re Atheros Communications, Inc. S'holders Litig., 2011 Del. Ch. LEXIS 36.

Cross v. Communications Channels, Inc., 456 N.Y.S.2d 971 (Sup. Ct. 1982).

Gantler v. Stephens, 965 A.2d 695, 710 (Del. 2009).

Glassman v. Unocal Exploration Corp., 777 A.2d 242 (Del. 2000).

In re Lear Corp. S'holder Litig., 926 A.2d 94 (Del.Ch. 2007).

Mills Acquisition Co. v. Macmillian, Inc., 559 A.2d 1261, 1280 (Del.Supr. 1989).

In re Netsmart Technologies, Inc. Shareholders Litigation, 924 A.2d 171, 208 (2007).

Revlon, Inc. v. MacAndrews & Forbes Holdings, Co., 506 A.2d 173 (Del.Supr. 1986).

In re Siliconix Inc. S'holders Litig., No. Civ. A. 18700, 2001 WL 716787 (Del.Ch. 2001).

In re Smurfit-Stone Container Corp. Shareholders Litigation, C.A. No. 6164-VCP, 2011 WL 2028076 (Del.Ch. May 24, 2011).

Solar Cell, Inc. v. True North Partners, LLC., No. Civ.A. 19477, 2002 WL 749163 (Del.Ch. Apr. 25, 2002).

Teschner v. Chicage Title & Trust Co., 322 N.E.2d 54 (Ill. 1974).

In re Topps Co. S'holders Litig., 926 A.2d 58 (Del.Ch. 2007).

Unitrin, Inc. v. American General Corp., 651 A.2d 1361, 1371 (Del.Supr. 1995).

Weinberger v. UOP, Inc., 457 A.2d 701 (Del. 1983).

찾아보기

ㅇ

ㅈ

ㅊ

• 저자 약력

김순석(金淳錫)

성균관대학교 법과대학 및 동 대학원 졸업
미국 Southern Methodist University Law School LL.M.
미국 University of Pennsylvania Law School LL.M.
성균관대학교대학원 법학박사
대법원 사법행정자문회의 위원
헌법재판소 자문위원회 위원
법무부 법무자문위원회 위원
기획재정부 과징금부과심의위원회 위원
공정거래위원회 규제개혁심의위원회 위원
한국거래소 유가증권시장 상장·공시위원회 위원장
한국거래소 코스닥시장 공시위원회 위원장
한국상장회사협의회 자문위원
코스닥협회 자문위원
대한상사중재원 중재인
사법시험위원, 입법고등고시위원
독일 프랑크푸르트대학교 방문교수
일본 와세다대학교 방문교수
미국 뉴욕주 변호사
한국기업법학회 회장
한국증권법학회 회장
한국상사법학회 회장
전남대학교 법학전문대학원 원장
법학전문대학원협의회 이사장
현 전남대학교 법학전문대학원 교수

중소기업 경영승계의 법리

2021년 2월 20일 인쇄
2021년 2월 26일 발행

지은이 | 김순석
펴낸이 | 정성택

펴낸곳 | 전남대학교출판문화원
주소 | 61186 광주광역시 북구 용봉로 77
전화 | (062) 530-0571~3 팩스 | (062) 530-0579
등록 | 1981. 5. 21. 제53호
홈페이지 | http://www.cnup.co.kr
이메일 | cnup0571@hanmail.net

값 18,000 원

ISBN 978-89-6849-796-4 (93360)